古典文獻研究輯刊

三四編

潘美月・杜潔祥 主編

第 12 冊

續經義考・周易之部
（第七冊）

周懷文 著

國家圖書館出版品預行編目資料

續經義考・周易之部（第七冊）／周懷文 著 -- 初版 -- 新北市：
花木蘭文化事業有限公司，2022〔民 111〕
目 8+232 面；19×26 公分
（古典文獻研究輯刊 三四編；第 12 冊）
ISBN 978-986-518-867-2（精裝）
1.CST：易經 2.CST：研究考訂
011.08   110022682

ISBN-978-986-518-867-2

古典文獻研究輯刊
三四編　第十二冊　　　　　ISBN：978-986-518-867-2

續經義考・周易之部（第七冊）

作　　　者　周懷文
主　　　編　潘美月、杜潔祥
總 編 輯　杜潔祥
副總編輯　楊嘉樂
編輯主任　許郁翎
編　　　輯　張雅淋、潘玟靜、劉子瑄　美術編輯　陳逸婷
出　　　版　花木蘭文化事業有限公司
發 行 人　高小娟
聯絡地址　235 新北市中和區中安街七二號十三樓
　　　　　　電話：02-2923-1455／傳真：02-2923-1452
網　　　址　http://www.huamulan.tw 信箱 service@huamulans.com
印　　　刷　普羅文化出版廣告事業
初　　　版　2022 年 3 月
定　　　價　三四編 51 冊（精裝）台幣 130,000 元　　版權所有・請勿翻印

續經義考・周易之部
（第七冊）

周懷文　著

目次

Q

齊洪昌 易義別識 存

山西藏民國臨海縣公共圖書館石印本

◎齊洪昌，生平不詳。

齊煥章 地理周易發微 佚

◎民國《昌黎縣志》卷八《人物志》下：著有《地理周易發微》。

◎齊煥章，河北昌黎縣人。齊湘孫。代理昌黎縣知事。

齊躍龍 周易翼註 佚

◎光緒《江西通志》卷九十九《藝文略》一《國朝》：《周易翼註》，齊躍龍撰（《德興縣志》）。

◎齊躍龍，字際飛。江西德興人。著有《周易翼註》。

齊祖望 讀易辨疑 三卷 存

南京大學藏清刻勉庵說經本

◎齊祖望（1645～1703），字望子，號勉庵。直隸雞澤（今河北省邯鄲市）店上鄉東柳村人。康熙九年（1670）進士，康熙十八年任湖廣荊州府巴東縣令。著有《勉庵說經》、《讀易辯疑》、《尚書一得》、《詩序參朱》、《說禮正誤》、《四傳偶筆》、《素心堂集》、《增補洗冤錄》等，與修《康熙字典》、《雞澤縣志》、《巴東縣志》。

祁永膺 荀氏易異文疏證 無卷數 存

廣西藏光緒家刻本

◎祁永膺，字伯福。廣西博白人。進士。光緒二十九年任華亭知縣。又著有《勉勉鋤室類稿》《嶺學祠考》。

乾隆 欽定清漢合璧易經 四卷 存

北京師範大學藏嘉慶七年（1802）鈔本

◎《國朝宮史續編》卷八十七：欽定《清漢合璧易經》一部，乾隆三十年高宗純皇帝命繙譯諸臣用國語繙譯，親定成書，凡四卷。三十一年校刊。

乾隆敕譯 御製翻譯易經 四卷 存

上海藏乾隆三年（1738）刻本

北京大學、首都圖書館藏乾隆三十年（1765）後武英殿刻本

北大藏乾隆三十年（1765）後鈔本（二卷）

乾隆撰說 易經 不分卷 存

乾隆六十年（1795）彭元瑞鈔御制說經文本

錢澄之 田間易學 十卷 首二卷 存

四庫本

哈佛、北大、復旦、四川、南京藏康熙二十三年（1684）斟雉堂刻本（不分卷）

山東藏同治二年（1863）桐城斟雉堂刻桐城錢飲光先生全書本（五卷圖象一卷。佚名批點）

山東藏臺北商務印書館 1983 年景印文淵閣四庫全書影印國立故宮博物院藏本

山東藏臺灣新文豐出版公司 1983 年大易類聚初集影印文淵閣四庫全書本山東藏臺北商務印書館 1983 年景印文淵閣四庫全書影印國立故宮博物院藏本

山東藏臺灣新文豐出版公司 1983 年大易類聚初集影印文淵閣四庫全書本

◎庫本有《周易雜攷》一篇冠首，正文十卷，卷首上下兩卷。

◎卷首目錄：卷首上圖象，重卦說，附數往知來說，總論、河圖、洛書、

圖書合論，河圖變洛書說，總論、附五行論，象數解，奇門用後天論，筮法，卦變圖，卦變例說，啟蒙三十二卦變圖例，附六十四卦互對互易三十二卦例。卷首下圖象，卦變占，變占考，用九用六說，大衍五十，參兩解，參伍解，錯綜，互體例，陰陽二氣論，五歲再閏論，卦象論，卦位論，卦主論，爻畫位虛之別，應爻此爻說，易變論，變動說，變化變通解，附知來藏往解，附知來藏往解，辭占象變論，先甲後甲先庚後庚說，附焦延壽易林卦變法，附京房卦氣直日法，附卦氣起中孚說，附世應例，附飛伏例，附含少論。

◎田間易學凡例：

一、王輔嗣《易註》、韓康伯《繫辭註》、孔仲達《正義》，其學具有源流。雖以輔嗣掃去象數、淆亂經傳為諸儒所闢，然宋人亦因註疏相傳得以益明其理而粹然一歸於正，則亦未可盡廢也。茲所引者，取其與宋儒旨不相悖，或有以開宋儒之先，或足與互相發明者，要以《程傳》及《本義》為據。

一、《程傳》專言義理，略去圖象，其理多就人事指實而辭或繁複，不若《本義》之字字精切也。《本義》宗《程傳》，刪其複而領其要，然亦有《本義》太畧而《程傳》言之較暢者，則舍《本義》而存《傳》。若《傳》與《本義》各有發揮，則兩存之，總取其義理通達而已。

一、《本義》專主卜筮而言，其學於義理宗《程傳》，於圖象宗《邵子》。雖圖象之說尤詳於《啟蒙》，而《本義》所釋卦爻按之無往不合。茲編中時有載有不載者，或以其說為註疏、《程傳》所已及者，或有後儒因《本義》之說而發揮尤暢者，既已載之，則《本義》可不必存。要未有悖乎《本義》者也。至於其說不載諸《本義》《啟蒙》而襍見別說者，則另繫以朱子云。

一、易理至宋儒而大明，元人繼之，諸儒一以程朱為據，而皆精通邵氏之圖學及《啟蒙》之筮法，其辨極微，其說綦詳矣。編中所錄居多，而間次蘇子瞻《易解》於諸說之後，以其獨出已見，無所原本，故朱子有《辨蘇氏易》也，然其獨見亦自有可存。

一、先天四圖得自邵子。邵子曰：「圖無文，吾終日言之不離乎是。」朱子亦謂程演周經、邵傳義畫。近代歸震川謂因傳而有圖，以圖未必出於伏羲也。按邵伯溫《經世辨惑》云：「希夷易學不煩文字解說，止有一圖以寓陰陽消長之數，與卦之生變圖亦非刱意以作，孔子《繫辭》述之明矣。」則以此圖直出自希夷也。至於河圖洛書，先儒謂皆聖人所取以作八卦者，看來只是因以生蓍，非據以畫卦也。畫卦在前，生蓍在後，故僭以妄見，次圖書於卦圖之

後，今說八卦而扭合圖書者，吾不取也。

一、易理無所不蘊，凡得其一端皆足以入神。如衛嵩《元包》、揚雄《太玄》、京房卦氣之類是也。至於星曆、音律之學無不以易為本，故朱子嘗欲於納甲、飛伏之類皆欲窮其理。雖非易之本旨，要無不可以見易也。愚昔頗從事於此，茲編凡習而粗解者略載一二，其未習者不載也。

一、明代易註多至數十百種，每好以意作解，近於穿鑿。惟蔡虛齋專主《本義》，而體貼極精，發揮尤暢。虛齋之於《本義》亦猶孔仲達之於輔嗣註也，故採錄最多。

一、時賢易論有發前人所未發，而大指不謬於《本義》者，悉加採錄。然諸集中有其說出於前人而略其姓氏遂為已有者，今悉考訂歸諸本人，或姓氏未詳，則稱以集名，若《象正》則吾師漳浦黃先生所手授也，《訂詁》則何玄子先生宦留都時出以相示面相質問者也，《時論》則吾鄉方中丞白鹿公所著而吾佐密之參訂而成者也，故三書引據尤多。密之別號藥地，亦時引其說。

一、吾家自融堂先生以來家世學易，先君子究心五十餘年，臨沒之年乃有所得，口授意指，命不孝為之詮次，錄諸簡端。不孝亦間有已見為先君子所首肯者，亦併載之，名曰《見易》（左國材曰：先生諱志立，字爾卓，講學垂三十年，里中稱為敬修先生）。

一、南渡時予罹黨禍，變姓名，逃諸吳市，遇漳浦黃先生舟過吳門，遙識之，召使前，慰勉之餘，教令學易。不數月，吳下大亂，家室喪亡，竄身入閩，困閩山者三年。每念先生教，輒思讀易，其《見易》舊解遺亡殆盡，又無書可借，唯記誦章句，默尋經義，時有所獲。久之成帙，目曰《火傳》，蓋以家園屢經兵火，所藏故本應付灰燼矣；又以薪盡火傳，即此猶是先君子之遺教也。既歸里，諸集散失，而《見易》一編巋然獨存。因取與《火傳》證之，前後雷同居多，乃盡刪後說，唯微有異者則存之。

一、是書未脫稿即付兒子瀺祖藏諸筒中，初不意其能讀也。戊申冬，兒隕於盜，藏書塵封，不忍撿視。久之，啟其筒，則業已詮次成集，而又得其《問易堂私識》一編。問易堂者，瀺祖讀書處也。間有可采，聊存十數則於集中，不忍沒其苦心也（《問易》載有予兄伯玉湘之幼安所說數條，今並存之）。

一、是書集既成，携至都門，為老友嚴顥亭所賞，留諸行笈，欲為付梓。予既歸，顥亭病歿，其書遂不知所在。會崑山徐健菴昆仲要予談易，既无副本，又老而善忘，乃取所存舊稿重加編輯，因考證諸書，凡吾昔所矜為剙獲

而業為前人所已說者，皆削去已見一歸諸前人寧為述者可也。或因讀諸書偶有觸發，出於《見易》、《火傳》之外者，謂之今按。凡圖象卦爻之義，覺今按尤詳，其專書按者，皆係攷詳，非已說也。

　　一、引用諸書或因辭章冗複稍加刪削，或因文句晦澀改竄數字，令讀者易於通曉，僭竊之罪，所不敢辭也。

　　一、圖學相傳有本，說易家好以己意初為新圖，雖易道廣大，變通隨人匠心，無不巧合，要於易理無裨，徒取新人耳目爾。茲初亦作有數圖，今並削去，惟存《二氣如環》一圖以明陰陽之出入，所以分內外、別主賓也。

　　◎田間易學序（崑山徐秉義譔）：六經莫古於《易》。自秦焚棄詩書，獨《易》以卜筮幸存，漢魏以來，為易學者亡慮數百十家，皆各有所窺、各學其學，蓋易之為道無所不在，雖一技一解亦無不可以見易也。宋代程朱繼起，窮極性理而易學益明，其說粹然一出於正。然而程子直言義理，朱子併通象數，故曰邵窮羲畫、程衍周經，朱子於《啟蒙》之外更為《本義》，蓋兼括程邵之說而成者也。近代經學取士，於易專宗《本義》，學者徒誦習章句，至其所在圖象卦變蓍變諸說顧弗深考，但取明晰義理以資帖括之用，無怪乎易學日晦而《本義》徒為訓詁之學而已。龍眠錢田間先生，自宋融堂先生以來，家世學易，少負盛名，遭黨禍亡命天末，備歷憂患困苦，十餘年始歸。益潛心於易，習京、邵之學，通陰陽五行家言。至於象緯、曆律、奇門、太乙之書，凡有合於易者，無不究也。晚年廼盡棄之，惟日玩《本義》，喟然曰：「吾學雖博，要其指歸，何以有加於是哉？」故其為書皆明白簡易，雖縱意發揮，未嘗有外於《本義》也。而間有所獨得者則一以《繫辭》為據。其言曰：河圖者聖人所因以生蓍，非因以畫卦也。卦者《繫傳》所稱包羲氏仰觀俯察近取遠取，於是始作八卦，未嘗云見河圖而始畫也。蓍則《繫傳》所稱天地之數五十有五，本由河圖而即繼以大衍之數是矣。且即陰陽老少之四象論之，畫自畫、圖自圖，一奇一偶之上更加奇偶，此畫四象也。五位相得而各有合，以成七八九六之書，此圓四象也。聖人既以奇偶四象而成卦，又取四十有九之策以用七八九六之四象而為蓍，非蓍則無以極四千九十六卦之變，是故畫與圖與蓍不相因而相因者也。今學者欲取伏羲八卦以分配河圖，亦猶術士家以文王八卦強納洛書，何其鑿哉！而又有蓍變之說，謂蓍者不動不占，動則變也，乃《繫傳》動與變分焉，故有變即是動者，一爻變是也；有變而不知所動者，眾爻變是也。《本義》於二爻之變既以變之極者為動，至於五爻變則又以不變一爻為動。

既不變矣，且得為動乎？於是三爻變則有前後貞悔之主，四爻變則有不變爻上下之分，其說游移不定。先生為之反覆辨覈，而後變動之義始確乎有據，洞然其無疑也。此皆先生自以為能發《本義》所未發者也。若夫二氣循環之理、往來順逆之幾、爻畫位虛之分、參兩參伍之辨，凡經文一切奧旨，博士家所童習白紛者，一經剖晰，瞭如指掌。而其論卦爻則在辨卦位、審卦主、原卦變，以承乘比應之義合全體而斷之，則一卦六爻之情無不具見矣。先生未嘗自以為剙獲也，凡從上先儒微言緒論無不採擇而悉載之，象數義理於是乎為大備。而以《易學》稱，蓋終身以學者自期耳。憶己未春，家伯兄與同志迎先生至玉山設講席，思有以廣其傳，會有事不果講。又六年為峯泖之游，取道敝里，留予耘圃間半月，出書示予，略為言其大端。安得復尋前約，聚諸同人朝夕質難以大暢厥旨乎？則先生之學，庶當世尚有得之者，是吾之志也夫，是吾伯兄之志也夫！時康熙二十三年甲子夏六月既望。

◎廖騰煃《海陽紀略》卷上《復錢飲光書》：又讀所纂《易註》《莊註》《離騷註》，易則專主考亭、虛齋而諸家皆所不收，此乃估嗶家所時習者，於易之學誠未盡其要旨。易之學無窮而言易之家無數，或言理或不言理，或言象數或不言象數，或尚心易並理與象數皆不言，或雜以緯，或亂以老、莊，皆如航於岐港而思望洋。來梁溪殫精三十年，始發明錯卦、綜卦、正對、反對及中爻、約象、互體之說，其說至精。梁溪論古之名知易者，在漢惟有楊雄，在宋惟有康節。蓋以程朱惟言理而不知象數故也。楊止庵始發明宗傳、衍傳、正傳、轉傳、異傳、別傳七端，痛言易之得失。錢啟新二十年始成《象像》，又十年始成《象抄》。嘗以為人不知像始於屯終於未濟，其言甚粹，頗與止庵合。何元子著《訂詁》，則釐正經傳以復田何之舊，而雜引眾家之說，務得其旨趣以求其歸，雖不得稱為易之全書，亦浸進大備矣。其他如宋之東坡、慈湖，元之草廬，明之黃漳浦、蕭泰和、朱謀㙔、李衷一諸說，亦可參考。今先生特主朱、蔡之意何居？豈以諸家皆未得其要歟……煃研究易、莊二十年，尚未得其毫髮之益，亟欲求發吾覆也〔註1〕。

◎姚文燮《無異堂文集》卷二《錢西頑田間集序》：往學禪，已信禪與易通，益學易及《南華楞嚴經》，自謂有得，因注易，旁通星卜、奇門、術數諸書，為人言或奇中已，笑曰：「此皆易中餘緒也」，悉棄去……田間者，道人學

〔註1〕 文後有汪灝識云：非寢食易、莊數十年，豈能泝流窮源若此。千古奧義，以辯晰而愈明，憾不得錢君西膒剪燭細細判之。

易處也。

◎汪德淵《藏山閣集序》：已而於吳中獲見先生《易學》，知其演倪、黃緒餘，為治易者別宗。

◎蕭穆《藏山閣集跋》：田間先生所著《詩學》、《易學》、《莊屈合詁》及詩集二十八卷文集三十卷，均康熙二三十年間崑山徐氏助資雕版蘇州，先生躬自督工讐校，皆行於世。

◎《田間尺牘》卷三《與張敦復》：弟今年七十一矣……餘年寂寂，惟著述不廢。向來《易學》已為老友遺矣。頃更加刪訂，吳中當事索付剞劂，恐又屬空言耳。《詩學》亦費八年苦心，五易稿矣。遵《小序》，不悖朱《傳》。兩家各有謬處，僭為正之。間有發前人所未發者，安得就教高明為之點訂也？惟台兄篤志此事，故敢請耳。

◎《田間尺牘》卷四《與嚴方貽》：弟今年七十二矣。日暮途窮，惟有著書自遣。搜諸敝篋，更加刪汰。計且盈尺，妄欲藉知己之力付之剞劂，及犬馬之尚存，親自校訂以行世。即死亦足瞑目矣。萬念俱灰，惟此一事不能忘也。拙著《田間易學》，向為尊公所留，許為授梓，雅意未遂。弟亦重加考索，較勝前書。並有《田間詩學》，卷編略等，雖為吳中當事取去，正恐銳意吏治，無暇及此，不無望於世翁之卒成前志也。近日宦遊頗多好事，惟須假之齒牙足以濟事，如何？

◎錢澄之《田間尺牘》卷一《與王忍亭》：弟今年七十五矣，餘生有限，後會無期，一生心血惟存著述數種。向者《易學》蒙太翁先生既鈔存鄴架，初擬致中州藩臺為之授梓。因弟遄歸，托徐方老止之。今其書為敝鄉當事取去，梓與不梓尚未可知。而弟此外尚有《詩學》、《莊騷合詁》諸雜著，其詩文未刻稿甚多，不趁喘息尚存、故人當路為之流布，委諸破簏鹿煤，留覆酒瓿，寧不惜乎？

◎《田間尺牘》卷四《與魏青城》：歲底一病，幾成長往。所不能去懷者，惟《易學》《詩學》兩書，三十年心血所聚，未及吾身藉知己之力為之行世。

◎《田間尺牘》卷四《與左時匡》：《易學》凡五易稿，今始告成，自此以後，無礙膺物矣。

◎《田間尺牘》卷四《與房興公》：《田間易學》，前次呈覽，蒙許為合力流傳。又有《詩學》一書，卷編略等。又平生雜文及詩，得盈尺許。倘得及身

見其剞劂行世，足以瞑目，足下亦有意乎？貴鄉宦吾南者頗多好事，只煩齒頰之餘芬，一生心血藉以不朽矣。

◎《田間尺牘》卷四《與江磊齋》：別後了得《詩學》一書，吳會間已有抄本，未知流傳在何時耳。舊年為徐健菴金玉約往談易，談雖未竟，乃於易理益有所得。及返江邨，取舊本重加刪訂，自謂絕學復明。老年翁鈴閣嘯詠時，亦知孤邨破屋中，尚有白頭翁閉門研經之人耶。

◎長洲韓菼《田間文集序》：古之學者三年而通一藝，三十而五經立，蓋文未有不貴乎博者，而要必有所尤好者以名其家。以孔子之聖，晚而尤好易也。漢時經說繁盛，各有專師，故有深於《易》者，有深於《詩》者，有深於《書》《禮》《樂》《春秋》者，其於他經豈有不闚？而必專一經以貫其餘，措諸行事而寓諸文辭，終不易其所得力者，則精之至也。龍眠錢田間先生，當吾世之博者鮮及焉。自少負盛名，為諸生祭酒。遭明季根株黨人，以最著名字，幾不免跳身遠游，崎嶇喪亂之餘，卷懷屏迹王之世，與時消息，全生遠害，其用至妙弗易闚也。余晚而獲奉教，蓋先生之學與易精矣，汎濫出入於京、邵以來諸家，旁及於象緯、曆律、奇門、太乙之書，後乃歸諸程朱子，著《易學》一編，開闡發明，得經本趣，亹亹乎其能尊聞行知者。於是知先生遯之肥也、節之弗苦也，由其平日之講習切究而然也。既先生出其所著古文視余，屬之作序，抑余何敢序先生！然幸甚得受而讀之，廣大渾涵，靡體不具，而馳騁歸宿亦得之易為多。要皆理之自然而不可易，非碎義巧說譽盩漫羨者比。於是又知先生之於易不獨以之持身以之立教，即其小文單辭罔弗有旁通發揮之趣也。抑又嘗論之，古文之廢久矣，惟剿竊擬似之是患。朱子嘗歎退之答李翊、子厚答韋中立書言讀書用功之法而但求文字言語聲響之功為可惜，夫古人言語聲響必已出抑猶末也，況襲古人之言語聲響以求工，不尤末乎？先生之文，明理而止爾，辭達而止爾，意雅不欲附一家，絕去塗飾，單行孤詣，余仍得舉易之一言以蔽之曰：「賁無色也」。無色故無所不受，其先生之文乎？先生又著有《詩學》，余尚未卒讀。先生之詩沖澹深粹，出於自然，度王、孟而及陶矣。余又將以無色者蔽先生之詩也。

◎徐乾學《憺園文集》卷二十《田間全集序》：丁卯春，余在禮部，方有文史之役，即安得飲光先生北來，一切與就正乎？分兩月光祿饌金寄樅陽，為治裝。惟慮其老，不堪遠涉耳。乃健甚，慨然脂車。既至，盡出所著書所謂《田間易學》《田間詩學》《莊屈合詁》及諸詩文讀之，真定、宛平兩相國及余

季弟立齋皆篤好之，因謀為授梓以傳……今夫易，聖人所謂憂患之書也，泰否剝復諸卦為君子小人消息倚伏之機；而《詩》之作也，則又多出於貞臣志士感慨激昂之懷，好賢如《緇衣》、惡惡如《巷伯》，皆有不容自已者。先生既窮而著書，乃尤致意於二經。

◎阮元《揅經室續集》卷二《擬儒林傳稿》：錢澄之字飲光，原名秉鐙，桐城人（《提要》）。與嘉興魏學渠交最深（《嘉興府志》）。又嘗問易於黃道周，其撰《田間易學》十二卷，初從京房、邵康節入，故言數頗詳，蓋黃道周之餘緒也。後乃兼求義理，大旨以朱子為宗（《易學提要》）。又撰《田間詩學》十二卷，謂《詩》與《尚書》《春秋》相表裏，必考之《三禮》以詳其制作、徵諸《三傳》以審其本末、稽之《五雅》以核其名物、博之《竹書紀年》《皇王大紀》以辨其時代之異同與情事之疑信，即今輿地以考古之圖經而參以平生所親歷。其書以《小序》首句為主，所採諸儒論說自《註疏》《集傳》外凡二十家，持論精核，於名物訓詁山川地理言之尤詳（《詩學提要》）。

◎四庫提要：家世學易，又嘗問易於黃道周。初撰一書曰《易見》，因避兵閩地，失其本，又追憶其意撰一編曰《易火傳》。既而亂定歸里復得《易見》舊藁，乃合併二編刪其重複益以諸家之說，勒為此書。其學初從京房、邵康節入，故言數頗詳，蓋黃道周之餘緒也。後乃兼求義理，參取王弼《注》、孔穎達《疏》、程子《傳》、朱子《本義》，而大旨以朱子為宗。其說不廢圖，而以陳摶《先天圖》及河洛二圖皆因易而生，非易果因此而作，圖中奇偶之數乃揲蓍之法非畫卦之本。持論平允，與元錢義方之論合，而義尤明暢，故卷首圖象雖繁而不涉支離附會之弊。獨其「周易雜考」一條既深慨今本非朱子之舊，而徒以《彖傳》、《象傳》篇首之注推其說，竟不能更其次第以復古本，蓋劉容舊刻國初尚未得見，故知其誤而不能改，仍用注疏本也。

◎何焯彥《易經遵孔八晢類稿》卷十二《集晢》：錢氏澄之《田間易學》，初問易於黃道周，故頗詳於數學。後乃兼求義理，參取於王弼、孔穎達、程朱之間。其謂先天河洛皆因易而作圖，用錢義方之說；謂圖中奇偶乃揲蓍之法，非畫卦之本，則用陳應潤之說也。

◎道光《續修桐城縣志》卷第二十一《藝文志》：《田間易學》（錢澄之撰，《四庫全書》著錄）。

◎吳修《昭代名人尺牘小傳》：先生嘗問易於漳浦黃氏，撰《田間易學》，又撰《田間詩學》。

◎錢澄之（1612～1693），字飲光，原名秉鐙，字幼光，晚號田間老人、西頑道人。安徽桐城人。崇禎時秀才。應舉不中，與陳子龍、夏允彝、錢木秉諸名士結交，與同邑方文、方以智等同主桐城壇坫。南明唐王時授吉安府推官，尋改延平府推官。桂王時任翰林院庶吉士。南明永曆四年削髮為僧，法號西頑。後返鄉還俗，改名澄之。又著有《莊屈合詁》、《田間詩學》等。

錢大濟 易賁 無卷數 佚

◎光緒《武陽志餘》卷七《經籍》：易賁（無卷數），國朝諸生錢大濟來成撰。來成晚自號凌霄子。是書稿本未刊，無卷數。大恉依鄒梅雪《易解》，仿其篇法，每章融會，始末而貫之，《經籍錄》謂科舉家言也。

錢大昕 讀易錄 一卷 存

光緒二年（1876）浙江書局刻十駕齋養新錄本

山東藏臺北成文出版社 1976 年無求備齋易經集成影印光緒二年（1876）浙江書局刻十駕齋養新錄本

◎錢大昕（1728～1804），字曉徵，又字及之，號辛楣，晚年自署竹汀居士、潛研老人。嘉定（今屬上海）人。乾隆七年（1742）問學曹桂發，中秀才。乾隆十四年（1749）入學蘇州紫陽書院。乾隆十六年（1751）春御賜舉人，任內閣中書。乾隆十九年（1754）進士，擢翰林院侍講學士。三十四年（1769）入直上書房，與修《熱河志》、《音韻述微》、《續文獻通考》、《續通志》、《一統志》及《天球圖》諸書。後為詹事府少詹事，提督廣東學政。乾隆四十年（1775）居喪歸里，引疾不仕，潛心著述課徒，歷主鐘山、婁東、紫陽書院講席。又著有《二十二史考異》、《唐書史臣表》、《宋遼金元四史朔閏考》、《宋學士年表》、《元史氏族表》、《元史藝文志》、《元詩記事》、《三史拾遺》、《諸史拾遺》、《潛研堂金石文跋尾》、《三統術衍》、《四史朔閏考》、《十駕齋養新錄》、《潛研堂文集》。

錢大昕 演易 一卷 存

上海藏稿本（王國維跋）

◎王國維跋：竹汀先生《演易》手稿，集經史中易筮五十餘事，以《京氏易傳》法演之，間有說解，首尾完具，卷末八條則此稿之附錄也。此稿未列入《潛孿堂叢書》。手頭無嘉定錢氏《藝文志》，不識著錄此書否也。甲子三月，

揆初先生攜至京師，得讀一過。海寧王國維識。

錢澄祖　問易堂私解　佚

◎道光《續修桐城縣志》卷之十六《人物志・文苑》：《田間易學》內載有《問易堂私解》數十條。

◎錢澄祖，字孝則。安徽桐城人。錢澄之長子。少從其父流寓白門，及遭黨禍，避難武水，東下至族人吏部仲馭所匿。已而三吳兵起，合門遇難於震澤，澄祖與其父得免。遂入閩越，在端州從方以智習書法，學詩古文詞。及流離歸里，益肆力經史，絕意進取，以高逸終。

錢秉　讀易緒言　二卷　存

山東藏道光十三年（1833）吳江沈氏世楷堂刻昭代叢書本（一卷）

◎周按：《昭代叢書》本惟存圖書說以下，與四庫提要所論有異。杜師以為昭代本所據底本已殘缺不完，觀錢澄之序，的為確論。

◎目錄：圖書說、先後天說、上下篇說、觀象說、觀變說、錯綜互伏說、反對說、大象小象彖辭爻辭說、六爻主輔說、順逆說。

◎錢澄之《周易緒言序》〔註2〕：莊子曰：「易以道陰陽。」陰陽之說，解者以喻小人君子，以有形者象無形者而定矣。夫陰陽二氣迭為消長，其不容有贏詘於其間明矣。而聖人之作易也，每欲扶陽而抑陰，何也？聖人深知夫陽不能敵陰、君子不能敵小人、治日少而亂日多，故於陰之長也為君子危焉，於陽之長也亦為君子危焉。彼小人者不惟道長之時以眾小人制一君子而有餘，即道消之日即以一小人制眾君子而有餘也。蓋小人之計常密，君子之計常疏。君子之遇小人也以剛，小人之遇君子也以柔，以柔制剛，以密制疏，毋怪乎小人常勝而君子常敗。夬以五陽決一陰其詞曰「剛決柔也」；剝以五陰剝一陽，其詞曰「柔變剛也」。夫決者孚號，變者默奪，雖勝敗各有天焉，要其工拙難易之數未可同日語矣。以是《三易》聖人於十二辟卦陰陽消長之會，於陽多危辭焉，於陰多戒辭焉，而其意常主於庇陽，以是為扶抑之義而已，然豈能使一毫有贏於陽有詘於陰哉？吾家仲芳更歷世變，卓然於古今治亂之故，著《周易緒言》，上以明陰陽消長之數，下以審君子小人進退之幾，而殷殷扶抑之義情見乎詞，則猶之作易者之苦心也。仲芳之論曰：「獨陽在上必至

〔註2〕摘自《田間文集》卷十二。

於剝，獨陰在下猶可以復，世道之喪皆由有君無臣，吾道不亡皆恃賢人在野。」傷哉其言也！此有見於三十年前朝野之事而言之也夫？！剝復之交，不有坤乎？坤之時有陰而無陽，雖一陽之復，未始不腹於十月之坤，然當其為坤，疑陽必戰，而猶欲使斯世指為賢人伏處在野，以幸吾道之不亡。嗚呼，其亡也可立待矣。故仲芳之論剝復事，非坤之事也。《傳》曰：「天地閉，賢人隱」，隱非直隱其身也，將使世亡其賢、賢亡其道，其亡也乃以不亡。是說也，仲芳得之而不言焉。吾故曰仲芳之學在乾而行在坤，吾觀其藏身之固而知其行，察其緒言之旨而知其學矣。

◎讀易緒言自序（別編卷第一）：古今讀易無慮數十百家，大抵皆借蝦為眼，無自己分。摸象得尾，雖具一端，非全象也。夫古之善讀書者，貴能轉句能破句，非子解《老》、韓嬰箋《詩》，斷章立義，妙在離合之間而已。況易道屢遷，機神無門，卦當歲、爻當月、策當日，則天地之氣運周焉；卦主氣、爻主日、策主時，則四時之節序統焉。焦、京兼用《連山》，邵子獨崇《周易》，三古異趣，百家殊響。篤時之論，未易輕測天海也。故善易者不言易，具在人身中，風雨不改度，進退不失正，則舉體是易。有可言者特其緒耳。所謂能轉半藏，未能轉全藏者也。宣尼大聖，猶復假年，余何人哉？其將退而求諸副墨洛誦之表。康熙十二年七夕，漚鏡老人自題。

◎讀易緒言跋：國朝人易學莫邃於查悔餘《玩辭集解》，其《易說》十一篇更為精闢，已採登廣編矣。漚鏡老人《讀易緒言》雖內意稍淺，而理解晶瑩、旨趣深遠，非拾前人餘吐。且刊本流傳甚罕，彌足珍也。癸酉季秋震澤楊復吉識。孫貞起允升校字。

◎提要（著錄為明人）：文淵閣大學士士升子也。士升嘗作《易揆》，棻作是編復推衍其未盡之意，故曰「緒言」。首以八宮各統八卦，為說八篇；次於六十四卦，卦為一說；次為繫傳箋略，附以圖書說、先後天說、上下篇說、觀象說、觀變說、錯綜互代說、反對說、大小彖象爻辭說、六爻主輔說、順逆說，大旨兼取象數以推求易理，其間牽強附會多不能免。又如以「師出以律」為律呂之律，「包羞」為小人羞惡之良心，「觀我生」為長養之生，亦未免好求新異。至於君子小人陰陽消長之際，多有感於明末門戶分爭之禍，藉以發洩其不平，亦不必與經義盡相比附也。

◎錢棻，一作錢芬，字仲芳，號滌山，別號八還道人、漚鏡老人。浙江嘉善（今嘉興）人，或作浙江山陰（今紹興）人。錢士晉次子。崇禎壬午（1642）

舉人。從學於魏大中。伯父錢士升子歿孫幼，因立菜為嗣。時流寇披猖，史可法招致幕下，不就。暮年著書大滌山以終，卒年七十八。山水深得黃公望筆意。著有《讀易緒言》二卷、《蕭林初集》八卷、《莊子緒言》、《熹廟邑乘》，又輯有《梅道人遺墨》兩卷。

錢高 周易彙纂 六卷 佚

◎光緒《嘉定縣志》卷二十四《藝文志》一：《周易彙纂》六卷（錢高著）。

◎錢高，嘉定（今屬上海）人。著有《周易彙纂》六卷。

錢煌 大成集 佚

◎光緒《嘉定縣志》卷二十四《藝文志》一：《大成集》（錢煌著。子唐曰：晚年潛心易理，手著此集，未竟卒）。

◎錢煌，嘉定（今屬上海）人。著有《大成集》。

錢基博 周易解題及其讀法 一卷 存

山東藏商務印書館 1933 年王雲五主編國學小叢書本排印本

山東藏臺北成文出版社 1976 年無求備齋易經集成影印 1929 年鉛印本

臺灣文聽閣圖書有限公司 2009 年林慶彰主編民國時期經學叢書本

廣西師範大學出版社 2010 年 20 世紀中國文化學術名作新刊本

浙江古籍出版社 2012 年博庫叢刊本

知識產權出版社 2015 年國文存本

◎目錄：一緒論。二「周易」二字解題。三《周易》之作者。四《周易》見於先秦諸子之引說。五漢以後《周易》之學者及其解說。六《周易》之本子。七《周易》之讀法。

◎錢基博（1887～1957），字子泉，別號潛廬。江蘇無錫人。1913 年任無錫縣立一小學文史地教員。1918 年任無錫縣立圖書館館長。歷任吳江麗則女子中學、江蘇省立第三師範學校（現無錫高等師範學校）、上海聖約翰大學、北京清華大學、南京中央大學（今南京大學）、無錫國學專修學校（今蘇州大學）、光華大學、浙江大學、湖南藍田國立師範學院（今湖南師範大學）、南嶽抗日幹部訓練班、武漢華中大學（今華中師範大學）教職。又著有《經學通志》、《古籍舉要》、《四書解題及其讀法》、《文史通義解題及其讀法》、《版本

通義》、《現代中國文學史》、《駢文通義》、《老子解題及其讀法》、《孫子章句訓義》等。

錢基博 周易志 存

山東藏民國中華書局鉛印本經學通志七篇第二篇本

錢啟源 周易輯注慎擇 佚

◎一名《周易十五家輯注》。

◎彭維新《墨香閣集》卷一《周易十五家輯注序》：起嶼錢啟源集宋元儒易注凡十五家，題曰《周易輯注慎擇》，以《程傳》《朱義》為宗，次舉證，次廣義，次附錄，視離合程朱之說為差，不以己意增減評騭，聽學者自擇焉，蓋其慎也。從來注經難注《易》尤難，《易》為五經之原，自漢迄今注者無慮數百家，惟程子闡發義理而切人事，朱子舉占筮以補《傳》所未備，均得聖人與民同患之意，俾人順性命之理而兢兢於修吉悖凶之道。自時厥後注易者秉為圭臬，遞相發明，而易道始不墮雲霧。其他紛騁臆私，詞繁理寡，甚且支離猥瑣徒為伎術小數者，竄託為衣食資，致天下後世褻視聖經，是易幸存於秦爐之餘，竟不幸而亡於歷代諸家之注矣。梁時人有以「注易與《本草》孰先」問陶貞白者，貞白曰：「先易。注易誤不至殺人，注《本草》誤必有誤死者。」噫，斯言蔽矣！《本草》誤注，人將誤死；易誤注，人為徒生。且身一誤死，眾人必懲其後；心誤死，斯生理亡，形體官骸雖如故，而天下後世羣千萬人之心胥化為蚍蜥蝎鬼蟻而不之覺也。較誤注《本草》之為禍不尤烈乎？是故注易不可不慎也。起嶼於諸家易注既擇焉而精，復臚其等差，冀學者更細擇其與《傳》《義》離合之故，於分寸毫釐之間以見四聖人之易皆所以覺悟千古之人心，俾之長存而不死，尤慎之至也。夫慎者，心之生道與易合轍矣。唐李鼎祚集三十餘家為《周易集解》，搜採非不勤也，而薰蕕雜處、別擇易迷，未若是編之淘汰嚴謹、犁然悉當於人之心也。十五家者，程子《易傳》、朱子《本義》、胡翼之《易口義》、晁以道《易規》、朱子發《漢上易集傳》、項平甫《易玩辭》、趙復齋《易說》、楊誠齋《易傳》、呂東萊《易說》、陳北溪《易講義》、魏了翁《易集義》、王伯厚《輯鄭注》、黃東發《學易日鈔》、許魯齋《讀易私言》、吳草廬《易纂言》也。

◎錢啟源，字起嶼。

錢仁起 周易萃論 佚

◎道光《續修桐城縣志》卷之十六《人物志‧文苑》：著有《四書簡一正解》《周易萃論》《家禮補遺》《左史公穀秦漢八大家評疏》《陰符道德經別注》各若干卷。

◎道光《續修桐城縣志》卷二十一《藝文志》：《四書簡一正解》《周易萃論》《家禮補遺》《陰符道德經別注》（錢仁起撰）。

◎錢仁起，字班郎，號緘齋。安徽桐城人，寄籍懷寧。增生。治《易經》潛心理窟，為文樸茂，律身尚禮節，言笑不苟。

錢士升 周易揆 十二卷 存

順治賜餘堂刻本

◎卷目：卷之一乾卦至蒙卦。卷之二需卦至大有。卷之三謙卦至賁卦。卷之四剝卦至離卦。卷之五咸卦至明夷。卷之六家人至益卦。卷之七夬卦至鼎卦。卷之八震卦至旅卦。卷之九巽卦至未濟。卷之十繫辭上傳。卷之十一繫辭下傳。卷之十二說卦傳、序卦傳、雜卦傳。

◎周易揆序：揆者道也，道有先後而無吉凶，吉凶者生於陰易者也。世人以趨避疑陰易，而因以疑道，則「一陰一陽之謂道」之一言誤之耳。夫道若大路，然而使日用之百姓終日立於多凶多懼之中，聖人忍以是教天下乎？竊謂太極動而生陽、靜而生陰，夫靜而與動為對者，非真靜也，動靜之先有至靜焉，是則極也，猶之乎有性善有性不善，夫善而與不善為對者，非真善也，無善無不善之中有至善焉，是則性也。先天之為乾也，三以一乾而兼天地人之位，是為象學之始；後天之為乾也，六自冬至迄夏至，以一乾而包進退消長之機，是為數學之始；以乾例坤，以乾坤例六子，以六子乘乾坤之變化，於是有三百八十四，是為筮學之始。陰陽愈揆，悔吝滋多，宣尼有憂之，恐愚者以用罔墮罟獲，智者復目索隱悞聰明。於是法乾以行健、法坤以載物，法震以脩省，法艮以定思，法坎以習常，法離以繼照，法巽目申命，法兌以取友，乃至屯蹇暌困之時，莫不有反身盡性之事，以通天地之窮而超然立於吉凶悔吝之外，故假年學易可目無過者，學道也，非僅陰陽家象數卜筮之學也。錢塞菴先生以理學巨儒平章軍國，未竟其用，奉身而歸。蓋先生之用世，其時則否泰之間。夫以君子與小人爭，敗不可居，勝亦不足恃。故泰之不能不否者，非我之所能為也，自不得不受之以同人。同人者，否泰所不能進退也。先

生之遯世，其時則剝復之際。夫以人而與天爭，勝既不能，敗將何往？故復
之不能不剝者，蓋非我之所能為也，自不得不受之以无妄。无妄者，剝復所
不能消長也。是先生居心處世學問之大端也。先生嘗詮《南華》矣、詮《楞
嚴》矣，最後乃詮《易揆》。作易者其有憂患乎？惟有真憂患乃得真逍遙，乃
得真解脫，是又學道之真種子。茲編也，其目為詔世之緒餘可矣。年家後學
東干釣叟曹勳序。

　　◎序：四經皆有定論，易不可以定論論者也。非不可定，至定者存於畫，
遂能包天下不定之論而無所不有無所不通。商瞿而後言易者多：鄭釋天象、
王疏人事，說者猶或非之。趙宋以來易學大明：邵子之言曰：「易於時配春，
於事屬皇，於性繫仁」，是揆諸氣者也；程子之言曰：「易變易也，隨時變易以
從道也」，是揆諸理者也；或問卦象于朱子，朱子曰：「便是理會不得」，是揆
諸象者也。三賢各得其一而易之大全無不畢見。然則以定論論易者，拘于易
之辭，未通於易之畫者也。張子曰：「悟後心嘗弘觸理皆在我術內」，斯言近
之矣。我年友塞菴先生，立朝當否泰之交則為包荒，出世丁興亡之會則為碩
果，以故學識所至，既過前賢。晚年耽味益深，所著《易揆》一書，余受而讀
之，時抒獨見，旁輯諸家，潔淨精微直與易契。而余所服膺者尤在卦前設互、
卦後設對，卦兩設分合，直舉所謂氣與理與象，莫不兼融而並攝之。何也？
三才分六位，初二為地、三四為人、五上為天，天地位居其盡，無事于互；人
則上下承乘，可合可離，相生相接，而消長之道伏焉，故六位分屬，則二賢、
五君、三為諸侯令長、四為太子大臣近臣，四爻皆得以事。互初未主事，上已
謝事，故不得互。自有互而變通無窮，舉凡人事得失正不能見者，互潛見之。
此氣所蓄然也。是編首揭互卦，則一定者既不阻其旁通，已然者並不遏其未
見，是先生之論氣，簡於邵而詳于邵矣。卦有反對，所謂綜也。有四正綜而氣
之定者見；有四隅綜而氣之變者見；以正綜隅，以隅綜正，而氣之平者見。順
逆既得，象隨以立，變化多寡，均適其平。上經陰多于陽者八爻，下經陽多于
陰者亦八爻，是象之大中隨時，非若《太玄》《潛虛》以艱深疑人也。且乾坤
坎離中孚頤大小過有錯無綜，先生特設反覆為對之義，即以錯為綜，而以十
二爻合斷其旨，則又窮其變而通其理，觀乎象外以發先賢所未發。是先生之
論象變，于朱而深于朱矣。若六十四卦之合為三十二，蓋數之相周自有乘除，
此即天運之終始也。閱正忘反，是知進不知退也；閱反遺正，是知退不知進
也。兩卦交繹，其旨彌變。如屯蒙異位，在屯則雷，在蒙則山矣；如小畜履異

位，在履則澤，在小畜則風矣。必兩卦分卷而後非偶者不相雜。如屯可繼坤必不可合坤，本與末之辨也；師可繼訟必不可合訟，兵刑不可偏見也。卷數之分合明，則有分而井疆備，有合而關隧通，是先生之論理備于程而嚴于程矣。昔孔子韋編三絕，始悟羲之圓圖為錯、文之序卦為綜，歎其不可典要。先生深得此意，故對互分合極盡易畫之妙，而無所不有無所不通，是以時而委心任運，則為莊周之達生；時而處險濟危，則為瞿曇之撒手。流行坎止，不與天爭；層見側出，無非易理。然則是書也不特揆之四大聖人而合，即揆之三教聖人而亦無不合者，昔賢謂六畫先後次序全是天理自然，古人只是見得分明，不曾一毫智力添助，善哉揆易乎？吾于《易揆》亦云。五莘衲弟如覺原名許譽卿題于泖上之了菴。

　　◎序：夫《易》何以名經？經者常也。又經何以取《易》？易者變也。常而不變即是死法，變而不常便屬玄機。惟變惟常，此易之所以成經也。故河出圖洛出書，山川之所以效靈；則仰而觀俯而察，聖王之所以取象。豈徒然已哉！均此奇偶耳。夏有《連山》，殷有《歸藏》，皆不能垂後代，而惟《周易》為萬世不易之道、百王不易之法，又不易之所以為經也。然則三代之書，有繫詞如文王、周公者不？有十翼如孔子者不？有遭厄于暴秦而不燬者不？政所謂斯文之在茲也。況若他經或藏于壁或出諸塚或散逸而不全，寧比此經安然同日月之在天而江河之行地哉？蓋測陰陽之消息與傳帝王之功業理事固殊，推氣化之密運與調人心之和平隱顯亦異。而且生天生地者兩儀之祖也，資始資生者乾坤之蘊也，四時行而百物生者元亨利貞之周流不息也，易之時義大矣哉！更推廣之，卻與《楞嚴》《唯識》相為表裏，何則？其圓相中有白黑各半，詎非阿賴耶識之真妄雜糅乎？其太極之生于無極，詎非《楞嚴》之虛空生於大覺中乎？其羲皇未畫以前，詎非威音那畔之未始有物之先乎？如程子畧有見處則曰「讀一部《楞嚴》不如看一艮卦」，彼雖高推易義卑抑佛乘，猶識二經相類之處。獨丞相李綱所答友人書以《華嚴》與《周易》對勘，縱廣數千言，其辨析精微，既欲以儒理申，又不欲以佛理屈，和會兩家，必非無謂而發也。於是乃知善易者必須淹通內典，了徹圓宗，方得于此理極深而研幾。蓋所謂寂然不動者即定也，感而遂通者即慧也，無思無為者即三昧正受也，洗心退藏於密即不思議境界也，故曰西方有大聖人焉，其心同也，其理同也，其化民成俗之跡則不同也。塞菴先生夙有根智，以休休之度飭謙謙之躬，其留心於艮背之學久矣。歸田以來更刻意於《摩訶止觀》及

《大佛頂經》，暇則游藝于漆園，借《南華》之笑搖暢天竺之況密，然則俱非公之駐足地也。復從《周易》而揆度之，孰是先天之範圍孰是後天之作用，吾心之幾微孰是七日之來復，且晝之牾亡孰是碩果之不食，如是乃至一爻一象一卦一策無不從而揆度之，至於章句之間、剖斷之際，既不進古人為全是，亦不退今人為全非，一以公道衡之。夫是之謂《周易揆》。教下衲子天台衍門正止謹序。

◎乞言小引：蘇洵氏曰：「道以易尊。」夫易之尊也，謂六經皆說理，易獨畫象，象有正有互有反有對，其道屢遷，不可為典要，苟學易而不觀象，猶郤行以求及前人，難矣。雖然，往來正倒之間，即或昭晰並進，而於古聖人涉世濟險、進退存亡之道揆之稍有未合，其於易仍無當爾。古今說易者，商瞿而下，去聖彌遠，京房、焦贛、管輅、郭璞之徒，技方小道，託之於易，固無足論。淮南王聘善易者九家註說立訓，易道反微。他如王弼闡敘浮義而為孫盛短，洪正辨析名理而為張譏屈，何妥出入王鄭而為楊醜嘩。迨至宋儒廢象言理，易道轉晦。明興以來不下二百餘家，觀玩之間豈無神解，然求夫抉微盡變以推明古聖作易之指，如李鼎祚《易解》、關氏《易傳》、麻衣《心法》諸書，詎可多得哉？先府君方為諸生時即留心易學，邇年以來閉戶覃思，耄而彌篤。一義未安，累夕不寐；及其既得，忻然忘飧。又復廣羅諸家之說而是正之，刪其繁蕪，衷以己意，因爻探象，因象觀爻，別二卦于一卦，定主爻于六爻，至于互體倒體靡不該盡。所謂參伍以變、錯綜其數者，非耶？薈凡屢易，始克成書。易簀之夕猶手一編，詔不孝曰：「天靳其算，圖象總論未獲授簡，然數年心力悉萃茲編，若其善為傳之。」不孝捧讀遺書，恐致湮沒，爰請衍公細加按讐，公諸海內，名曰《易揆》。蓋府君所自命也。夫易學不明，人專一喙，言數者不揆諸理，言理者不揆諸象，即刻舟標指，於象有得；而象先之畫、象外之意，未能神而明之，則猶是京費之易、程朱之易而非古四大聖人之易也。夫《易》，憂患之書也，文之翼翼、周之几几、孔之無可不可，皆當悔吝憂虞之地，而能知險知阻，故處困得亨，後先一揆。府君丁流極之運而節嚴介石、誼篤匪躬，悵家國之已非，攀弓髯而莫逮，匿影空門，棲神漆簡，其於涉世濟險進退存亡之道倘亦有異代而同揆者乎？昔揚雄草《玄》尚為桓譚所知，然則表章是編恃有當世玄晏先生在，敢為摶顙以請。癸巳天中日，不孝男菜百拜謹述。

◎四庫提要：是書用注疏本，雜采前人之說，斷以己意。許譽卿序云：

「邵子揆諸氣，程子揆諸理，朱子揆諸象，此書自屯以下，於每卦前設互卦，後設對卦，舉氣與理、象而兼融之，此『揆』之所以名也。」在明人易解中，持擇尚為詳審，特溺於河洛、反對之說，體例糾紛，未能盡除錮習耳。

◎錢士升，字抑之，號塞菴。浙江嘉善（今嘉興）人。萬曆丙辰進士第一。官至文淵閣大學士。事蹟附見《明史·錢龍錫傳》。

錢受祺 易義敷言 十六卷 佚

◎朱彝尊《經義考》卷六十七：與同里屠以寧多若、江起蟄雲相共輯成書，舉子誦習本也。

◎乾隆《杭州府志》卷五十七《藝文》一：《易義敷言》十六卷（國朝工部主事錢塘錢受祺介之撰。與同里屠以寧多若、江起蟄雲桐共輯）。

◎《浙江通志》卷二百四十一《經籍》：《易義敷言》十六卷。

◎錢受祺，字介之。浙江錢塘（今杭州）人。順治壬辰進士。官工部都水司主事。

錢偲 周易緯史 無卷數 佚

◎四庫提要：是書以卦爻分配史事，故曰《緯史》。夫引事證經，鄭氏《易注》即有之，至《吳園易解》、《誠齋易傳》始大暢厥旨。以人事之成敗證易象之吉凶，是亦以古為鑒之意，未為無所發明。至此書所引則多不考據，如屯六二稱曹操待壽亭侯，需上六稱劉備桃園投結，皆未嘗校以史傳也。

◎錢偲，號堅瓠老人。浙江錢塘（今杭州）人。雍正壬子副榜貢生。

錢塘 易緯稽覽圖考正 一卷 佚

◎光緒《嘉定縣志》卷二十四《藝文志》一：《易緯稽覽圖考正》一卷（錢塘著）。

◎自序〔註3〕：《稽覽圖》者，鄭康成所著《易緯》八種之一也。予初讀之，糾結盤互，旨趣茫如。既而覺其文意不屬者，往往見於他處。知《永樂大典》所傳非其原本，乃更定次序，以序相從而義亦略可考矣。

◎錢塘（1735～1790），字學淵（岳原），一字禹美，號溉亭。嘉定（今屬上海）人。乾隆四十五年（1780）進士，官江寧府學教授。博涉經史，精心朗

〔註3〕錄自光緒《嘉定縣志》卷二十四《藝文志》一。

識，超逸軼羣倫。少錢大昕七歲，相與共學，又與大昕弟大昭及弟錢坫相切磋，為實事求是之學，九經小學、天文地理靡不綜貫，於聲音文字、律呂推步尤有神解。著有《錢氏爻辰論》一卷、《鄭氏爻辰補》五卷、《易緯稽覽圖考正》一卷、《律呂古誼》六卷、《史記三書釋疑》三卷、《泮宮雅樂釋律》四卷、《說文聲系》二十卷、《淮南天文訓補注》三卷、《述古編》四卷、《溉亭述古錄》二卷。其《溉亭述古錄》中有《卦位論》《爻辰論》諸篇可參。

錢塘　錢氏爻辰論　一卷　存

焦氏鈔仲軒群書雜著本

錢塘　鄭氏爻辰補　五卷　存

焦氏鈔仲軒群書雜著本

錢廷王　周易鄭氏爻辰補　佚

◎同治《長興縣志》卷二十三下《人物傳》：著有《樸齋詩文集》《周易鄭氏爻辰補》。

◎錢廷王，字繩祖，號樸齋。浙江長興人。嘉慶丁卯舉人。

錢熙祚附注　河洛讖　存

道光二十四年（1844）金山錢氏刻守山閣叢書本

光緒十五年（1889）上海鴻文書局石印守山閣叢書本

上海博古齋 1922 年影印守山閣叢書本

◎明孫瑴輯。

◎錢熙祚（1801～1844），字錫之，號雪枝。江蘇金山（今屬上海）人。生而敏慧耐深思，長益嗜學，探古籍，艱辭奧旨，靡間洪纖，洞若觀火。以海疆捐輸敘選通判，抵京師，銓有日矣，遘微疾，卒於寓齋。道光十七年（1837）構守山閣，聘名士如顧觀光、李長齡、李善蘭、張文虎等校勘鈔書。仿《墨海金壺》例梓成《守山閣叢書》一百十種六百五十二卷，仿鮑氏《知不足齋叢書》例輯刻《指海》十二集。又輯《珠叢別錄》二十八種、《式古居匯鈔》等，世稱善本。

錢熙祚附注　孔子河洛讖　存

道光二十四年（1844）金山錢氏刻守山閣叢書本

光緒十五年（1889）上海鴻文書局石印守山閣叢書本

上海博古齋 1922 年影印守山閣叢書本

◎明孫瑴輯。

錢熙祚附注 易筮類謀 存

道光二十四年（1844）金山錢氏刻守山閣叢書本

光緒十五年（1889）上海鴻文書局石印守山閣叢書本

上海博古齋 1922 年影印守山閣叢書本

◎明孫瑴輯。

錢熙祚附注 易通卦驗 存

道光二十四年（1844）金山錢氏刻守山閣叢書本

光緒十五年（1889）上海鴻文書局石印守山閣叢書本

上海博古齋 1922 年影印守山閣叢書本

◎明孫瑴輯。

錢熙祚附注 易通統圖 存

道光二十四年（1844）金山錢氏刻守山閣叢書本

光緒十五年（1889）上海鴻文書局石印守山閣叢書本

上海博古齋 1922 年影印守山閣叢書本

◎明孫瑴輯。

錢熙祚附注 易通驗元圖 存

道光二十四年（1844）金山錢氏刻守山閣叢書本

光緒十五年（1889）上海鴻文書局石印守山閣叢書本

上海博古齋 1922 年影印守山閣叢書本

◎明孫瑴輯。

錢嚴曦 周易精義 佚

◎光緒《嘉定縣志》卷二十四《藝文志》一：《周易精義》（錢嚴曦著）。

◎錢嚴曦，字彙彩。諸生。嘉定（今屬上海）人。著有《周易精義》。

錢養浩 闡易精蘊 佚

◎光緒《武陽志餘》卷七《經籍》：《七易緒餘》《闡易精蘊》（並無卷數），國朝諸生錢養浩學聖撰。按《闡易精蘊》舊志及諸家俱未著錄，今據楊椿撰《行狀》補入。

◎錢養浩，字學聖。江蘇武進（今蘇州）人。錢一本曾孫。諸生。讀書目數行下，《十三經》及史傳率自收手錄，曰：「古書文義宏深，不手錄則精神不接。」又著有《綱目發微》、《編年詩》四卷。

錢養浩 七易緒餘 佚

◎光緒《武陽志餘》卷七《經籍》著錄。

◎光緒《武進陽湖縣志》卷二十八《藝文》：錢養浩《七易緒餘》（佚）。

錢彝 易概 二十二卷 佚

◎道光《續修桐城縣志》卷之十五《人物志・儒林》：中年後不事科舉。伏處山林，研究諸經，時有新得。因取諸儒義疏刪輯之，著有《易槩》《書槩》《詩槩》《周官槩》《儀禮槩》《禮記槩》《四書槩》《孝經槩》《經疑》諸書。

◎道光《續修桐城縣志》卷第二十一《藝文志》：《易概》二十二卷（錢彝撰）。

◎劉聲木《桐城文學撰述考》卷二「錢彝撰述」：《經疑》七卷、《易概》□卷、《尚書概》□卷、《詩經概》□卷、《周官概》□卷、《儀禮概》□卷、《禮記概》□卷、《孝經概》□卷、《四書概》□卷（以上統名《經概》，共三百卷）。

◎錢彝，字秉之，原名特，字摶霄，號白渠。安徽桐城人。歲貢生。天資淳篤，讀書為明善誠身之學，務體諸身心而驗之日用。

錢鉞 墳易一貫表 一卷 集說一卷 存

國圖藏乾隆六十年（1795）刻本

◎錢鉞，號錦山。江蘇金匱（今無錫）人。錢泳父。

錢鉞 三墳金玉 三卷 存

國圖藏乾隆六十年（1795）刻本

錢璋 周易虞義指要 佚

◎光緒《嘉定縣志》卷二十四《藝文志》一：《周易虞義指要》（錢璋著）。

◎錢璋，嘉定（今屬上海）人。著有《周易虞義指要》。

錢焯 鄭氏易補注 佚

◎光緒《嘉定縣志》卷二十四《藝文志》一：《鄭氏易補注》（錢焯著）。

◎錢焯，嘉定（今屬上海）人。著有《鄭氏易補注》。

強公室 易象論 佚

◎光緒《嘉定縣志》卷二十四《藝文志》一：《易象論》（強公室著。門人陸其賢梓）。

◎強公室，字君佐，號節庵。嘉定（今屬上海）人。諸生。著有《易象論》。

強汝諤 周易集義 八卷 存

山東藏 1919 年吳興劉承幹刻求恕齋叢書本

續四庫影印 1919 年吳興劉承幹刻求恕齋叢書本

◎例言：

易象始於一陰一陽，陰陽進退，數以生焉，而理實處乎先以宰之。然既謂之易，則理因象數之變易而著，離象數以言理，非易之道也。蓋至變者數，至虛者象，而至嘗且實者理也。然理無形，假象為形；形無定，因數而定；數無度，以理為度。三者合一，相為表裏而易之道行乎其中。故虛象無非實義，變易歸於不易，而神妙無窮，由理以推象數，即因象數以觀理，是為得之。攝理而騖於象數之末，是宋人之助長也；舍象數而執理以言，是子莫之執中也。

漢儒易說今多不傳，間有存者，大抵沿戰國以來技術雜占之說，又溺於象數雜以讖緯而不衷於理，非復聖人之至教矣。惟費氏學號古文易，專以孔子之傳為解而无章句，其學可謂正矣。然馬、鄭輩皆傳其學而異說日滋，至魏王氏輔嗣始盡洗漢人之陋，雖未免雜以老、莊，而機已嚮明矣，唐以後言易者大抵從之。至宋而程子作《易傳》乃粹然一出於正，言理而不言象數、言學而不言占，遵孔子學易寡過之旨，本其躬行心得者昭示軌涂，可謂謹嚴正一矣。然專言理言學，則於理與象數合變之交未窮其神妙，即聖人作易之意、用易之道或未能一一符合。然自是學者識所祈嚮，相與講明而推闡之，易教於是益彰。朱子之言理亦同於程子，而稍偏於尚占，又頗取邵子之說而詳於

象數，雖意在補《程傳》之不足，而偏重象占，不若據理言學者得聖人垂教之本矣。

邵子之學不可謂不精，然自成一家而無當於《周易》。其所言象數雖託於《繫辭》、《說卦》諸傳，而實與孔子之意不同。夫庖羲作易雖第以象數示人，而是非得失之理自在，文王、周公繫之，孔子從而贊之，皆因卦爻中所函之實理，以明是非得失，所以窮理盡性，修人事以合於天之道，與數學迥判兩途。故孔子之意即文王、周公之意，文王、周公之意即庖羲氏之意，非可歧而二之也。邵子先天之學乃欲軼文王而遠契庖羲，則固越乎《周易》之表矣，謂非智者之過歟？其所謂契焉者，數而已。然即以數言，果契於庖犧氏乎哉？

船山王氏謂程子之《傳》純乎理事《周易》大用之所以行，然有通志成務之理而無不疾而速、不行而至之神，豈不以《程傳》專據理言學，絕不言象占，又不解《繫傳》乎？然非知程子之意者也。程子與邵子同時，邵子方託《繫辭》《說卦》諸傳以侈談象數，程子慮學者從風而靡，浸失易之真也，故特矯其偏，悉屏象占之說而專言學，並《繫傳》亦不為之解。《經說》有云：「《繫傳》本欲明易，若不先求卦義，則看《繫傳》不得其意，可知是其有所不足也」，正其謹嚴之不可及爾。

古者聖人之作易也，用以筮占觀象以辨吉凶而已，其所以辨吉凶者，亦必有其書如《連山》《歸藏》之類，大抵未深究理之所以然。至文王、周公乃徵諸天人之合一，揆其變動之時中，繫辭焉而命之，使筮者明乎理之得失，以生其悔悟之心，則占與學已合而一矣。然人知用以占，猶未知敬其學也。孔子憂之，故贊之以傳，明吉凶之一因乎得失、事物之一本乎性命，則揲策占象中无非學也。又實徵諸擬言議動之間，明示以崇德廣業之道，使人曉然於學易修身始於補過，則占與學之相資與學之所當致力無不反復丁寧矣。是故文王立其綱，周公詳其目，孔子舉而張之，使人之疑為高遠者恍然於切近矣，苦其精微者灼然於昭著矣，所以覺世牖民者至矣蔑以加矣。後之學者苟有為己之心，違此將奚宗乎？猶欲橫生枝節，與鑿空推求皆異端也，雖其博奧工於索隱，精妙可以前知，亦非儒者所當務，況膚淺不倫與空虛無據者耶！

易之取象非苟為寓言也，意與言之難盡者藉以罕譬而喻焉。然其取之所從，可以意會而不可以迹泥也。漢儒必欲究其所從，泥乎迹而穿鑿附會，不

顧理之所安，則與聖人之意左矣。易用蓍筮占以知來，非不任數也。然驗贏縮於策之奇耦，考吉凶於爻之變動，其任數也有度，後人必欲盡其毫忽以求前知，不計理之得失而專計數之吉凶，則逐末而流於術數，非儒者所當學矣。故以互體卦變五行納甲飛伏爻神言象者非易之象也，以雜占災異卦氣直日與加一倍法言數者非易之數也。易之象數所以明理，挾象數以害理者皆易之蠹也。

卦之命名多因爻畫，如頤噬嗑與損益之類，其尤著者也。即爻之取義亦各因其陰陽時位，如剝之貫魚、碩果，姤之豕包魚，最易見者也。循是以求，其理灼然有緒。以意逆志，無不可得者。至其言數如三日七日八月三年之類，亦皆以理推之，無恍惚難知者。故象數生乎理而理寓於象數，三者相依如人之形影神也，摹神而離乎形影，與泥形影而遺其神，豈能得其真乎？

談易之失約有三端：泥於象也，逐於數也，託於虛無之理以害理。夫易之理至實也，六十四卦三百八十四爻囊括天下之事物，無一語入於虛者，學者當實徵諸事物、體諸身心，無物不有卦之象也，無時不有爻之義也。合三才之道而觀其會通，切求諸言動之間，以崇德廣業，固不可逐末而忘本，又豈可厭實而遁於虛哉？聖人憂患後世，情見乎辭矣。是故懼以終始，學易之心也；擬議以成其變化，學易之事也。大中至正之教，至常也至實也，而至變至神之道在其中矣。若以為不足為而矜奇鑿異，虛敝精神，果安用哉？

書不盡言言不盡意，聖人立象以盡意，設卦以盡情偽，繫辭焉以盡其言，而意與言遂无不盡者。何耶？易以卦爻剛柔時位冒天下之道，實有是象實有是情偽，則意非虛懸、辭皆切指，而又變通以盡利、鼓舞以盡神，所以義與言无不盡也。學者苟設身處其位度其時以究其得失而觀其變通，則不啻一身徧歷境之險易常變而增益其所不能，聖人之意與言有不心通而神會者乎？故君子所居而安者易之序也，所樂而玩者爻之辭也，精義入神以致用，其在斯乎？

聖人之意非有異乎人也，知之至明、辨之至晰、處之至當，人自不能及耳。苟平心以體之，因卦之物審其位度其時，則辭之各指所之者，未始不在尋常意計中也。求中不外乎庸，深求則轉或失之矣。

古之時凡有所疑必稽之卜筮，自天子以至於庶人莫不皆然。初以為古人慎重，不敢自信耳，及深玩《周易》之明得失以詔從違者，其義深切著明，不啻耳提面命焉，然後恍然於聖人之以神道設教者，其意至深遠也。夫當懷疑

不決之時，臨之以天地鬼神，竦動其志氣，辨別其是非，自非大无道者有不震動惕厲而舍己敬從者乎？其易入而不敢違，視臣寮之諫諍、師友之規誨奚啻十倍？此教之所以大而上、占之不可廢也。惟古之占法不傳，則亦據辭以謀理而已。《程傳》雖言學不言占，而占之理自在也。

卦名取象多就卦畫陰陽進退為義，卦爻取象則皆因其時位就事指點，非此爻之義盡乎此也，舉其大端耳。但聖人極深研幾，所舉中乎物，則雖略示端倪，而言近指遠，自可旁通無盡。若不善讀者泥滯以求，則以辭害意而易之用隘矣。伊川先生云：「聖人有聖人之用，賢人有賢人之用，若一爻只作一用，則三百八十四爻止作得三百八十四事也。」此論極精，故說易者不可多取實事為證，慮其滯也。然象之難明者亦不妨偶借古事以證之，但能活看，則事可指者情即可推，何滯之有？如明夷六五曰「箕子之明夷」、既濟九三曰「高宗伐鬼方」，聖人亦舉事以達意矣，豈此兩爻止此兩用耶？

卦變之說至為紛歧。瞿塘來氏專就卦之綜而言，最為精當。蓋易之序皆兩兩相對，惟乾坤坎離頤大過小過中孚八卦不可綜者，錯之其餘五十六卦，則二十八卦反復而成，以象人事往復之報。聖人有因此取象，如泰、否、剝、復、夬、姤、損、益、既／未濟之命名尤其彰著者也。《彖傳》亦多就其往來上下明示其意，所謂變通盡利、鼓舞盡神者，其端略見於此。先儒雖亦有見及者，而未有定解。至來氏始盡闢卦變之說而專以綜言之。揆之《彖傳》靡不符合，可謂析千古之疑矣。今於《彖傳》之言變通者皆從來氏。

易者變易也，非通其變不足以盡易。孔子《大象傳》專言理言學，《彖傳》則參言合變矣。至變易之神妙，則於《繫辭傳》始盡發之，三聖之精蘊非此不彰。程子不為之解，蓋慮人不實求卦義，託於此而遁虛鶩遠也。故《繫傳》指示用之方至切近也，即其言之微奧者無不道乎中庸，實非異端所得託。此孔子昭示後世占易、學易之大法，學者不深求於此，則所謂變而通之以盡利、鼓之舞之以盡神者不可得而見，即於聖人之意亦有所不能盡矣。且正惟慮異端之託也，愈不可不為之解。今務本卦義，切實發揮，即微奧之旨悉引而歸于彰著平易，庶幾絕異端假借之緣而得聖人指點真意。昔宋時有僧與焦先生談禪，焦不然其說，僧舉《繫辭》云：「寂然不動，感而遂通，獨非儒家語乎？」焦曰：「和尚莫讀破句，『感而遂通』下尚有『天下之故』四字在。」僧遂詘。釋老異處正在遺此四字而遁於虛耳。若夫託象數以鶩遠者，亦智者之過，惡可因噎而廢食乎？故讀《繫傳》者，苟能本易之實義以求，自有深得而

无偏蔽也。

《隋書》云：「秦焚書，《周易》獨以卜筮得存，惟失《說卦》三篇。後河內女子得之。」今《說卦傳》有可疑者，豈不盡出於孔子而後人有所附益歟？《序卦》二篇雖非後出，亦殊可疑者，非《繫傳》比也。

《左氏傳》言易必曰「在《周易》某卦之某」，可見古人玩易必通其變以觀之，如知莊子言師之臨，先引師卦初六爻辭，繼論其象之變以釋之，又舉之卦參斷之合二卦以究一爻之得失，可悟參玩之法，大抵春秋時易學亦各有所受，多詳於觀變玩占，如此類兼觀玩象辭，最為近理。若取《左氏》所載匯而觀之，亦略見古人用易之法。至其語過神奇者，必出於後人之傅會，未可盡信也。

或問曰：「子言易之理寓於象數，當觀其合變以言理，是矣。然玩辭以求卦義，所謂合變者於何觀之？且已成之卦，所著者象耳，數何與焉？」曰：難言也。易之用九用六豈不取其數之變哉？則固欲人知其變而觀其通矣。易之序必以錯綜相比豈不取其象之易哉？則固欲人觀其易而參其義矣。且所以名為易者，果何為哉？非象之易歟？數之易歟？夫理不易者也，然因象數之易亦屢易以就中矣。平陂往復，象數必然之變也。聖人欲以理救其窮，而俾不得不變者，庶幾有以貞其不變於萬一焉。救世之深心於是焉寓，顧可忽而不察耶？苟深觀於否泰剝復損益夬姤之交，不可恍悟其端乎？是故聖人參伍以變，錯綜其數，繫辭焉而命之，動在其中矣。非合象數之變以求理，安見其趣時而貞勝者乎？即聖人之意與言，亦何由交盡而曲暢乎？神而明之，存乎其人，可以意會而未易言傳矣。

船山王氏著《周易內傳》，戛戛生造，盡去陳言，其苦心孤詣誠不多覯。雖辭失之煩，然其恪遵聖軌、嚴關異端，獨具卓識，而《繫辭傳》解悉本卦義以立言，尤有深契，故采用最多。其《發例》中論學一條云：「易以垂教萬世，占其一道耳，故曰易有聖人之道四焉，惟制器尚象，在上世器未備而民用未利，所必尚後世非所急耳。以言尚辭，以動尚變，學者之事也。故占易學易、聖人之用易，二者並行而不可偏廢也。故曰居則觀其象而玩其辭，學也；動則觀其變而玩其占，筮也。子曰『卒以學易，可以無大過矣』，言寡過之必於學也。又曰：『不占而已矣』，言占之則必學以有恆也。蓋非學之有素，則當變動已成、吉凶已著之後，雖欲不過，而不知所從。天惡從而祐之？以吉無不利耶？故二者不可偏廢尤不可偏尚也，居則玩辭者其常也，以問焉而如響，

則待有疑焉。學則始終典焉而不須臾離者也，故曰『《易》之為書也不可遠』，徒以占而已矣，則無疑焉而固可遠也。」雖占學並詳，而尤以學為重。其論極切當愜心也。

漢儒易說多不傳，今之漢學家亦僅據唐李氏《集解》以紹述其說，謂幸有此書博采諸儒之說，如孟喜、京房、馬融、鄭玄、荀爽、劉表、宋衷、虞翻、陸績，略存一二，於是卦氣、六日、七分、遊魂、歸魂、飛伏、爻神、交互、消息、升降、納甲之變半見等例藉可推尋，而轉詆程朱之說理為空疏；且謂漢儒之說以商瞿為祖，商瞿之說出於孔子；又以漢儒好引讖緯，亦謂出於孔子，緯與經實相表裏，而轉置四聖相傳道法之大經於不議，何其說之誣歟？夫當易理未曙之時，求其說而不得，沿習技術雜占之學而穿鑿附會於象數之末，無足怪也。今漢學家於宋賢闡理既明之後，而故欲昧之，是非之心安在耶？然孔子翼傳闡理至明，漢儒且昧而不察，又何怪今漢學家之昧昧哉。總之，學以為己，自能切問而近思；學以為名，必至喜新而矜異。世之騰口說者皆為名耳，宜其未足與議也。程子作《易傳》，使門人日玩一爻，必先取各家之說講求討論然後以傳示之，非故為是鄭重也。人之於易，每挾一高深之意，今見平實說理者，將目為老生常談而忽之，孰知至中之理不外乎庸哉。程子之門人雖不至此，然亦未免疑易之精蘊或不止此而未知深省也，惟使之徧覽各家，疑惑而不知所嚮，得師說以折中，乃悠然有會耳。湯潛菴先生云：「先儒解易，特地創解，無所依據，後人觀玩甚省力，卻不加思索，只據成說粗心看去，此後人所以不及前人也。」斯言誠中學者之病。況易理至平實而囊括奧博，聖人之意未易知，必先博學詳說之然後反而說約，乃能深辨得失而識其指歸。若止粗心看去而不博學深思，烏能知其意哉？

易解自程子之後，大抵以理為主，皆原本十翼，各竭心思，非苟而已也。惟著作如林，未易徧徵博考，今姑就見聞所及，擇其精當者綜貫為解，故名《集義》。夫為高必因邱陵，居今日，說經而必戞戞生造，不免好異喜新，轉失中正之理。然引伸觸長之機亦所時有，大抵因舊說者十之七八；其自下新義者，必於舊說有所疑，反覆尋繹於孔子之傳，而若有所悟，姑效其一得之愚，雖不敢自信其果合，然非敢妄炫新奇也。其專采一家之說、有刪無改者，則以某子某氏別之；其參匯各家之說則渾之；其別出己意於舊說之下，則以愚案別之；其獨出己意與參入舊說者，則亦不贅，意在省繁就簡而已。

◎序：溧陽強賡廷、彥吉、駬原三丈，累世之好也。賡廷、彥吉二丈予所

師事，駃原丈齒少弱於予，尤親。丈僑居金壇者兩世，戊辰予亦挈家歸，僦屋荒榛中，半菽不飽，三鄰無過，而問者獨丈厚予甚。予客授於外，家人饘粥或不濟，輒乞貸於丈。值丈空乏時，則質劑以應之。有無相通，朋友之義則然。然豈可索之鄉曲鄙夫哉？予少孤貧，與物多迕，丈一繩以古誼，使不流於狂易之歸。或羣居放論，譏呵當世士，骯髒不平之氣，遇丈而平。蓋丈之澤予者深也。丈於學無不窺，而尤邃於易。匡居斗室，晨鈔夕纂，為《集義》一編，凡十餘年而卒業。丈嘗謂予曰：「《易》寡過之書也，以孔子之聖，猶云假年學易可無大過，故十翼所傳，言理多而言象少。乾嘉以來言易者篤守師說，祖漢祧宋，於世應、飛伏、五行、納甲之變，甄極淵微，幾幾入於淫瞽方技者流而猶自矜絕業，世亦從而矜之，其於進退存亡吉凶悔吝之故芒乎忽乎曾不一措意，此豈孔子寡過之旨邪？蒙纂是編，一以程朱為的，諸家之說有犁然當於理而足補程朱之不及者，亦擇善以從，蘄與十翼訢合於萬一。蓋《程傳》《朱義》且有異同，正不容墨守而執一也。」丈所言如是，亦可知纂述之大凡矣。予不學，於本朝言易者服膺船山王氏、石林喬氏，以其於理數無所偏倚，而推極人事深得先聖不言之蘊。丈采兩家之說亦最夥，殆與予有沆瀣之合者耶。是編藏之篋衍數十年，昨客海上，出以貽翰怡京卿，京卿雅欣賞之，以授厥氏。丈之甄綜古義，京卿之表章先哲，皆並世所罕。予得藉手以報丈，尤有欣慨交心者。爰舉丈所論列者繫於簡端，庶後之讀是編者知所從事焉。己未日長至，金壇馮煦。

◎序：《周易集義》八卷，溧陽強駃原先生箸，亦馮嵩厂丈出以示予而予授之厥氏者也。易自伏羲畫卦、文周繫辭，其義至矣。然春秋以前皆為卜史之用，間有言義理者如子服惠伯之屬，然不能詳也。孔子懼後世儕易於卜筮諸書，不研求其義理，易之義幾乎熄，於是作十翼示指歸，然則後之學易者舍十翼孰從而求之？乃漢傳易諸家但言象數。夫易生於數而形於象，不言象數固不足以見易，然不明乎理，必至舍人而言天、尋流而逐末，穿鑿附會，駁雜支離，不於孔子所謂窮理盡性以至命、精義入神以致用者相去遠乎？魏王輔嗣始黜象數而言義理，然入於老、莊，於易之義猶未盡當也。至伊川《易傳》作而易理始明。紫陽《本義》語約旨精，足與《程傳》相輔。自是以後，學易者或知所宗，其於孔子十翼之義不至若秦越人之不相謀矣。本朝言易者若惠氏、張氏皆宗漢學，於兩京諸家之說鉤元提要，豁然貫通；而從事宋學者希如星鳳。今先生是書祖述程朱，粹然一出於正，而又甄采羣籍，凡有當

於十翼之誼者，博觀而約取、精擇而詳說，亦不曖曖姝姝局於一家之說。殆程朱之功臣而惠張之諍友也。刻既竟，爰述其大旨，以詒後之讀是編者。且質之蒿厂丈，亦當許為知言邪。己未孟冬大雪後二日，吳興劉承幹。

◎自序：古者聖人畫卦，其以象數載理者耶？《繫辭》焉而命之？其以理衡象數者耶？理不易也而象數則至變，寓理於象、數以變易者，著其不易，然後有以盡天下事物之變而妙陰陽不測之神。是故易者變易也，合理與象數言之也，三者相倚而不可離也。泥象者鑿，任數者小，即執理者亦拘聖人「立象以盡意，設卦以盡情偽，繫辭焉以盡其言」，辭也者，理與象，數之藏也，執一以求，而不知合變，則無以觀其會通，而聖人之意終不可見。夫理隨象數之變化以周流而不可測也，而聖人序卦必以錯綜，即於二卦往來上下之間示變通盡利之道，非聖人之意之見端耶？故自其變易者觀之，若不可為典要；而自其不易者觀之，則亦貞夫一而已。理固包乎象數而貫之乎？然舍象數則无以見理矣。況可舍理而遯乎象數之末耶？且所謂數者，大衍之數五十，其用四十有九，引伸觸長之數也。後世穿鑿附會之象數，違乎理之自然，奚當於易耶？是故庖羲氏興神物以前民用，人知因象數以筮吉凶耳。文王、周公繫辭以明得失，則理著矣。孔子贊易，益引而近之，實徵諸言行之間，使人曉然於象數之載理以趨時者，變動不居之中自有安土敦仁之道，故曰君子居則觀其象而玩其辭，動則觀其變而玩其占，是以自天佑之，吉無不利。《論語》曰「假我數年，五十以學易，可以無大過矣」，豈不以易理之著於象變者明於憂患與故無有師保如臨父母乎？學者苟宗斯意以求之，將震於悔吝之介而惕厲之不暇，奚暇他求哉？古聖彰往察來，以神道設教，其憂世也深。孔子微顯闡幽，以寡過為心，其牖民也切。先聖後聖，辭有微顯，意豈歧耶？汝諤性愚才拙，少時讀易，多所不通，廣覽諸家，益疑惑不知所嚮。及讀程子《易傳》，始識軌涂，而猶以為未足。迺鑽研孔子之傳以別眾說之是非，擬變通於微眇，酌輕重於毫釐，積之久然後恍然於聖人之意無非於紛紜殊變之交示人以知幾補過之道，執之固則滯而難通，求之深則鑿而反失。知其意而平心體之則萬殊萬變自貫於一而無所紛歧。然非困心衡慮，於殊且變之中亦何自信其道之一哉？則玩辭以尋意，不敢不勉所從事矣。於是綜輯舊聞，參以己意，不敢泥夫故，不敢鑿其新，兢兢乎敬宗孔子之傳以定其指歸。三易稿而粗成，名曰《集義》。知識譾陋，非敢謂果有當也，然沉潛反復於斯蓋亦有年矣。輯而存之，聊以誌願學之忱云爾。光緒壬辰四月既望，溧陽強汝諤序。

◎強汝諤（1862～1908），字騄原。江蘇溧陽人。貢生。官震澤訓導。善書法及墨梅。

強溱　易象膚解　十卷　佚

◎光緒《溧陽縣續志》卷九《人物志》：著《易象膚解》十卷、《榆窗隨筆》四卷、《操觚漫錄》四卷、《南事雋》十二卷、《東坡事蹟類考》六卷、《杜詩集評》二十七卷。

◎強溱（1786～1851），榜名瑗，字東開（淵），號沛厓、榆窗。江蘇溧陽人。強汝詢父。嘉慶十五年（1810）舉人，選安徽宣城寧國教諭，升甘肅安定知縣，到官四月而卒。晚年所藏二萬五千餘卷貯於佩雅堂中。於書無所不究，期於有用。粹於經學。又著有《杜詩集評》二十七卷、《南事雋》十二卷、《東坡事蹟類考》六卷、《榆窗隨筆》四卷、《操觚漫錄》四卷、《佩雅堂詩鈔》二卷、《史結》等。

喬大凱　周易觀瀾　無卷數　存

山東省博物館藏清鈔本

四庫存目叢書影印山東省博物館藏清鈔本

◎卷前濟南逢源主人手跋：

喬大凱字頤庵，乾隆十八年舉於鄉，其明年會試中胡通榜，官直隸平鄉、東明、武強等縣知縣，有政聲，為總督方觀承所敬重。卒於官。見濟陽州志。

喬大凱，滋陽人。工部侍郎侍世臣子。學問淹博，下筆千言立就。早歲習詩文，有《嶠心齋松山集》、《梅月集》、《頤菴心言》諸稿。及壯，悔其無當於身心性命之學，遂肆力於易，苦心探索，寢饋其中者幾二十年，著有《周易觀瀾》，理本程朱，象參歷代諸儒之說，而以己意折衷之。書於乾隆三十九年採入四庫。讀所著《河圖附論》暨《會言》各篇，知其得於易教者深矣。丙子秋初得自任城孫氏，因節錄州志於首以備參考云。濟南逢源主人識。

◎周易觀瀾序：六經皆天授之文，而《易》為尤邃。非曰元渺恍惚訖於不可究詰也，其類則天地民物，其理則身心家國天下，其事則吉凶悔吝，善惡休咎，因端獻倪，觸類旁通，物物而貢其形，事事而樹之則，其為天下後世慮者至詳且盡，無有遠邇古今，盡人可得而用者也。獨是諸經之文指事言理意具辭中，《易》之為書也，以神聖之知微見遠，默會於圖書之蘊奧，合天地

萬象，運會機宜，而制其大局為六十有四；統經權常變趨避從違，而析其事類為三百八十有四，事不質言，懸象而示之表；詞不多贅，舉類以括其精。唯窮年殫慮心通其說者知其理若觀火、事若懸鑑，言無不的而義無不確也。自非然者，或失則膚，或失則拘，或失則穿鑿龐雜，不能從卦畫中確見其所以然、必不可易之故與其班然無不可通之旨，將皓首茫如，終隔塵霧，故曰其理尤邃也。夫畫前之易原自活潑流行于天下之間耳，伏羲氏慮天下後世自不能與于斯也，覯于圖而以奇耦發之，以八卦繪之，以六十四卦錯綜之。迄於有周而文王為之彖，周公為之爻，孔子為之翼，易於是乎為完書，神靈亮式，雖秦火弗能焚也。自是以後言易者无慮數十百家，韓註王疏孔氏之箋釋猶為差可，而義多影響。伊川作《傳》，持義理之正；考亭作《本義》，究立言之旨。其他如鄭東谷、項平庵、胡雲峯、蔡虛齋、林次崖、來瞿塘諸君子，暨本朝刁蒙吉、李厚庵諸先生，抉微摘要，多所發明。而我聖祖仁皇帝敦尚儒術，表章六經，御纂《周易折中》一書，以集諸儒之大成而契龍圖之傳，《易》之為書於是乎無貽憾矣。唯是交易變易之理不可窮極也，以夫子天縱之聖讀之，至于韋編三絕，贊易之功比刪《詩》《書》、訂《禮》《樂》為尤詳，豈不以天地之奧盡備于斯乎？讀此書者幾不可以識解，窮亦不可解。以識解推歷代諸家，人持一義，義各可通，而易之宗旨反有茫昧晦塞至于不可後睹者，有志之士所以不勝展卷發奮思以一知半解補前此之所未備也。凱自十餘齡從先少司空受此書，指授大義，開示微言，教以窮經必求心得。凱於斯時粗知大易為日用切要之圖，已而早孤，學業荒廢。弱冠以後偃仰自如，半廢于玩惕，半汩于嗜慾，半誤于詞筆老釋。日居月諸，輾轉十餘年，茫無所得。歲庚午，余年三十有四，始銳意讀此書，廢寢忘食，形神與俱，辛未秋遂有輯本，蓋合前說與己見並錄之，計蠅頭字二百餘頁。自茲以後涵泳玩索，沿故推新，復十餘年矣。嗟乎，讀易之難也。不考于圖書奇耦陰陽合變，不得其宗；不辨于德性氣類偏正純駁，不得其方；不參于時會運數物理事情，不得其當。嘗先討論于八卦以綜其方物，繼而推其重卦以覘其命卦之由；繼而參之內外之六爻以窮其所往。一卦不得，證之于綜卦、錯卦，與其相類而異指、相反而同歸之卦以求其寔；一爻不得，推之于比爻、應爻，與其同體而同位、相反而相背之爻以印其合。孤情獨注，往往至于瀝精碎神、心拂氣噎而無可如何。暨于稍有開通，漸融漸釋，覺聖人之準天理、酌人情、經權度而出之者，蓋不啻錙分銖較之悉合，而精變不可以言傳。探之愈難則見之愈切，雖同一讀書窮理，

而從審時觀象而得者，若獨饒閱歷之真、親切之致，于斯時也，不禁有泮若冰釋、怡然理順之趣，亦不禁有足蹈手舞、心曠神怡之境。一室兀坐，儼然親炙往聖，唯唯受其提命也。噫！思之思之，鬼神通之，余不敢存創新立異、力破舊說之見；亦不敢存循轍拘方、公羊墨守之心，惟是平心觀理，曲討橫搜，以求其義之所安。積之久，似若于芭符之祕、則圖畫卦之意微有悟焉。于是乎繪二圖並《河圖附論》數條、《周易會言》數十條，更訂舊註，輯為新本，共作六冊。又《繫辭序說》、《雜卦》一冊彙為全書，名之曰《周易觀瀾》。「觀瀾」云者，謂即其波濤洄縈，會曲折之處密而尋之，漸次融浹，庶幾泝流以窮其源也。友人曰：「子之采錄頗繁，何不會眾說而悉以己意出之？」曰：余于諸書之箋註，以為過多也。唯易之未發之蘊為甚夥，故舊說之可取者悉錄之，先《本義》，次《程傳》，次漢唐宋明諸儒，而以管見附焉。至于會萃儒先以成己說，茲余未敢也，姑以俟諸異日。乾隆二十七年二月春分日，任城喬大凱頤菴氏譔。

　　◎四庫提要：此書每爻之下皆先列《本義》、《程傳》，次列諸儒舊說，而以己意折衷之。其所采掇不出習見之書，間有自出新義者，如謂：乾之《彖辭》不設象，坤則曰「利牝馬之貞」；乾無分於先後，無擇於西南東北，坤則不然，為天道地道，陽全陰半之分」云云，為先儒之所未發，然亦隨文生義之說。《彖》不說象，不止乾一卦也。

　　◎喬大凱，字頤庵。山東滋陽人。工部侍郎侍世臣子。乾隆十八年（1753）舉人，歷知直隸平鄉、東明、武強等縣。又著有《梅月集》二卷、《頤菴心言》一卷、《松山集》二卷、《語錄》、《霽心齋詩草》等。

喬萊　易俟　二十卷　存

山西大學藏嘉慶二年（1797）刻本（圖一卷）
上海、山東藏道光二十一年（1841）喬載絲刻本
上海藏同治刻本
四庫本（十八卷圖一卷）
北大、山東、湖北、南京藏康熙喬氏竹深荷淨之堂刻本（十八卷圖一卷）
湖北藏道光二十八年（1848）阮福瀚鈔本（十八卷圖一卷）
國圖藏清鈔本（十八卷圖一卷）
國圖藏清南海孔氏嶽雪樓傳鈔文瀾閣四庫全書（十六卷圖一卷）

　　山東藏臺北商務印書館 1983 年景印文淵閣四庫全書影印國立故宮博物院藏本

　　◎黃宗羲《南雷文定》五集卷一《畫川先生易俟序》：五經傳註惟《易》為最多，然自秦漢以來分為二途，有義理之學有象數之學。主變占而不言義理，田何、九師之徒是也；尚玄虛而不言象數，王輔嗣、韓康伯之流是也。唐宋以後，或言理或言象數。象數則攙入老氏之圖書，非復田何之象數矣；理則本之天地萬物，非復玄虛之理矣。互相出入，義理與象數終不能歸一。蓋易非空言也，聖人以之救天下萬世者也。大化流行，有一定之運，如黃河之水自崑崙而積石而底柱而九河而入海，盈科而進，脈絡井然。三百八十四爻皆一治一亂之脈絡，陰陽倚伏，可以摩捉，而後聖人得施其苞桑拔茅之術以差等百王。故象數之變遷為經，人事之從違為緯，義理即在其中，一部二十一史是三百八十四爻流行之跡也。憶前庚午歲訪何天玉先生於陪京之烏龍潭，時天玉著易，余竊觀之，多言人事，茫然不知所謂。後得楊誠齋《易傳》讀之，其每爻辭引古為證，方知天玉之有所本也。癸酉病榻，喬石林先生以所著《易俟》屬余序之。讀之畢卷，喟然嘆曰：先生其得誠齋之傳者乎？然誠齋所引有合亦有不合者，自宋至今歷數百年事變錯出，又有誠齋之所未盡者。先生會通古今，凡天地之極則、事機之變化、人情物理之紕錯，爛然皆聚於目，而於君子小人之消長尤為親切。蓋先生在講筵奏對，以救維桑遂不為小人所容，所謂談虎色變也。嗟乎！天以日月星辰為言語文字詔告天下萬世，聖人寫天象以為象數，不過人事之張本。其為象數也，盡之於三百八十四爻。今舍三百八十四爻之人事而別為圖書卦變於外，若聖人有所未盡者，是作易者猶之為鑿帨刀筆之務也，而盛衰之理反求之鳥鳴風角矣。象數晦而人事荒，故先生首闢之。余嘗著《易學象數論》以糾謬言象數者，人以為妄，今得先生之說，人苟不疑於先生，則余不至為妄人矣。

　　◎潘耒《遂初堂文集》卷十九《翰林侍讀喬君墓誌銘》：潛心讀易，著《易俟》二十卷。修邑志二十卷。益肆力為古文辭，汪鈍翁亟稱之。有集若干卷。家居七載，無片札入長安，銜君者猶螫之不已。甲戌春奉旨來京居住，人以上意不測為君懼。既至而上初無意督過君，君則鍵戶不見一人，讀易著易如故。

　　◎提要（題《喬氏易俟》十八卷）：是書雜采宋元後諸家易說而參以己意。前列諸圖，不主陳搏河圖洛書、先天後天、方圓橫直之說，於卦變亦不取

虞翻以下諸家，而取來知德之反對。其解經多推求人事，參以古今之治亂得失，如謂履卦六三為成卦之主，而引莽、卓、安、史解「咥人」之凶；謂三百八十四爻惟離九四最凶，而引燕王旦、建成、元吉、高煦為證；謂小畜九三為小人籠絡君子，而引溫體仁、文震孟近事為說，蓋《誠齋易傳》之支流。假借牽合或所不免，而理關法戒，終勝莊、老之元談也。於經文兼注古韻，亦得失互陳，如觀卦六四《象》下備引顧炎武方音之說，則非未見《音學五書》者，而《象傳》協韻仍從吳棫之舊，則棄取有不可解者矣。經文用王弼之本惟解上經下經，《繫辭》以下一概闕如。蓋宗旨主於隨爻闡義，故餘不及焉，非脫佚也。

◎《己未詞科錄》卷二引李集《鶴徵錄補輯》：先生湛深經學，所著《易俟》不附會陳、邵、朱、蔡，嘗舉震川之言曰：「《本義》乃邵子之易，非孔子之易也」，以為名言。

◎何焞彥《易經遵孔八皙類稿》卷十二《集皙》：喬氏萊《喬氏易俟》，前列諸圖，不取陳摶之說。其於卦變也，亦不取虞翻諸家之說，而取來知德之反對。其解經多推求人事，證以史文，蓋李光、楊萬里之支流也。

◎喬萊（1642～1694），字子靜，一字石林。江蘇寶應人。康熙六年進士，授內閣中書。舉應博學鴻儒一等，授翰林院編修，與修《明史》。二十四年大考列一等四名，充日講起居注官。尋擢中允，纂修三朝典訓。遷侍講，轉侍讀，中蜚語罷歸。晚治廢圃名縱棹園，研究經學，潛心讀易。

喬松年輯 泛引易緯 不分卷 存

光緒三年（1877）強恕堂刻勤恪公全集·緯捃本（喬廷櫆匯訂）

民國山西省文獻委員會輯鉛印本山右叢書初編三十八種本

◎喬松年（1815～1875），字健侯，號鶴儕。山西太原府徐溝（今清徐）人。道光十五年（1835）進士。先授工部主事，再補工部鉛子庫主事，遷工部都水司員外，再遷工部郎中。咸豐元年（1851）任湖南鄉試副主考。咸豐三年（1853）知松江府，旋調知蘇州府。擢道員，授職常鎮通海道。咸豐九年（1859）授兩淮鹽運使，兼辦江北大營糧臺，後升江南、江北兩大營糧臺。同治二年（1863）由兩淮鹽運使擢升江蘇布政使，仍留任江南、江北兩大營糧臺。年中再升安徽巡撫。同治五年（1866）任陝西巡撫。同治七年（1868）乞歸。後就職倉場侍郎，再擢升河東河道總督，職司治黃，卒於任，追贈太子少保銜，

諡勤恪。

喬松年輯　乾坤鑿度　不分卷　存

光緒三年（1877）強恕堂刻勤恪公全集·緯捃本（喬廷槐匯訂）
民國山西省文獻委員會輯鉛印本山右叢書初編三十八種本

喬松年輯　乾鑿度　不分卷　存

光緒三年（1877）強恕堂刻勤恪公全集·緯捃本（喬廷槐匯訂）
民國山西省文獻委員會輯鉛印本山右叢書初編三十八種本

喬松年輯　易稽覽圖　不分卷　存

光緒三年（1877）強恕堂刻勤恪公全集·緯捃本（喬廷槐匯訂）
民國山西省文獻委員會輯鉛印本山右叢書初編三十八種本

喬松年輯　易萌氣樞　不分卷　存

光緒三年（1877）強恕堂刻勤恪公全集·緯捃本（喬廷槐匯訂）
民國山西省文獻委員會輯鉛印本山右叢書初編三十八種本

喬松年輯　易內篇　不分卷　存

光緒三年（1877）強恕堂刻勤恪公全集·緯捃本（喬廷槐匯訂）
民國山西省文獻委員會輯鉛印本山右叢書初編三十八種本

喬松年輯　易內傳　不分卷　存

光緒三年（1877）強恕堂刻勤恪公全集·緯捃本（喬廷槐匯訂）
民國山西省文獻委員會輯鉛印本山右叢書初編三十八種本

喬松年輯　易是類謀　不分卷　存

光緒三年（1877）強恕堂刻勤恪公全集·緯捃本（喬廷槐匯訂）
民國山西省文獻委員會輯鉛印本山右叢書初編三十八種本

喬松年輯　易天人應　不分卷　存

光緒三年（1877）強恕堂刻勤恪公全集·緯捃本（喬廷槐匯訂）
民國山西省文獻委員會輯鉛印本山右叢書初編三十八種本

喬松年輯　易通統圖　不分卷　存

光緒三年（1877）強恕堂刻勤恪公全集・緯捃本（喬廷櫆匯訂）

民國山西省文獻委員會輯鉛印本山右叢書初編三十八種本

喬松年輯　易緯　一卷　首一卷　存

光緒三年（1877）強恕堂刻勤恪公全集・緯捃本（喬廷櫆匯訂）

山東藏民國山西省文獻委員會輯鉛印本山右叢書初編・緯捃三十八種本

喬松年輯　易運期　不分卷　存

光緒三年（1877）強恕堂刻勤恪公全集・緯捃本（喬廷櫆匯訂）

民國山西省文獻委員會輯鉛印本山右叢書初編三十八種本

喬松年輯　易通卦驗　不分卷　存

光緒三年（1877）強恕堂刻勤恪公全集・緯捃本（喬廷櫆匯訂）

民國山西省文獻委員會輯鉛印本山右叢書初編三十八種本

喬松年輯　易傳太初篇　不分卷　存

光緒三年（1877）強恕堂刻勤恪公全集・緯捃本（喬廷櫆匯訂）

民國山西省文獻委員會輯鉛印本山右叢書初編三十八種本

喬松年輯　中孚傳　不分卷　存

光緒三年（1877）強恕堂刻勤恪公全集・緯捃本（喬廷櫆匯訂）

民國山西省文獻委員會輯鉛印本山右叢書初編三十八種本

喬廷選　卦氣攷略　佚

◎沈大成《學福齋集》卷二《喬缾城卦氣攷略序》：為易卦氣之說者，莫詳于唐之孔氏矣。案《易緯》卦氣起中孚，故離坎震兌各主其一方，其餘六十卦卦卦有六爻，別主一日（六六得三十六），凡主三百六十日餘有五日四分日之一者，每日分為八十分（五八得四十），五日分為四百分四分日之一（四五得二十），又分為二十分是四百二十分，六十卦分之（六七得四十二），卦別各得七分，是每卦六日七分也。《太元》之辭曰：「陽氣藏于黃宮，信無不在其中」，則中孚之直冬至，有明徵矣。蓋自漢焦、京精于其學而紹述之，由魏晉至宋，

疑信參半，朱子斥之，王氏昭素又斥之，近時黃梨洲直痛詆之矣。其意以六日七分之外有一卦直一日者，有兩卦直一日者、一爻直一日者、四爻強直一日者，說愈多而義愈晦。要之，立法之初旨未可盡非也。夫易與它經異，它經之所言者理而已；易則象與數相輔而行，不可以偏廢。自王輔嗣援老、莊言易，棄象數而專譚理，而漢人之易遂束高閣。凡荀、虞之說皆然，不獨焦、京也。下逮勝國，淺陋之講章、腐爛之經義，相市于世，所謂象數者，特存一二于卜祝之間，數百年來無有知卦氣為何事者矣。吾友喬君餅城，好古深思，治易有得，洗滌凡近，探索原始，獨默契于象數之微。殫一生心力，著《易象貫》數十萬言，陽湖潘敏惠公既書簡端矣。其卷中各類則乞序同志而以卦氣屬于余。頻歲奔走，學殖益落，烏能闚餅城之藩籬？況欲登其堂而發其覆哉？以良友之誰諉難孤也，爰粗述所聞如此，吾恐斥斥焉守一先生之說者，又將集矢于我也。

◎喬廷選，字國士。江蘇南匯（今屬上海）一竈人。附貢生。博綜經史，尤邃於易。又著有《參同契註釋》、《五經淵源》（或著錄作《五經淵源圖》）。

喬廷選　易象貫　佚

◎一名《周易象貫》。有潘思榘序。

◎沈大成《學福齋集》卷二《喬餅城卦氣攷略序》：吾友喬君餅城，好古深思，治易有得，洗滌凡近，探索原始，獨默契于象數之微。殫一生心力，著《易象貫》數十萬言，陽湖潘敏惠公既書簡端矣。其卷中各類則乞序同志，而以卦氣屬于余。頻歲奔走，學殖益落，烏能闚餅城之藩籬？況欲登其堂而發其覆哉？以良友之誰諉難孤也，爰粗述所聞如此，吾恐斥斥焉守一先生之說者，又將集矢于我也。

◎嘉慶《松江府志》卷五十九《古今人傳》十一：由諸生貢成均，博綜經史，尤邃於易。曾在潘敏惠思榘幕中辨論荀、虞、九家之易與宋元諸儒經說，發所未發，思榘深重之。精形家言，遠近爭延致之，然非其人，不往也。著有《周易象貫》。

◎嘉慶《松江府志》卷八十三《拾遺志》：喬廷選著《周易象貫》一書，迄二紀而成。書成之夕，農夫戽水者見星朱色，大可合抱，自天垂下，直貫著書之室（《松江詩鈔》）。

◎光緒《南匯縣志》卷十二《藝文志》：《周易象貫》（喬廷選著）。

喬廷選 形家輯要 佚

◎沈大成《學福齋集》卷二《形家輯要序》（代）：海上喬子鉼城，性嗜學，于書無所不閱，而晚邃易，凡七政、元氣、逢占、挺專、須臾之秘皆能洞其微。而治形家術尤專，以為自易而通之者也。惜其窒于聰而不見用于世，今則抱文而將老矣。然使鉼城早亨其遇，則其心將有所分而未必所就之遂至于是也。蓋有關朗、劉牧之風而偶同于韓友之所為、無郎顗之遭而克自立乎隙憤之名者也。噫！其難能也矣。往余在南方，會籍傅太史玉笀暨其鄉人顧子餘菴時時為道其賢。癸亥移浙，始以書相聞。明年來遊西湖，館于我，雨朝燈夕，久與之處，而河洛之文、龜龍之圖、六日七分之說，抽冥蹟而原元奧，舍然有味乎其言。彼以由吾公裕歸鉼城者，是烏足以盡之哉？丙寅秋，余將至皖，鉼城出所纂《形家輯要》曰：「此吾易之鉼指也，願序之。」昔吳幼清過市，見地理書盈一車，後饒氏類其要為三峽，意深取焉。古本之存焉者寡矣，幸而有一二存者，又為妄庸人竄易塗鎣以亂其真，病中于寶鼠為璞，且因以戕人之親者數數然也，痺者之百療不起也，和扁予方寸七即霍然已；輦重貨之困也，積歲齒不售市；美珠者盈握而善賈爭趨焉，得其要之可貴也。讀鉼城是編，其庸有矛乎？幼清之言曰：「能者不輕為人葬，不輕與人言」，又曰：「儒者之術，其書精」，鉼城故自易而通之者也，吾為序，吾何以易是二說哉？！

◎光緒《松江府續志》卷三十七《藝文志》：《形家輯要》（國朝喬廷選著）。

◎光緒《南匯縣志》卷十二《藝文志》：《形家輯要》（喬廷選著）。

秦昌紹 周易詳說 十卷 存

四川藏原稿本

◎民國《樂至縣志》：《周易詳說》（邑歲貢秦昌紹著，共八卷），此書不名《詳說》，舊本散失，為申文獻徵集處從他所鈔錄謄正，申送為擬今名。其書有發揮諸儒之說，有駁正諸儒之說，有抒己見為諸儒所未說。如扶陽抑陰，學易之大法也。先生謂左列之卦，陰助陽長，非消去陽；右列之卦，陽老入陰，亦息於陰，義從《說卦傳》天地定位五節看出。又於卦象爻象外指出字象，皆獨有心得者。

◎秦昌紹，四川樂至縣人。光緒八年歲貢。工制藝。進京考職，留七年，

兩入順天鄉闈，均薦未售。及歸，主講各書院。卒年八十有五。

秦東來　易象致用說　二卷　存

山東藏同治七年（1868）刻復初堂集本

國圖、上海藏光緒十三年（1887）壽陽刻本

臺中文聽閣圖書有限公司 2011 年據光緒十三年（1887）壽陽刻本影印本

◎光緒《壽陽縣志》卷八《人物志》上：於書無所不讀，而獲益多在《論語》《周易》，所著有《論語贅解》《易象致用說》行世，又有《復初堂文集》，皆有關世道人心之作。

◎秦東來，字旭堂，一字紫函，晚號蝠南居士。山西壽陽人。二十五歲以優行貢成均，汪學使振基待以國士。越二年領鄉薦，禮闈一試，因親老遂不復出。晚歲主講受川書院。

秦篤輝　易象通義　六卷　存

山東藏光緒十七年（1891）三餘草堂刻湖北叢書本

山東藏上海商務印書館叢書集成初編據湖北叢書鉛印本

山東藏臺北成文出版社 1976 年無求備齋易經集成影印光緒十七年（1891）刻湖北叢書本

◎易象通義序：易有義而象以立，有象而義以明。義猶人之四端萬善也，象猶人之五官百骸也，是故易所重者義理，而象數亦不可廢。明象正所以明義，豈有二哉？夫不知易冒天下之道以貫通于窮理盡性開物成務之全而徒于卜筮求其義者，其于義猶拘墟也；不知易極天下之變以會通于剛柔摩盪、參伍錯綜之妙，而徒于爻辭求象者，其于象猶有隔膜也。卦變互體，《左傳》已發其凡，實為彖爻取象之樞紐。後人推之，有精而益密者（如郝仲輿一畫成象、二畫成象、合體成象、伏卦成象之類）、有鑿而無當者（如卦變圖及先天橫方圓圖之類），于其精而益密者誤舍之，則象象漫無根著，乾何以象飛龍、坤何以象牝馬、初九何以象潛、九二何以象田？三百八十四爻盡成活套矣。于其鑿而無當者誤取之，則卦位大肆更張，孔子既異文王，文王復異伏羲，先後理更不符，天地位且不定，三聖六十四卦沒入異端矣。自晉以前讖緯、卦氣、納甲、飛伏之術亂之于易外而易存，自宋以後先天卦序橫圓方圖之說亂之于易中而易亡，漢學鄭康成諸人之說業已散佚，惠氏棟雖因王伯厚采輯鄭注之舊，更加搜纂，只存梗概。惟晉王輔嗣注自唐以來頒立學宮，號為近古，雖有掃除

象數之嫌，而解義明正十居六七，故程伊川、王伯厚諸儒亟取之。范寧斥其老莊易，乃一時之讆言，伯厚辨之詳矣。且縱有涉于老、莊者，其精解獨不可擇而取之乎？至于孔沖遠《正義》，陳振孫謂實非一手一足之力，張唐英稱其發明三聖之旨、通貫萬化之蘊，黃東發稱其訓詁用意良苦如漢馬、鄭之流，王禕稱其為學者之宗師、百世之所取信，斯為定論。胡一桂譏其敷衍義理象數之學未能卓有所見，皆門戶謬妄之談，何足據哉？其書雖以王輔嗣、韓康伯注為主，而兼取百家，包羅萬有，初非王、韓所能籠罩，誠得明者決擇，實學易之標準也。此外，精于義理者以義理取之，仁者見之謂之仁也，不涉老、莊禪寂，仁之善者矣；明于象數者，以象數取之，知者見之謂之知也，不假河洛先天，知之善者矣。先是，予于《讀書類紀》中有《讀易定論／雜論／附論》諸說，胸中稍稍就緒，乃取諸家之說，依注疏本條敘纂之，鄙見亦附著其間，與讀易諸論實相經緯，題之曰《易象通義》，非敢妄謂合于貫通求義、會通求象之云，然安可以得當之難而自絕于希通哉？劉器之曰：「象數可廢，無易矣；不說義理，又非通論」，此蓋區區微意所在也夫！道光七年歲次丁亥孟秋六月二十日，榆村秦篤輝序于墨緣館。

◎凡例：

義者象之所以然，象者義之所當然。論所以然，有義而後有象；論所當然，通象而後通義，故謂《易象通義》。

義理無象，必即象以明之，所謂我欲託之空言，不如見諸實事之深切著明也。惟因義理著象而象亦可以卜筮，義理是體象是用。卜筮作非為義理作，不亦瀆乎？大約有義即有象，有象即有數，有數即可卜，今有用《論語》卜者亦多驗，豈《論語》亦為卜筮作乎？

取象不外陰陽剛柔，然上天下地遠物近身，何以必取諸此不取諸彼？其中有確切不移之準，讀者能就象一一著明，其義自顯，不必別求一解也。雖文王之文、周公之才之美，不能憑空結撰。即空撰出，亦泛而不切，無足貴矣。或者謂聖人自取象明爻義，實無一象自取也。首宜知此，六十四卦三百八十四爻方有歸著，皆因其固然而不與之以私也，此所以為簡易也，特必文周始能觸類引伸、必孔子始能切實印證耳。蓋諸卦之綱領非《繫辭傳》不明，諸卦之次第非《序卦》不明，諸卦之對待非《雜卦》不明，諸卦之取象非《說卦》不明，微顯闡而幽開實在於是，無一虛設也。舍畫言象，舍參伍錯綜言象，舍當名辨物、雜而不越言象，不必言象矣；舍十翼言易，不必言

易矣。

有本卦本爻取象者，如坤☷為黃為裳，六五有黃裳象之類。有本爻變卦取象者，如乾☰初九潛龍勿用因變震☳為龍之復，䷗為潛龍之類，《左傳》引《易》多用此例。有本爻互卦取象者，如屯䷂六三六四九五三畫互艮，☶艮為山，鹿山、獸林、山木，有鹿入林中象之類。有本爻變卦互體取象者，如乾䷀九四變小畜，䷈二三四畫互兌，☱兌為澤，有淵象之類。《左傳》亦用此例，莊公二十二年陳侯遇觀之否，曰：「風為天，于土上，山也」，杜注：「否䷋自二至四有艮象，艮為山」是也。有本爻伏卦取象者，如蒙䷃六四居艮伏兌☱成困，䷮有困蒙象之類。有本爻一畫取象者，如一畫即為乾，－－畫即為坤，一畫在下者即為震☳，一畫在中者為坎☵，一畫在上者為艮☶，－－畫在下者為巽☴，－－畫在中者為離☲，－－畫在上者為兌☱。有本爻二畫取象者，如＝＝在下者即為震，＝＝在中者即為坎，＝＝在上者即為艮，＝＝在下者即為巽，＝＝在中者即為離，＝＝在上者即為兌。有三爻四爻錯綜取象者，如泰䷊互歸妹䷵，六五爻辭俱云「帝乙歸妹」是也。有上下卦合體成象者，如離☲外剛內柔為龜，頤䷚損䷨益䷩三卦，中虛全體象離，故頤云靈龜，損益亦云十朋之龜是也。坎☵剛中為棟，大過䷛中四畫皆剛象坎，故亦云棟也。有卦名取象者，如訟䷅九四復即命、小畜䷈初九復自道，皆以一陽在乾下有復象之類是也。有假借取象者，如坎☵六四簋貳以三四五畫互艮損䷨二簋象艮，以簋字中從艮也；又如睽上九之鬼借作睽、中孚九三好爵借作鳥爵、噬嗑借作市合、履借作禮之類是也。以上分例如此，一爻兼數例，取象者甚多，所謂參伍以變錯綜其數也。易象千變萬化，執一以求，必不合矣。

王氏應麟曰：鄭康成多論互體。左氏以來有之。凡卦爻二至四、三至五兩體交互各成一卦，是謂一卦合四卦，《繫辭》謂之中爻，所謂六爻相雜，唯其時物，雜物撰德是也。唯乾☰坤☷純陽純陰無互體，餘皆有：坎☵互艮震，艮☶震☳亦互坎；離☲互兌巽，兌☱巽☴亦互離；此外可以類推。

顧氏炎武曰：「《本義》不取互體，惟大壯䷡五六云『卦體似兌有羊象焉』，不言互而言似，創易例所未有，不如言互體矣」。大壯自三至五成兌，兌為羊，故《爻辭》竝言羊。

自儒者不論互體、卦變，易象不明。欽定《周易述義》多舉互體，兼及卦變，真可謂讀易指南。

師䷆六五長子帥師，以二三四爻互震為長子，是《爻辭》言互體確據。

萃䷬六三象曰「往無咎」，上體巽也，以三四五爻互巽，是《象傳》言互體確據。或謂乾健為馬坤順為羊，至若屯有馬而無乾、離有牛而無坤，乾之六龍則或疑于震坤之牝馬則當反為乾，故王弼曰「義苟應健，何必乾乃為馬；爻苟合順，何必坤乃為牛」，予謂此說非也。依其言，聖人當名辨物、雜而不越之象虛矣。郝仲輿：「謂凡陽在下者皆動之象，震☳一陽在下也；在中者皆陷之象，坎☵一陽在中也；在上者皆止之象，艮☶一陽在上也。凡陰在下者皆入之象，巽☴一陰在下也；在中者皆麗之象，離☲一陰在中也；在上者皆說之象，兌☱一陰在上也。顧其時位有當有不當，乃分吉凶耳。易三畫成象是常例，亦有二畫成象者、有一畫成象者。」按此論實發千古之蒙。由此推之，屯䷂六二之馬指初九言，故曰乘馬班如，初九震之一陽即乾也，不得謂屯無乾也。離☲中之偶即坤，故象曰「畜牝牛吉」，不得謂離無坤也。乾之陽本屬龍，震☳之為龍實以得一陽之乾耳。天用莫如龍，地用莫如馬，坤純陰，故馬以牝別之，尚何為震為乾之疑乎？

象須字字折得開，句句合得攏，方免鶻突。

干寶解易「六爻相雜，惟其時物」曰：「一卦六爻，則其雜有八卦之氣，若初九為震爻、九二為坎爻也」，按此即後儒一畫成象之說所本。

《左傳》引易必著卦畫，誠以卦畫不著則卦變互體不顯，而象無由明，故發明象爻必著卦畫，于畫求象，一目瞭然。

乾坤二卦伏變，必舉全卦，其象乃見。他卦單標上下伏變之卦，簡明易曉，必于所變全卦看互體者，方舉全卦。

取象有本義有旁義。臨之「八月有凶」、復之「七日來復」，說者紛紛，義可旁通，而皆非其本也。如臨䷒實因九二六三有坎象，取坎為月，又因上坤☷為地，數八，乃取八月，坎為加憂，乃取八月有凶。復䷗實因初九六二有離象，取離為日，初九得乾之一陽，為天數七，乃取七日。本卦為復，非取七日來復，非本卦無日月七八及有凶來復象而海概敷衍也。于此二象確鑿，其他思過半矣。震☳六二「七日得」，亦因六二居離有日象，成初九之乾，天數七，有七日象。既濟䷾六二「七日」得象同。天數獨主七者，《左傳》謂天以七紀是也。凡象以類觀愈明，此其例也。

蠱䷑先甲三日後甲三日，因二三四畫互兌，☱兌西方屬辛，辛喻自新，有先甲三日象；六五上九為離，離南方屬丁，丁喻丁嚀，有後甲三日象。巽☴九五先庚三日後庚三日，因三四五畫互離，☲離為火屬丁，有先庚三日象；

九五與六四為坎，☵坎為水屬癸，癸喻揆度，有後庚三日象。凡此，得其象則片言可決；不得其象則萬語難明。

易象雖有萬變，其體例可約舉。如君公之屬必係乾震，乾為君，乾三為三公，震為長子，利建侯也。國邑人民之屬必係坤，坤為地為眾也。門戶之屬必係坎艮，坎為宮艮為門闕也。衣服之屬必係乾坤與離，乾為衣，坤為裳，離為文飾也。飲食之屬必係坎離，坎為酒，離為口也。言語之屬必係乾與離、兌，乾為言，離為口，兌為口舌也。行動之屬必係震巽，震為足為動，巽為進退也。命令之屬必係巽，巽為風也。教習之屬必係坎與巽、兌，坎為通，巽為入，兌為說也。文譽之屬必係離，離為文明也。武事之屬必係離，離為戈兵也。刑獄之屬必係坎、離與震，坎為桎梏，離為明，震為威也。祭祀之屬必係坎，坎為通、為隱伏，主通神明也。疾病之屬必係坎，坎為病也。醫藥之屬必係離，離為火，其味苦也。財富之屬必係巽，巽近利市三倍也。鳥獸鱗介之屬必係離，離為飛為甲為網罟也，乾龍震馬艮虎坎狐之類又其分係者也。草木之屬必係震，震為葥為蕃鮮也，乾果艮蓏坎棘巽楊之類又其分係者也。如此方知《說卦傳》之必不可少，然非合前取象之例參互求之，亦不能合也。

孔氏穎達疏：六爻初為无用之地，上為盡末之境，其居位者惟二三四五，故《繫辭》惟論此四爻。初上雖无正位，統而論之，爻亦始末之位，故乾象云六位時成。二四為陰，陰居為得位，陽居為失位；三五為陽，陽居為得位，陰居為失位。《略例》（王氏弼著）云：「陽之所求者陰也，陰之所求者陽也。一與四、二與五、三與上，一陰一陽為有應，俱陰俱陽為无應。」

朱氏升曰：淳安夏氏《讀易十字樞》曰：「中偏正反應敵比遠承乘，二為下卦之中，五為上卦之中，初三下卦之偏，四上上卦之偏，陽畫居初三五、陰畫居二四六為正，陰畫居初三五、陽畫居二四六為反。初與四、二與五、三與上一陰一陽為應，俱陰俱陽為敵。初二三四五六相聯為比，相隔為遠，本爻在彼爻之上為乘，在彼爻之下為承。」按孔氏、夏氏所論最明，然亦有當變通者。如乾之九二陽居陰位為中實、坤之六五陰居陽位為中虛未嘗不吉，而相應中有不宜應，相敵中亦有類應，或以比而為仇，或以遠而同德，如前所云「自有典常」也，如後所云「不可為典要」也。以此二語讀易，思過半矣。

易一言以蔽之曰時，時一言以蔽之曰進退存亡而不失其正。聖人安然為之，常人勉而效之，易之能事畢矣。易雖兼進退，以時尤在難進易退，故于隨

咸諸卦皆不取係應，蓋易隨者必防其隨，易咸者必慎其咸也，故《說卦》云「易逆數也」，時行則行，順而效之則易；時止則止，逆而制之則難。凡不取係應諸卦，當以此詳之。

朱氏彝尊曰：崔氏師訓謂讀易須識典禮，故曰聖人觀會通以行其典禮，繫辭以斷吉凶，則典禮所在乃六爻吉凶從出之門，一卦之大義也。如乾䷀以元為典禮，坤䷁以貞為典禮，餘卦利貞則皆典禮所在貞。無往不在，因時制宜謂之時義，因時致用謂之時用，各隨其時。如屯䷂之時以動為貞、需䷄之時以靜為貞、咸䷞以止為貞、恆䷟以進為貞、旅䷷之貞在柔、兌䷹之貞在剛，未有一卦而無典禮者。知者觀彖辭而思過半者，此也。

或謂易掌于太卜，不列學校，學校所教，《詩》《書》《禮》《樂》也。按據此遂謂易專為卜筮而設，殊不其然。據《周禮》，《詩》掌于太師、《書》掌于外史，即《禮》《樂》亦有分掌者，何曾專在學校？《左傳》韓宣子適魯，觀《易象》與《魯春秋》曰：「《周禮》盡在魯矣」，則當日之《易象》即周禮也。《易‧文言》曰「嘉會足以合禮」，《大象》曰「君子以非禮弗履」，《繫辭傳》曰「知崇禮卑崇效天卑法地」，又曰「觀會通以行典禮」，豈孔子故為是德言以欺人乎？學禮而不學易，猶導水而不溯其源也。縱其為教淨靜精微難以驟語下學，而傳必其人，授之有時，豈以掌于太卜一端，遂謂與學校無涉而專屬之卜筮也？謂易專主卜筮則有數無理、有將來無現在、有禍福無是非、有術士無聖賢，必不然矣。

初為民位、二三臣位、四為大臣、五為君位、上則無位，此亦大概云爾，不盡然也。《繫辭傳》謂二多譽、四多懼、三多凶、五多功，亦不盡然，故云多也。

孔疏訟䷅彖王注云：「主其在二乎？九五訟元吉，王注云為訟之主，一卦二主者，二為卦義之主，五為卦位之主，若復䷗初九是復義之主，六五為尊位之主，此一例也。若卦由五位，五又居尊，如比䷇之九五正為一主，此一例也。」按二主之中仍有一主，如訟自以九五聽訟者為主，所謂利見大人也；復自以初九一陽來復為主，所謂雷在地中也。主多在五，二次之，亦有于初者，如復䷗是也。亦有于三者，如謙䷎陽剛居中為謙之主是也。亦有于四者，如小畜䷈以六四一陰畜上下五陽是也。亦有于上者，如大畜䷙以上九一陽畜二陰是也。

孔疏：彖論上下全體，爻明一爻之事，故爻與彖多異，如小畜䷈「上體

不能閉固下體陽猶上通」，象云「密雲不雨」，上九能固，九三畜極而雨，故爻
云既雨。比䷆象云「比吉」，上六爻云「比之無首，凶」。復䷗象云「復亨」，
上六爻云「迷復凶」。皆是也。

孔疏：「訟䷅象『剛來得中』，王注以為九二，蓋上下二象，在下象則稱
來。賁䷕柔來而文剛，是離下艮上，故稱柔來。凡云來者，皆據異類而言。
訟九二在二陰之中，故稱來；九五在外卦又三爻俱陽，不得稱來。爻辭有從
下卦向上稱來者，故需䷄上六有不速之客三人來指下卦三陽，然需上六陰爻
陽來詣之，亦是往非類而稱來也。」按象凡言來皆指來于內卦，如泰䷊小往
大來謂大來于內之乾也，否䷋大往小來謂小來如內之坤也。爻辭不拘此例。
蓋象以內卦為主，故就內卦言來；爻以本爻為主，故就本爻言來也。

楊氏慎曰：「王氏拱東《周易瓻辭》：『《象傳》上下往來，《本義》類以卦
變言，予謂只為現在卦體，並無卦變之說也。如訟䷅剛來得中，是上體之乾
剛來得坎體之中，凡言來者如此。隨䷐剛來下柔，是上兌四五之剛來下震三
二之柔，凡言下者如此。噬嗑䷔柔得中上行，是震體之二上行離體之五，凡
言上者如此。蹇䷦往得中，是艮上之剛往得坎體之五，凡言往者如此。』」按
卦變之說或謂本之虞翻，實無義理。王氏之說即擴充王注、孔疏論來之例，
精確不磨。蓋外至內謂之來，內至外謂之往，內至外謂之上，外至內謂之下，
舉其說分載各卦而發其凡于此。闢卦變之謬者，李氏舜臣、王氏應麟、來氏
知德，不一其人，精當尤推王氏拱東。其書久佚，楊氏慎載此說，朱氏彝尊
取入《經義考》，有益經學甚鉅。欽定《周易折中》、欽定《周易述義》皆力闢
卦變之說，專主王孔，尤為定論矣。

徐氏善謂卦變圖乃商易首坤之說，今求其可據者惟十二辟卦可分配十二
月，如復䷗十一月、臨䷒十二月、泰䷊正月、大壯䷡二月、夬䷪三月、乾䷀
四月、姤䷫五月、遯䷠六月、否䷋七月、觀䷓八月、剝䷖九月、坤䷁十月。
按之易象，坤初六履霜為十月，臨至于八月有凶，由臨至否凡八閱月；姤包
瓜為五月，復七日來復，由姤至復凡七閱月。此類頗符。京房輩由此衍為分
年分月分日，卦序每多不合。又別為六日七分之說，而亦言人人殊，凡皆後
儒附會之談，安可據以為作易之本，信其訟自遯來諸說乎？須知十二辟卦亦
因易取象，如此推衍偶合，非《易》果有辟卦之說據以成書，況其他因辟卦而
遷就旁推者乎？至于邵堯夫所推伏羲先天大圓圖，則尤自我作古，以就其乾
南坎北離東坎西之說，于是剝之在九月、坤之在十月者移為大雪，皆十一月

矣；臨之在十二月者移為春分，則二月矣；泰之在正月者移為立夏，則四月矣；大壯之在二月、夬之在三月、乾之在四月者，俱移為芒種，皆五月矣；遯之在六月者移為秋分，則八月矣；否之在七月者移為立冬，觀之在八月者移為小雪，皆十月矣。若謂先天後天節氣不同，而姤在夏至為五月、復在冬至為十一月又獨不異。且十二辟卦實商易，何得謂文王始有後天？破綻百出，識者但即其矛盾之迹而考之，一破百破矣。

來氏知德曰：「《繫辭傳》謂參伍以變，錯綜其數，六十四卦皆錯綜以明陰陽變化之理。」按揚子雲謂重易六爻互用，兩卦十二爻；《孔疏》謂六十四卦二二相偶，非復即變；俞氏炎謂卦有覆體有對體，皆與來說相通。而來氏直以《繫辭傳》錯綜之義言之，尤為典據。兩卦錯綜，大約象爻象辭意每相關注，揚子所謂互用十二爻也。雖不必處處穿鑿以為之說，大意實是如此，要不外《說卦傳》八卦相錯之旨。《繫辭傳》謂乾坤其易之門、《說卦傳》謂六索而得震坎艮巽離兌、《周禮》謂經卦八其別六十有四，作易次第如此，概可想見，何必別生異說耶？

諸家大抵分孰為錯孰為綜，又分正綜旁綜，無關義要，徒眩心目。竊謂錯綜實聯貫為文，謂錯而綜之，錯猶雜也，綜猶繫也。《雜卦》《繫辭》二傳即寓錯綜之義，《雜》《繫》不可分屬，錯綜亦不可分矣。故曰錯綜其數，又曰八卦相錯，言錯已該綜矣，故但渾言錯綜。

錯綜就二卦對待言，如乾坤屯蒙之類，然已寓流行之義。《序卦傳》實引伸錯綜之旨，如坤必繼以屯、蒙必繼以需之類，具有精理，故每卦之首必本《序卦傳》推衍其義，亦以見易序定當如此。首艮首坤，皆為旁落，如《卦變》等圖尤無義可通，絕不足信也。

《孔疏》：陽爻稱九陰爻稱六，其說有二：一者乾體有三畫坤體有六畫，陽得兼陰，故其數九；陰不得兼陽，故其數六。二者老陽數九老陰數六，老陽老陰皆變，《周易》以變者為占，揲蓍之數為然，少陽稱七、少陰稱八，義亦準此。據孔說，在前者精確不移，必係畫卦稱九稱六之本，老陽老陰少陽少陰之說乃揲蓍之取義，因以六七八九之數當之。黃氏宗炎謂陰陽老少未嘗見於十翼，《漢書》始有其說，不過後人以揲蓍求卦，著于版上以為分別紀數是也，未可以繫辭地六天七、地八天九，指定為老陰少陽、少陰老陽四位以作四象，而于天一地二、天三地四、天五地十無說以處之，遂偽造一河圖位置之，而卒不得其位置也。六十四卦讀遍，何曾有七八之說乎？惟《左傳》（襄公九年）

筮法有「艮之八」一語，杜元凱謂為《連山》占法，即以《周易》後人占法言之，亦不過如黃氏所謂著版紀數耳，豈可據以亂易之本乎？顧氏炎武曰：楊損之云「筮畫七八，爻稱九六，九渾指陽，六渾指陰，故易用九六而無七八」，數語極為分曉。

《孔疏》：夫子所作《象辭》元在六爻經辭之後，以自卑退。及至王輔嗣作注，以為《象傳》本釋經文，宜相附近，其義易了，故各附彖爻之下，猶如元凱注《左傳》分經之年與傳相附。方氏逢辰曰：「鄭康成懼學者未能一貫，遂以《彖／象傳》附各卦經後，王輔嗣又各附經下，獨乾則鄭氏之舊耳。今欲以孔子之傳求羲、文、周公之心，不得不引傳附經，以便省察，求切己實踐之益。」按復古本分經傳，談易者之所艷稱，獨方氏所見如此，恐亦無以奪之也。與其將羲、文、周、孔之易分而為三，何如合而為一？與其奪孔子之傳以伸邵堯夫先天後天之異說，何如稟孔子之傳以繹羲、文、周三聖同揆之正經？故予讀易，仍以注疏本為斷。錢氏一本謂文、周、孔子之辭凡皆以明羲畫之象，合於一處匪今，分于二處匪古，洵通論耳。

陳摶謂學易者當于羲皇心地馳騁，無于周、孔注腳盤旋。此不問而知為異端也。予為之反其說曰：當于周、孔注腳盤旋方能于羲皇心地馳騁。蓋羲、文、周、孔同一易為明理寡過之根源，陳摶別一易乃成仙鍊丹之借徑，絕不可比而同之也。

顧氏炎武曰：孔子論易見于《論語》者二章而已，一言無大過，一戒不恆，是則聖人之所以學易者，不過庸言庸行之間，而不在乎圖書象數。今之穿鑿圖象以自為能者，畔也。是故出入以度，無有師保，如臨父母，文王、周公、孔子之易也；希夷之圖、康節之書，道家之易也。自二子之學興而空疏之人、迂怪之士舉竄迹于其中，以為易為方技之流，于聖人寡過反身之學去之遠矣。

莫非前定之說，固有此理，而須善會。一飲一啄實前定者也，一善一惡則非前定者也。吾嘗謂有限其為王公卿士者矣，未有限其為大人君子者也，故易兼天地人三才而實以二五中爻為主，則貴以人事轉移天命，如專以前定諉之，則一部《易》之趨吉避凶全歸無用矣。是故孔子《文言》曰：「積善之家必有餘慶，積不善之家必有餘殃」，《繫辭傳》曰：「善不積不足以成名，惡不積不足以滅身」，此言人事之有權示以趨吉避凶之準也。故讀易必以此為的，合《大禹謨》「惠迪吉、從逆凶」、「謙受益，滿招損」之言思之，而易乃有用。

蓋易者立命之學也，泰九三曰「勿恤其孚」，孚即定數也，「勿恤其孚，于食有福」即立命也。

邵氏《分宮卦圖》實難依據。讀易之要有二：一曰自有典常，一曰不可為典要。惟其自有典常，如乾後必次以坤、坤後必次以屯，如今六十四卦之序，層次井井是也；惟其不可為典要，對待之中自寓錯綜之妙，神明變化動而不括。若如邵之諸圖板分平對俱成死局，何足以為易乎？今欲觀分宮大概，惟《周禮・太卜》所謂經卦八，其別六十有四，與孔子「乾坤其易之門」及「八卦相錯」之說相合，然則乾坤為六子之經，六子又為諸卦之經，孰為據？現在已成之象可據，過求典要，轉失典常，易簡之書不可參以支離之說也。

黃氏宗炎曰：朱子與王子合書云：「邵氏言伏羲先天卦位近于穿鑿附會，且當缺之」，此為定論，故與劉琦言《本義》有模印之戒，其不滿意可知。謹按欽定《周易折中》亦謂《本義》為朱子未定之書，學者斷不可泥，尤發蒙之確論也。

欽定《周易述義》解《繫辭傳》「五位相得而各有合」宗漢儒十日甲乙丙丁戊己庚辛壬癸相得相合之說，解《說卦傳》「數往者順知來者逆，是故易逆數也」宗韓康伯注，通論全易數往知來不宗邵氏橫圖穿鑿之說，誠得聖經本旨，足以去偽存真，謹遵為說以定一尊。

以我注易不如以易注易。如以畫求象，不節外生枝，此以易注易也；于《繫辭》、《說卦》等傳文義深奧處，以前後相類之語印證，每得諜然理解，尤以易注易也。

經文可有可無字句，必過而存之，尊經也。後人疑為錯簡，不必錯者也，故一以原文為斷。《繫辭傳》孔疏舊分上傳十二章下傳九章，後儒分上下傳各十二章，視舊較有眉目，今從之。惟天一地二、天三地四、天五地六、天七地八、天九地十舊載「子曰夫易何為而作者也」節前，以明開物成務皆本天地之數，語意相承，極關義要。若誤移之則使聖經失旨，今仍注疏原本。或曰：「如此則天數五地數五諸語無根。」曰：古文前後印證者甚多，此正以互證為義者也。蓋不移則互證，無損于前；誤移則失旨，有損于後，味經文自見。

孔子《大象傳》《序卦傳》為易之一經一緯，天道人事該洽無遺。《繫辭傳》謂君子居則觀其象，又謂所居而安者易之序，二傳所由作也。但其文奧

義精，初學驟難得其要領，竊為疏義一通，聯貫其文辭，印證其義蘊。依經順序而有一卦數舉者，取觸類引伸也；有前後連屬者，取參伍錯綜也；必以對卦為主，取雜而不越也。說有萬變，大旨在損有餘補不足，歸于時中，《繫辭傳》謂無咎者善補過、《論語》謂學易可無大過，誠全易之樞機也。《大象》疏義分采各卦《序卦傳》疏義附載經後以備考證云。

援古事以證爻象，始自鄭康成，王注孔疏亦多如此，固說易之一道也。

凡引述，先王注，後孔疏，其他以經文為序，不以人代先後為序。

阮芸臺先生重刊注疏總目曰：「竊謂士人讀書當從經學始，經學當從注疏始。空疏之士、高明之徒讀注疏不終卷而思臥者，是不能潛心研索，終身不知有聖賢諸儒經傳之學矣。至于注疏諸義，亦有是有非。我朝經學最盛，諸儒論之甚詳，是又在好學深思、實事求是之士，由注疏而推求尋覽之也。」按此論最名通，可為讀經之法。此書雖以明象為主，義則多取王孔注疏，然亦兼采百家，實無偏主也。

引述必著姓名。或書名以明所宗，其自率管見亦有融鑄先儒數說為一者，去取斟酌，實具苦心，非掠美也。

凡例只載大略，論辨得失，詳著《讀易類紀》。蓋此書與《類紀》實相經緯。

此書義象固專為明易而設，然所載經義皆係讀書得閒，愜心貴當之言，屬辭比事，期於至精，識者詳之。

予三十以前于易懵如也，其後涉獵諸家，漬漸浸多，反求諸經，恍然有得，乃能判決真偽，抉摘隱微，以求正旨之所在。此書始嘉慶癸酉，迄道光乙未始成，塗改刪增數十百易，精微之理，管窺蠡測，猶恐無當高深。粗就規模，日新月益，竊幸有所憑藉云。

◎《續四庫提要》：持論尤為平實。

◎秦篤輝，字榆邨，號重甫。湖北漢川人。又著有《經學質疑錄》二十卷、《讀史剩言》一卷、《警書》三卷、《平書》八卷、《墨緣堂集》、《榆樓詩話》。

秦蕙田 周易象義日箋 佚

◎沈起元《敬亭文稿》卷二《周易象義日箋序》（甲戌）：余嘗訝學易者往往過為高論，至於顯背孔子十翼而不恤也。《大傳》曰「居則觀其象而玩其

辭」，又曰「易者象也，象也者像也」，故漢儒於象盡心焉。王輔嗣乃以象言為筌蹄，則孔子所贊幾於贅矣。輔嗣固為老、莊者無怪，而為儒家言者競宗之，何歟？且輔嗣猶曰言者所以明象，得象而忘言。自先天之說起則言可忘，無俟得象也。輔嗣猶曰象者所以存意，得意而忘象。後儒置象弗考，則象可忘，無俟得意也。非從而甚之者歟？余自幼學易，然以應舉故，疑於心而不敢疑於手口也。雍正壬癸間晤今少司寇樹峯先生於金陵，示以所輯《周易象義日箋》。讀而歎曰：漢魏詳於象而疏於義，宋儒精於義而略於象，均得半也。是其得易之全者乎？是時先生猶為諸生，杜門窮經，僅逾弱冠，卓然為老儒生。余心異之，遂與訂交。余方有志集諸家之說為一書備觀玩。旋以外宦中輟。乾隆甲子內轉京卿，得以暇治易，而先生已由詞館陟少宗伯，邸舍相望晨夕過從，復乞先生《日箋》一書，參互考訂。而余之《孔義集說》乃脫稿，是余之書實先生之書始終之也。惟《日箋》於《繫辭》諸傳未及。余嘗勸先生續箋成書，而先生方輯《五禮通考》，未暇及也。余之《集說》既乞得先生序言，而先生且索余言序其《日箋》。余笑謂此投我以瓊瑤乃報以木桃，可乎？余竊自歎治易卅年，粗得訓詁，謂從此可以學易，乃老將至而毛及之，未能知易也。邵子曰：「人能用易，乃為知易，如孟子可謂善用易者也。」余觀先生立朝行己之際，殆所謂善用易！夫善用易者，能像象也，非忘象者也。《日箋》之所用，余烏能測之？姑書此以報。

　　◎秦蕙田（1702～1764），字樹峰（豐），號味經，諡文恭。江蘇金匱（今無錫）人。乾隆元年（1736）進士，授編修，累官禮部侍郎、刑部尚書、工部尚書、加太子太保。少承家學，以經術篤行為楊名時所知，知名海內。與顧棟高、吳鼎、吳鼐、龔燦、蔡德晉、沈起元、方觀承、盧見曾、沈廷勞、王昶、王鳴盛、錢大昕、戴震、宋宗元、吳玉縉等多所交遊。其學以窮經為主，不主講學之名，嘗謂「儒者舍經以談道，非道也；離經以求學，非學也」。尤深於禮。又著有《五禮通考》、《味經窩集》八卷。

秦嘉澤 易學管窺 六卷 存

　　山東藏光緒二十五年（1899）合州李氏延芝山房刻本（無卷數）
　　◎秦嘉澤（1835～？），字鳳五，四川合州（今合川）人。生平履歷不詳，光緒二十三年（1897）尚在世。又著有《經餘閒墨》三卷、《三餘閒墨》四卷。

秦鏌訂正 周易 三卷 存

山東藏崇禎十三年（1640）錫山秦氏求古齋刻九經九種本

◎秦鏌（1597～1659），字子韜，號真齋。江蘇長洲（今蘇州）人。縣庠生。崇禎十三年（1640）摹宋精刻白文巾箱本九經五十卷，附《大學章句》一卷、《中庸章句》一卷、《小學》二卷。

秦松岱 易學 未見

◎黃體芳《江南徵書文牘・札無錫學》：秦松岱無其他撰述，《易學》一書乃碩果僅存，不應不錄。

◎秦松岱（1638～1686），字燈巖，號赤仙。江蘇無錫人。秦松齡弟。附太學生。幼讀陽明《傳習錄》、高攀龍《靜坐說》，因有志於學。後師族祖鏞，自是識解益進。時鰲峯李顒、武進惲日初、慈溪黃宗羲，皆前朝遺老，以講學相應和。松岱馳書質證，往復累千言。又著有《燈巖集》《梁溪應求錄》。

秦松岱 易學晰微 二十卷 未見

◎《國史館書目》著錄鈔本。

◎光緒《無錫金匱縣志》卷三十九《著述》：《易學晰微》二十卷（秦松岱）。

秦棠 爻辭玩占錄 無卷數 存

無錫藏寫本

◎自序略謂：以象數為宗，以《繫辭》為則，爰述數語，務求聖人命意之所在，不敢自附於註釋之流。取夫婦之愚可以與知之義，名之曰《爻辭玩占錄》云。

◎是書不署著述年月，就上下經以析其義。

◎秦棠，奉天人。監生。康熙四十年任平陽知府，又官太原府知府。

秦鏞 易序圖說 二卷 存

遼寧藏江南製造總局刻本

巴蜀書社 1991 年易學基本叢書點校本

四庫全書存目叢書影印遼寧藏江南製造總局刻本

◎易序圖說序〔註4〕：易義大著於萬曆中，東林諸賢惟時錢啟新先生創獲於《像象》、孫淇澳先生標指於《明洛》、吳覲華先生之述精而顯、先伯父忠憲公之《孔義》約而微，皆程朱後易學之宗匠也。乃於卦序皆有所略焉者，何歟？說者謂卦序分明一世運圖，固也。然卦氣推算之說，窮理之儒所不欲道而其中範圍天地之妙，又不容以擬議教人略之者，其以此歟？後三十年而秦侍御大音乃著《易序圖說》。予稔知大音之為人，若樸若谷，端居澄心，豈好過用其聰明而欲軼駕於前賢之上哉？再三讀其書，何奧如也而燦如也，浩博而有歸也，往復而彌碻也。夫易之為言，義無盡藏，隨人尋繹，故四聖有四聖之易，漢魏諸賢有漢魏諸賢之易，閩洛諸賢有閩洛諸賢之易，東林諸賢有東林諸賢之易，遞明之，遞述之，四聖此心也、此易也。大音之易固天地間不可無之易，大音之易亦天地間自有之易，前賢之所略，後賢補之，今日其卦序發明之日歟？代變以來，士君子之不得志於時者，或高談無生之學，或相挈竹林之遊，此亦肥遯之所托也。而大音無悶之懷與憂患之思兼至，寄栖禪榻，掩關著書，可以自娛可以垂世。以人言之存乎景行，莫如東林諸賢；以教言之存乎精義，莫如學易。繇斯而友千古，繇斯而翼六經，吾不能量大音之所詣矣，然則大音之不得志於時也，乃其所繇紹心學而維世道者歟？抑卦之有序有雜，猶之有正有反。孔子雜之，所以翼文王之序也，於序而知天地之化之神，於雜而知聖人之用之神，化即用也，用即化也，天地聖人一也。大音參《雜卦》之文，於《序卦》之下亦以示學易者言序必兼言雜歟？其所以為卦序發明之日歟？同邑同門年弟高世泰謹題於再得艸廬。

◎秦侍御易序圖說引語：蓋予熟復《易序圖說》而始自嘆其拘隅也。予學易有年矣，則豈不亦惟《序》哉？顧自《序卦傳》而外，不遑他焉。秦侍御大音與予舊相聞也，既久不相見，頃中春，惠然相問訊，而相諮以易旨，出其所著《圖說》以示而屬予引之，以予為庶幾知之也者。予甫受讀，色然不相應也。覽厥大指，亦則惟《序》。然已恢恢乎遊《序卦傳》之表矣，而予猶守其樊中。雖然，今之處樊者覺有以異乎向之處樊者矣。予向也仰鑽十翼，廢徹百家，即古昔一二巨儒所非言孔子之言，概置弗省；而今乃於是為留笱時更展對也，亦獨何與？予向見諸儒先言易亡言序者，即言序也亡仍乃卦序者，於是卦序棄如，而人以其意謀易焉。今大音之說易序也，於卦豈有改矣？所兼雜目求端而博其趣，衡從其條理，非孔子之言也。既乃知猶孔子之言也，

〔註4〕又見於盧文弨《常郡八邑藝文志》卷六。

孔子傳《雜卦》參著異態，顛倒晰義，亦豈不惟序矣。且其傳《序卦》也，雖序兩卦之相受云爾乎？而連類以觀，豈八卦之不秩於其間？二篇各竟，豈六十四卦之不耦設於其際？然則大音之說蓋引伸孔子者，與夫述聖詔愚，譬播王言於荒裔也，或受辭而靡他，或通志而不越之，二者孰愈哉？予乃永念曰：舍周無易，舍孔無傳，此向之所持目卻眾而求心也。引伸則有二三則微，此今之所信以得朋而廣己也。蒙莊廼稱言與己同為是，不同為非，殆未可以槩乎？夫君子敬業樂羣，亦審其不同目致同而已矣。崇尚通，璟尚澿，將無同。雖然，大音之過予則遠矣。其憂患宜未予若而敏睿百之。其在癸未、甲申、乙酉之歲，仕路方屯，世喪多故，其於易也，一年而書思，二年而視艸，三年而觀成樂，玩居安時乃殆庶，以視予之淹思跼顧多窒而寡通者，夫如何也？雖然，予兩人之齒則齊，蒙莊廼更稱衛有君子行年六十而六十化也。以大音之賢，顧又喜易庸勿於伯玉乎思齊哉？大音而思齊伯玉也，予則請從。丙申秋七月，同邑社弟周夢華題。

◎易傳圖說序〔註5〕：侍御大音秦先生著《易序圖說》成，以福孫方從問易，屬為之序，且命毋以一日長為辝。孫福敬謝不敏，已受讀卒業，廼作而嘆曰：至哉先生之說易也，其合先後天之用而一之者乎？自夫子翼《序卦》言義理而不及象數，先儒求之象數而未能盡合，遂或目為非易之蘊，或以為非聖人之精。觀先生之《圖說》，則非獨析理精，乃於象數亦无不合焉。夫序卦以六十四覆為三十六，上經得十八下經得十八，先儒已具言之。先生則更於爻數之陰陽得配合自然之妙，於是目上經分為五節象陽，下經分為四節象陰。上經每節卦得四覆與二覆，象陽中陰；下經每節卦得五覆與二覆，象陰中陽。而爻數之配合則皆不出一節之中，如屯、蒙二陽配需、訟二陰，目師、比一陽配小畜、履一陰，陰陽爻各得二十有四之類，推之後節，莫不皆然。顧愚目先生得先後天合一之用，則獨於其變例知之。何以明其然也？曰先天之用在於復姤，後天之用在於坎離。先天卦不取覆對而剝復夬姤分列乾坤左右，獨有覆對之象，此先天之合乎後天者也。故以四卦序上下經之中為天根月窟往來之關鍵，得其用焉。先天以多為貴，故陽儀多三十二陽，陰儀多三十二陰，則取諸復姤；序卦目少為貴，故上經陽也而多八陰，下經陰也而多八陽。亦取諸剝復夬姤，此四卦所以不與諸卦配而變例，目從上下經之遙配者也。後天卦不取正對，而離南代乾、坎北代坤，獨有正對之象，此後天之合乎先

〔註5〕又見於盧文弨《常郡八邑藝文志》卷六。

天者也。故首之目乾坤，中之目頤大過坎離，終之目中孚小過既濟未濟，得其用焉。二濟一坎離也，頤中孚一離象，大小過二坎象也。覆卦數凡四九：目上經中三四合下經前三五，得三九；以正對卦始二終三，合中四，復得一九。其妙在於合二濟之坎離以為首尾五卦之中樞，即為八正卦、三十六覆卦變化之總樞，此二濟所以不與諸覆卦為伍，而變例目從正卦之後者也。以剝復夬姤從遙配，而夬剝之用，歸於復姤，以二濟從正對，而二濟之用歸於坎離。愚謂先生得先後天合一之用者，此也。抑有異者。愚嘗較定《先天方圓》而以屯西配蒙東，以需東配履南，亦皆不爽毫髮。雖先生之所未及言，而此心此理之同，固有不謀而合者。竊幸藉是目求益，故敢因先生之命而附及焉。至篇中以《雜卦》參序義、以覆象明象爻，又附先後天諸圖而各系以贊，皆極義理之高深而一歸於純粹中正，則又文孔精蘊實具於斯，非小子末學所能闡揚其萬一也。同邑通家後學嚴福孫謹譔。

◎自序：《繫辭》云：「所居而安者，易之序也。」既云所居而安，自不應強生見解，但《序》之為言明有次第，學者苟不於其中探討意義，亦豈能居之而安乎？據《序卦傳》止以卦名聯屬，不取反對為義。或云此聖人慮後世妄作輒更其序，故作《傳》以明其為一定之序，而非其意義所存。是則然矣，乃《雜卦傳》又何以作也？以《序卦》為定則《雜卦》不應作，以《雜卦》為變則《序卦》不應執。竊謂六十四卦惟文王能序之，惟孔子能雜之，後之學者能以雜卦對待之意解序卦流行之理，亦庶幾乎能居之安矣。作《序卦圖說》，上篇凡五段，下篇凡四段，合上下凡九段，配乾之數。中間入象爻處甚略，舉要而已。朱子有言：「註易不欲詳，恐障其光明也。」今序之而已，其又多乎哉？獨爻數配合頗有自然之妙，倘以是質之先儒，而不無一言之幾乎道，則或因是而求居安之說，其於羲、文、周、孔之心畫，或不至於河漢云爾。

◎徐枋《居易堂集》卷五《故侍御秦大音先生遺筆序》：宮保張大司農寄示先生手筆一卷，索余題其卷首。余展卷數讀，而知先生書以與其宗子赤仙者也。赤仙故受業於先生，為先生高第弟子。今觀先生之書，談性命之微，講文章之盛，尊經援古，各極其致，而於人之疾痛痾養飲食起居無不有以提撕獎勸，引人入勝，而一軌諸道，所謂循循善誘者。

◎四庫提要：是書以《序卦》言義理而不及象數，因合先後天而求之。上經分五節象陽，下經分四節象陰。每節中又一一分析而引《雜卦》及象爻象辭以為之解。案《序卦》、《雜卦》先儒多疑非孔子之書，故言易諸家往往粗

陳梗概。至元蕭漢中《讀易考原》述分卦、序卦之義始詳為發明。是書較漢中所言推闡加密，而穿鑿附會亦以過密而生。蓋此類皆易之末義，必求其說亦皆有理之可通，然謂四聖本旨在是，則殊不然也。

◎康熙《江南通志》卷四十四《人物‧秦鏞》：著有《易序圖說》、《周子通書解》、《皇極內篇小衍》、《參同閣集》、《奏疏講錄》諸書。

◎秦鏞（1597～1661），字大音，號弱水。江蘇無錫人。崇禎十年（1637）進士，知清江縣，充江西鄉試同考官，調知蓬萊縣。南明弘光時擢江南道監察御史，尋告歸，居城東千休館，杜門讀書。又著有《參同閣文集》六卷。

清學部圖書館編　欽定易經綱領　一卷　存

山東藏宣統元年（1909）學部圖書局鉛印欽定七經綱領本

卿彬　周易貫義　六卷　存

廣西、桂林、南京藏咸豐三年（1853）刻本

◎勞崇光周易貫義序〔註6〕：灌陽卿滋圃太常，同館前輩中偉人也。余入詞館時，太常已歸道山，未及親炙，嘗以為憾。及官晉陽，與太常之甥劉莪甫大令為同官，語及太翁永瞻先生品學，始知太常之積學勵行，淵源有自，為嚮往者久之。今來桂林，適莪甫致仕歸里，聘主講宣成書院。一日攜所刊《周易貫義》一書詣余索序。則永瞻先生遺書，莪甫出其修脯之資梓而行之者也。余於簿書倥傯中，省誦一周，竊觀先生於是書用力專且久如是。歿以數十年，始克出而問世，顯晦固有時耶？先生志趣恬退，不求聞達，嘗養疾山中，閉門讀易，博採漢魏以來諸儒講易之書，研究闡發，而以御纂《周易折衷》為宗，象數義理，燦然備具，蓋萃畢生精力，孳孳汲汲為之，始獲成此編也。不綦難哉。嗚呼，先生古之純孝人也，年五歲喪父，稍長廬墓側，歲恆數月，居之三十餘年，未嘗嬉笑。居母夫人憂，哭踊之地成坳。經年不櫛，髮僅有存者。曩聞諸莪甫，頃讀吾師阮文達公所撰別傳，更得其詳。余嘗觀傳記所載古孝子居鄉與其廬墓地，盜賊往往相戒勿犯，猛獸亦且逡巡遠避，先生孝德若此，洵足以泣鬼神感人心，使百世之下，頑者廉、懦者立，又豈必以著述重？矧所著為羽翼經傳之書，因已卓卓可傳耶？！余服先生之為人，益覺遺書為足重。而莪甫垂老之年，皇皇然以外家遺書為念，惟恐散佚弗傳，其

〔註6〕又見於《廣西近代經籍志》卷一。

風義有足多者。剞劂既成，匪第慰先生稽古之願，亦足慰太常仁孝之思於地下矣。若夫是書命名之義與得力之深，則先生自序及莪甫所著例言已詳，無庸覶縷。惟於先生至行，往復言之，以明本原無虧，始可與言寡過之學，而益信是書之非苟作也。噫！今日郡縣中倘得經明行修如先生其人者，日以孝弟忠信化導其鄉，行見風俗淳美，盜賊屏息，又烏致有犯上作亂之患，為朝廷宵旰憂哉！讀是書當必有想見先生之為人，而聞風興起者，是尤區區所厚望也夫！

◎自序略謂：天地萬物備於易，而皆貫以一心。然不敢曰一貫，故稱《貫義》云。

◎陶澍《陶澍全集‧印心石屋文鈔》卷二十八《誥授通議大夫太常寺卿卿公墓表》：經學深邃，著有《周易貫義》《洪範參解》《律呂參解》《楚辭會真》等書。

◎《廣西文獻名錄》：將《周易》章句分句注解，每句先用黑體大字作標題，後用雙行小字注釋。總論以約全卦之旨歸，至於繫傳。然後分釋《說卦》《序卦》《雜卦》。逐章逐節注釋。本書注釋《易經》有四個特點：（一）圖像在每條釋文之中；（二）釋文注意探究淵源、貫通脈絡；（三）釋文注意探索哲理之蘊奧；（四）釋文串通各家之談、嫁而貫之，故名《周易貫義》。

◎卿彬（1748～1813），字雅林，號永瞻。卿祖培〔註7〕父。廣西灌陽仁江村人。乾嘉之際任朝議大夫、工科給事中，道光三年（1823）敕祀鄉賢。湛深經學，尤邃於易。又著有《洪範參解》《律呂參解》《楚辭會真》《古詩十九首注》《千家詩注》等。

丘衛材 易卦詠 一卷 存

山東藏油印本

◎丘衛材，生平不詳。

丘耀德 易辭訓纂 佚

◎光緒《海陽縣志》卷二十九《藝文略》：《易辭訓纂》（國朝邱耀德撰。未見。據採訪冊）。

〔註7〕卿祖培（1766～1822），字錫祚，號滋圃。廣西灌陽人。嘉慶壬戌進士歷官至太常寺少卿。

◎光緒《海陽縣志》四十《列傳》九：所著有《易辭訓纂》，未梓卒。

◎《韓江聞見錄》卷九：《知感詩》第二首，邱榕莊師：「臨事無疑道力堅，漢儒風節範時賢。只緣訓易多心得，操守分明石介然。」註：公著《易詞纂訓》。

◎丘耀德，字榕莊。山東海陽人。家貧篤學，凡經義訓詁莫不研究。由拔貢登乾隆乙酉鄉薦，官貴州畢節知縣。

丘作霖 易經精義 佚

◎同治《大埔縣志》十七《文苑傳》：著有《名文辨正》《易經精義》《甘野文稿》行世。

◎丘作霖，字國升，號甘野。廣東梅州大埔縣人。寬容沉靜，博覽羣書。領乾隆乙卯鄉薦一名。

邱漣 周易彖象合解 佚

◎光緒《江西通志》卷九十九《藝文略》一《國朝》：《周易彖象合解》，邱漣撰（《南豐縣志》）。

◎邱漣，江西南豐人。著有《周易彖象合解》。

邱六成 易經說意 佚

◎乾隆《上杭縣志》卷九《人物志》：著有《四書說意》《易經說意》《載籍粕餘》十二冊。

◎乾隆《汀州府志》卷三十三《文苑》：著有《四書說意》《易經說意》《粕餘集》十二冊。

◎民國《永定縣志》卷二十一《藝文志》：《四書說意》《易經說意》《粕餘集》十二冊，副榜貢生邱六成撰。

◎民國《永定縣志》卷二十五《儒林傳》：著有《四書說意》《易經說意》《粕餘集》十二冊（《府志》作上杭人。按六成順治十一年學使孔自洙取入永定縣學第四名。長汀黎士弘序《粕餘集》亦以六成為永定人）。

◎民國《上杭縣志》卷二十三《藝文志》：丘六成《四書說意》《易經說意》《載籍粕餘》（均佚）。

◎民國《上杭縣志》卷二十六《儒林傳》：著有《四書說意》《易經說意》《載籍粕餘》十二冊，長汀黎大參士弘序其書兼重其人云云。

◎邱六成，字兼三。福建上杭在城里人。以永定籍中康熙丁卯歲貢，三中副車不就。日以圖史自娛。

邱維屏 易數 佚

◎劉聲木《桐城文學撰述考》卷四「邱維屏撰述」：《易數》。

◎邱維屏（1614～1679），字邦士，號幔（慢／漫）廡，又號松下先生。江西寧都河東塘角村人。三魏姊壻。明諸生，督學侯峒奇賞之。為人高簡率穆，讀書多玄悟，魏禧嘗從之學。晚為曆數、易學及泰西算法，方以智譽為神人。晚年作《黃池夢》二十齣。又評點魏禧《左傳經世鈔》。

邱維屏 周易勦說 十二卷 佚

◎阮元《儒林傳稿》卷一：維屏字邦士，著《周易勦說》。

◎光緒《江西通志》卷九十九《藝文略》一《國朝》：《周易勦說》十二卷，邱維屏撰（魏僖撰傳）。

◎吳德旋《初月樓聞見錄》卷六：讀書多元悟，尤精泰西算、易數、曆法，皆不假師授、冥思力索而得之。桐城方密之歎為神人，藥地大師謂邦士高悟不從人間得。青州翟君以翰林院出知韓城，奧僻奇暴，獨禮迎邦士講易數。邦士著易數書偶乏紙，即用牌票紙背書之，翟君悉以錦軸裝潢其草稿，敬事如師，而暴亦為少霽。所著《易勦說》、《易數曆》，書皆垂成未竟，他時文雜古文各百數十篇。

◎魏禧《魏叔子文集》卷十七《丘維屏傳》：晚尤精泰西算、易數、曆法，皆不假師授冥思力索而得之。桐城方公以智以僧服來易堂，嘗與邦士布算，推而謂人曰：「此神人也。」青州翟君以翰林院出知韓城，奧僻奇暴，獨禮迎邦士講易數。邦士著易數書偶乏紙，即用牌票紙背書之，翟君悉以錦軸裝潢其草稿，敬事如師，而暴亦為少霽。青州宰相欲邀一見，邦士卒不見也。所著《易勦說》《易數曆》，書高三尺許，皆垂成未竟，他時文雜古文各百數十篇。

◎黃鐘駿《疇人傳四編》卷七：其學易原本六經、《左》、《國》、《史》、《漢》，旁及諸子百家，顧有得於泰西之書。

◎張尚瑗《邱邦士文集序》：《松下集》若干卷，三分之一多焦贛、京房分卦直日、災變占驗之言。自西漢以來千餘年無道及此者，邦士得不傳之秘，方州部家如指掌，而又旁及風后、握奇、青烏、地骨經、李虛中祿命，皆

有別解。

◎楊龍泉《邱邦士文集序》：先生研精易學，其推演理數，非經生所解，嘗與高僧木公論，至屢日夜相得，在語言之外。翟韓城遠寓書幣，聘先生講易，韓城悖才傲物，獨於先生降心尊禮，若弟子之奉其師。

◎門孫溫采少時師事邱維屏仲嗣昭衡，云：生平讀書多玄解，於易學得數百年不傳之秘，同時惟方公以智、翟公世祺能知其所得。

◎鄧霽：先生精易者，康節後易數失傳久矣，先生於易數，饒凤慧從，遞交乘積，大意輒能取縱橫、勾股、矩弦諸數法，繪圖分合，作三數通說，增益其所未罄，而於六十四卦之數，引而伸，觸類而長者，布算推衍，逮於不可紀而紀之，無毫髮爽焉，是康節加一倍法，惟先生續其傳，更恢其傳於千載下矣。桐城方公以智以神人稱焉，予閱先生全集中，非特《玄空五行義》、《滴天髓解》、《紫微斗數解》、《京房卦氣考》諸篇泄大易之秘，他如《壽元仲詩說》《而康占數序》之類，悉以易數之理，按卦氣相為摩蕩，俾人罔跡其端倪。蓋誠三數通說見上下古今世道之迴圈，國運之更遷，天時人事之消息盈虛、得失進退，要皆准定數定理以為衡，觸處而無非易。夫潔淨精微，易教也。先生仰觀天，俯察地，探索賾隱，鉤致深遠，以春夏氣之放為縱，以秋冬氣之收為擒，擒縱相生，研入理窟，奧折出之，以自成一家，故其文之潔淨精微亦如易。且先生之易不僅在文，聞之在溥曰：「先生生平憂勤惕勵，朝夕弗遑也。」是乾之自強不息、震之恐懼修省也，卑牧退遜，沖乎若縠也……昔蘇老泉文以《孟子》為尚，先生之於經義更尚《論語》，觀其批點《論語》白文若干篇，示子昭衡伯仲，則為文取，則又出老泉右，宜昭衡之文，理與氣之擒縱變化，具先生遺風也。

◎彭玉雯《易堂九子文鈔・邱邦士文集序》：若邦士邱先生之文，何其言之？幾於道也。夫六經莫先於《易》，易之道致用無方，先生邃易學，故其言義理畢該，有非小儒所得希者。原集板已無存，余既刻易堂諸子文，乃取先生集，別擇刊之。昔冰叔魏先生有言，易堂學古文，邦士先成是編，所錄以言可致用為歸，故觀是集可知先生為載道之文，即可信諸子皆為有用之言。然九子者窮居伏處，其用固未嘗一日試也，惜哉！

◎《清史稿》：著有《周易勘說》十二卷、《松下集》十二卷、《邦士文集》十八卷。

◎劉聲木《桐城文學撰述考》卷四「邱維屏撰述」：《易剿說》（未成）。

邱渭璜 易經集注 十六卷 存

山東藏 1931 年永聚興石印館石印本

◎邱渭璜（1862～？），四川梁平縣禮讓鎮順泰寨人。師從肖石渠、戴賓周。嘗就讀北平工業大學。為北洋政府候補國會議員，任梁山教育會長、梁山中學堂教習、梁山中學堂校長，民國三年辭職回鄉。著有《易經集注》《春秋釋義》《尚書古文斷案》《詩序釋疑》《兩漢傳經錄》《瀛海要務類編》《地球繞日說》《中西萬物一元說》等。

邱仰文 碩松堂讀易記 十六卷 首一卷 存

國圖、山東、遼寧藏乾隆三十三年（1768）碩松堂自刻本

復旦藏乾隆四十九年（1784）刻本

山東文獻集成第三輯影印山東藏乾隆三十三年（1768）碩松堂自刻本

◎胡德琳序、沈廷芳序、盛百二書後、自序。

◎孫葆田《山東通志》卷百二十七《藝文志》第十：是書有乾隆戊子刊本。卷首為凡例、《本義卦變圖解》、《本義十九卦變後說》，并附刊《漢儒傳易傳》、《上篇說》、《下篇說》。胡德琳序云：「理宗程、朱而不失之玄虛，溯源漢晉、泛濫宋元而不失之駁雜。識者謂可于安溪、高安之外自豎一幟」，洵不誣矣。

◎民國《濟寧直隸州續志》卷十八《藝文》：邱仰文《碩松堂讀易記》十六卷（前志存目无卷數。新《通志》載是書有乾隆戊子本。卷首為凡例、《本義卦變圖解》、《本義十九卦變後說》，并附刊《漢儒傳易傳》、《上篇說》、《下篇說》。胡德琳序云：「理宗程、朱而不失之玄虛，溯源漢晉、泛濫宋元而不失之駁雜。識者謂可于安溪、高安之外自豎一幟」，洵不誣矣）。

◎孫殿起《販書偶記》卷一：《碩松堂讀易記》十六卷，滋陽邱仰文撰。乾隆戊子本堂刊。

◎尚秉和《尚氏易學存稿校理·易說評議》：其說易以宋人義理為主，故極力推崇程傳。謂自漢費直，獨以名理傳易，為馬、鄭之所本。又曰王弼主持名理，不知前有馬、鄭，而擴清之……蓋邱氏於易理甚疏淺，而自信頗堅，故其論說多浮泛不切也。

◎邱仰文（1696～1777），字襄周，自號省齋。山東濟寧人，滋陽（今兗州）籍。雍正十一年（1733）進士。授四川定遠知縣，調知南充。丁父艱服

閡，補知陝西保安縣。未幾以疾去。曾與劉紹攽書劄往來論易。又著有《春秋集義》、《省齋自存草》、《楚詞韻解》八卷等。

邱仰文　易義別記　四卷　原始一卷　存

北大藏乾隆鈔本

◎陸燿《切問齋集》卷十一《保安縣知縣邱君墓誌銘》：著《碩松堂讀易記》。其學專以伊川為師，謂《程傳》不明，不知卦爻為何物。邵子繪其所自得，非易本有此圖，與三原劉繼貢紹攽郵書數千里，往復論辨，余每從中兩解之。因復輯《易舉義別記》四卷，大指右程而左邵，為言易者所不可不知。別有《楚辭韻解》《省齋古文自存草》，皆行世。其卒之年以著《春秋集義》成，命史抄錄，日夜讎校不少休。

◎孫葆田《山東通志》卷百二十七《藝文志》第十：吳江陸燿云：「大指右程而左邵，為言易者所不可不知。」見《切問齋集》。

◎《山東通志》卷百七十二本傳：於易專師伊川，謂《程傳》不明，不知爻卦為何物；邵子止繪其所得，非易本有此圖。因輯《易舉義別記》四卷，大指右程而左邵。

◎民國《濟寧直隸州續志》卷十八《藝文》：《讀易舉義別記》四卷（前志存目。新《通志》載吳江陸燿云：「大指右程而左邵，為言易者所不可不知。」見《切問齋集》）。

◎《濟寧直隸州志╱續志‧藝文》均作《讀易舉義別記》四卷。

仇景崙　靜修齋易經解　無卷數　存

鈔本靜修齋經解三種本

◎是書發揮王弼《周易注》、程頤《伊川易傳》之說。

◎仇景崙，字嶰伯。江蘇甘泉（今揚州）人。

仇兆鼇等選評　歷科大易文徵　存

國圖藏康熙刻本

◎仇兆鼇（1638～1717），字滄柱，號知幾子。浙江鄞縣（今寧波鄞州區）人。著有《四書說約》、《杜詩詳注》、《周易參同契集注》和《悟真篇集注》。黃宗羲弟子。康熙二十四年（1685）進士。官至吏部右侍郎，遭彈劾，託病辭官歸，築棲雲草堂潛修陰陽丹法。

裘琅 易林元解 五十卷 佚

◎同治《新建縣志》卷四十四《人紀》：湛深經學，尤邃於易。

◎同治《南昌府志》卷六十二《藝文》：裘琅（《易林元解》五十卷）。

◎光緒《江西通志》卷九十九《藝文略》一《國朝》：《易林元解》五十卷，裘琅撰（王懿撰墓志）。

◎裘琅，字玉聲。江西新建人。歲貢生。工小楷。

曲繩文 易學啟蒙 一卷 佚

◎同治《重修寧海州志》卷二十五《藝文志》上：《易學啟蒙》一卷（貢生曲繩文譔）。

◎民國《牟平縣志》卷九《文獻志三・藝文》：《易學啟蒙》一卷（曲繩文撰）。

◎曲繩文，山東寧海縣人。貢生。以子迺偉封武翼都尉。

曲繩文 易學啟蒙節要 一冊 佚

◎光緒《增修登州府志》卷六十一《藝文》：推論河圖、洛書為一理。由圖書以畫八卦之次序為先天後天之方位，先天出河圖，後天出洛書。又撰揲扐之法，一變而後，不除挂一。末附《納音圖說》（與《容齋四筆》第十卷法不同），亦自簡明。此本祇二十三葉。

◎孫葆田《山東通志》卷百二十七《藝文志》第十：《府志》載是書云：推論河圖、洛書為一理。又撰揲扐之法，一變而後，不除挂一。末附《納音圖說》，與《容齋四筆》第十卷法不同。

曲永文 讀易輯解 佚

◎孫葆田《山東通志》卷百二十七《藝文志》第十：是書見《州志》。

◎曲永文，字文滋，號年圖，別號拙存翁。山東寧海縣人。乾隆丙戌進士，歷官都察院經歷。

屈大均 翁山易外〔註8〕 七十一卷 存

北大藏清鈔本

上海、廣東藏康熙二十七年（1688）刻本

〔註8〕本書屈氏子明洪、明泳、明治、明渲所編原文「易外」作「外易」。

臺灣藏鈔本（六卷）

◎翁山易外序：屈子注易數十萬言，名曰《翁山易外》。外者何？曰翁山之言易即為翁山之易，而非羲、文、姬、孔之易，故外之。乃予翫其言，則翁山之言易未嘗不內於羲、文、姬、孔之易，而特不附乎後儒之言易。噫！此翁山之所以甘於外也。天地之開業，理日生而不窮，庖羲仰觀俯察，蘊含心胸，將以宣之而無所寄，其時六書未創，結繩不足以成章，偶觸於河圖而寄畫焉。蓋胸中有易而寄之於圖，非得之於圖。而後成其易。即河不出圖，而觸之奇草耦禽，羲亦得以成易。故盈天地間皆文也，則盈天地間皆易也。文王、周公、孔子莫非胸中有易，特觸於伏羲之畫而暢宣之。文非以之注羲，周非以之注文，孔非以之注羲、文、公旦，則謂文之易已外於羲，周已外於文，孔已外於羲文、公旦，可也。蓋天地止此一理，聖人同此真知而力行之，不求一而自然不一，此合外內之道也。後儒之言易，吾惑焉，惟恐文之不合於羲，惟恐姬、孔之不合於文，惟恐己之言不合於羲、文、姬、孔，句詮字比以求其一，而易遂至於亡。嗚呼，千古聖人所行者易，而行各不同，況求其言之同哉！堯舜之傳賢，禹之傳子，湯武之征誅，比干之剖心，微、箕之受封，伯夷之餓，周、召之安富尊榮，一定而不可變，易地則皆然。所謂知進退存亡而不失其正者，聖人胸中之真易，而不繫於言之異同也。翁山之易，自言之而自行之。為其自行之也，故不難於自言，此非求於易者之所知已矣。戊辰陽月，關中張雲翮譔於三閭書院。

◎翁山易外自序：古者經傳各為一書，先儒謂西漢時六經與傳皆別行。予《易外》不載經文，蓋遵古也。亦不敢以為易傳，而曰外，外之者，自外乎易也，亦取《韓詩外傳》之義，為易之外篇也。如夫子之《文言》蓋文其言，以文為事，而不必其與象文之旨合也，亦假易以寓其文者也。寓，麗也，文寓於易，猶日月之麗乎天，麗乎天之內天之外皆可也，外內不離乎天，則外內亦不離乎易也。然予又有說焉。易之內，太極是也，內不可見，以外之畫之象爻象之，欲人從外以見內也。畫者无文之言，羲之易外也；象爻十翼者，有文之言，文周、孔子之易外也。故易无內也。凡有言，皆易之外也。故夫子曰「予欲無言」，以凡有所言，止能言其外不能言其內也。能言其外，故可得而聞；不能言其內，故不可得而聞。斯旨也惟子貢知之夫子也。嗟夫，易出於天，天有易，惟天能言之，人則安能言之？雖聖人亦安能言之？言則為外而已矣。為外而不能已於不言，則與其合也不如其離也，合之以為內即離之以

為外矣。予嘗以言《詩》之餘言易，謂言易莫精於《三百篇》，而文王之詩尤
明暢，周公蓋以作爻辭之餘溢為雅頌者也。《中庸》言易多以《詩》，孟氏亦
然。皆離之為外者也。是吾所以作《易外》之意也。書成，為卷七十有一，藏
之於家，以為子若孫一家之學。三外野人屈大均譔。

◎屈大均《翁山文外自序》：予所著有《翁山易外》、《廣東新語》、《有明
四朝成仁錄》、《翁山文外》、《詩外》凡五種，號曰《屈沱五書》。五書中自視
惟《文外》最下，未能盡善。

◎《翁山文外》侯官張遠超然題辭：晚以學易研極于理氣數值微，以吾
之心性命會合之，恍然有得也，發而為文，含宏光大，不拘拘于漢唐宋諸家，
而理足詞達，如風行水上，波瀾自生，其深造之言、剛健之氣，非學易之功不
至此。

◎《翁山文外》南豐甘京楗齋題辭：屈子翁山所著，談易最多。

◎《翁山文外》同里李稔祈年題辭：屈子精深之學已見於《易外》諸篇。

◎屈大均《翁山文外》卷十二《易葉冢銘》：吾言易，以葉書之積至數千，
不忍棄，於沙亭之春山為冢以藏。名曰以葉冢，其銘曰：有黃者葉，維蟲書
之。其書何言？蟲曰不知。以為易也，似是而非。吾如蟲耳，安識庖羲？書不
盡葉，葉不盡辭。不如默成，以葉藏之。

◎屈大均《翁山文外》卷十六《復友人問〈易外〉書》：足下以吾未嘗學
易而言易耶？吾謂人無智愚無不能以言易者也。不能言聖人之易，寧不能言
愚夫愚婦之易？不能言愚夫愚婦之易，寧不能言吾之易？吾之易無自言之，
言之而有得乎易之內與有得乎易之外，吾自知之，有非人之可得而聞者矣。
嗟夫！易無內外也，內言之而是焉，外言之而亦是焉。羲之畫其內乎？外乎？
文之象、周之爻、孔子之十翼，其內乎？其外乎？四聖人之所言，其內其外
不可得而聞；即愚夫愚婦之所言，其內其外亦不可得而聞也。故曰夫婦之愚
可以能言焉。夫吾亦愚夫愚婦而已耳，愚夫愚婦之言，雖聖人有所不能言。
其有所不能言者，乃其所以能言者也；其有所不能知者，乃其所以能知者也。
然則吾也遂謂吾之言能言聖人之所不能言、吾之知能知聖人之所不知，亦何
不可之有？嗟夫！鳶有不飛，飛則必戾乎天；人有不言，言則必至乎極。然
則鳶也但求其飛，人也但求其言，天之不戾、極之不至，鳶自知之，人自知之
而已。斯說也，足下必以為狂，然知言之君子必當知之。

◎屈大均《翁山文外》卷十六《復汪栗亭書》：丁卯九月之三日復得足下

所惠書，於是與乙丑兩書合為三矣……《詩外》一部八百紙，《文外》一部三百一十紙，奉寄。外有《廣東新語》七百餘紙、《廣東文選》一千五百餘紙，皆已刻成，苦無資，未能刷印。若《易外》千紙，近方謀梓，尚茫然未有端緒也。僕之千秋大業，其可傳之其人者，惟《詩外》《文外》；藏之名山者惟《易外》。若《廣東新語》則亦一奇書也。道遠不能盡寄，須足下來惠顧三閭書院一一觀之。

◎周按：其書六十四卦各一卷計六十四卷。卷六十五《繫辭上傳》一。卷六十六《繫辭上傳》二。卷六十七《繫辭下傳》一。卷六十八《繫辭下傳》二。卷六十九《說卦傳》。卷七十《序卦傳》。卷七十一《雜卦傳》。

◎屈大均（1630～1696），幼寄養於邵家，初名邵龍，號非池。順治三年（1646）歸番禺故鄉，復屈姓，更名大均，字紹龍。字號尚有翁山、泠君、騷餘、介子、華夫。室名道援堂、九歌草堂、懷沙亭、文選樓等。為僧時法名今種，字一靈，所居名死庵。生平可參朱希祖《屈大均傳》、鄔慶時《屈大均年譜》、汪宗衍《屈翁山先生年譜》。

屈懷白 納甲辨 一卷 存

國學論衡 1936 年第 8 期刊本

臺灣文聽閣圖書有限公司 2009 年林慶彰主編民國時期經學叢書本

◎卷首：易學中有納甲一詞，蓋指以干支配八卦而言，術數家則稱之為渾天甲子。溯自宋元以迄明清，歷代學者雖多有考論之者，聚訟之烈比於圖書，而紛咙千載迄無定論，亦易學中之一大謎也。八卦與干支自漢以來幾為我國民族思想之中心，納甲之法合二者以成，在我國學術上自為極重要之一環。欲探中國易學及陰陽五行學之堂奧者，則此為必要之一階梯。近來國中整理固有學術之風甚盛，而於易學及陰陽五行學尚罕有作深入研究者。本篇之作聊為先導，匡謬正誤則有待讀者。

◎屈懷白，江蘇吳縣（今蘇州）人。

屈宣泰 周易臆說 四卷 佚

◎光緒《同州府續志》卷九《經籍志》：《周易臆說》四卷（國朝屈宣泰撰）。

◎屈宣泰，生平不詳。

瞿鈺 周易通釋 六卷 存

國圖藏乾隆四十二年（1777）留餘堂刻本

鈔本

◎同治《蘇州府志》卷第一百三十八《藝文》三：瞿鈺《周易通釋》六卷、《黃山紀游》、《西征草》《粵東草》。

◎瞿鈺，字二如。江蘇昭文（今常熟）人。乾隆乙酉恩貢。

全祖望 讀易別錄 三卷 存

乾隆道光長塘鮑氏刻知不足齋叢書本

叢書集成初編據知不足齋叢書本排印本

叢書集成新編本

乾隆道光刻、民國影印知不足齋叢書本

四明叢書本

山東藏臺北成文出版社 1976 年無求備齋易經集成影印乾隆道光刻知不足齋叢書本

◎序例：嗚呼！諸經之中，未有如《易》之為後世所錄者。舊史之志藝文，蓋自傳義章句之外，或歸之於蓍龜家，或五行家，或天文家，或兵家，或道家，或釋家，或神仙家，以見其名雖繫於《易》，而實則非也。彼其為傳義章句者，諸家之徒居十九焉。今取其所自出之宗，暨其流演之派，犛然別而列之。而彼傳義章句之無當於經，蓋不攻而自見矣，是舊史衛經之深心也。予嘗綜其槩而言之，大半屬圖緯之末流，蓋自《乾坤鑿度》諸書既出，其意欲貫通三才，以依託於知來藏往、廣大悉備之學，遂妄以推測代前知之鑒，而卜筮者竊而用之，始有八宮六神、納甲納音、卦氣卦候、飛伏諸例，其外則為太乙九宮家、遯甲三元家、六壬家，所謂三式之書也。三式之書早見於春秋之世，伶州鳩已言之矣。而或謂圖緯始於西漢之末，亦考之未審也。三式皆主乾象，于其中又衍為星野、風角二家，又推之節氣之變，為律曆家。律曆之分，為日者家（漢有鐘律叢辰之書，是日者亦本于律）。合星野、風角、時日以言兵事，則為兵家。又以仰觀者俯察，為形法家。其在人也，為祿命家、為醫家、為相家。若占夢家，則本周官所以屬之太卜者，又無論也。更有異者，以陰陽消長之度，為其行持進退之節，為丹竈家。丹竈之于卜筮，豪不相及也。已而其先事逆中，亦託之易。然自唐以前，援易以入于占驗之門者居多。自

唐以後偶,則易半《道藏》所有,是亦一大變局也。夫必欲以支離之小道,撏撦聖人之經,是亦文周所不能禁,而究之則于易何有哉?!雖然,諸家之託于易,原其初不過借易以自文其說,而非謂吾之說可以明易也。其以入之傳義章句之中者,說經者之罪也。近日有作《經義考》者,不審舊史之例,槩取而列之于易,則所以亂經者莫甚於此。愚故列圖緯于篇首,而以諸書附之,略疏證其門戶之異同,以見其必不可以言經也。若夫舊史所載,閒亦有分晰未盡者,并為改而正之,庶乎使正閏之不淆云。

　　◎張壽鏞序〔註9〕:全謝山先生作《讀易別錄》凡三卷,上卷列圖緯三十四種、陰陽災異及占驗體例四十四種、卜筮林占書百九種、三式占驗書四十五種、相家三種、占夢家一種、射覆家六種、丹竈家三十四種,凡三百六種。中卷列圖緯候氣直日流為神仙家者十種。下卷列龜學家四十七種、蓍學家二十七種,凡七十四種。都三百九十種,卷各有說。別其非易者,所以尊易也。鄭康成為漢大儒,王深寧嘗譏其釋經以緯書亂之(見《困學紀聞》卷四《周禮》、卷八《經說》)。深寧亦未嘗不引緯書以為說。《漢書·五行志》云:「董仲舒治《公羊春秋》,始推陰陽,為儒者宗」,深寧以為嘗考公羊氏之傳,所謂讖緯之文,非公羊氏之言也。又曰:「何休引緯以汩經」(見《困學紀聞》卷七《公羊穀梁》)。朱子註《論語》「百世可知」,引馬氏曰:非若後世讖緯術數之學也。讖是讖,緯是緯,術數是方士之言,大要不出於全氏所別者。是至若三式即六壬,全氏謂衍而為星野、風角二家,變而為律曆家,律曆分為日者家,合星野、時日以言兵事則為兵家,仰觀俯察為形法家,其在人也為祿命家、為醫家、為相家。以至占夢家,則為周官太卜之屬,丹竈家則本陰陽消長之度,射覆家或隸蓍龜,或隸五行,更如嚴君平、葛稚川、管公明、李淳風之徒,或以老、莊治圖緯,或以圖緯治老、莊。又如蓍書龜書,大都為漢唐人之作,皆溺於壬遁之說者。顧律曆星野之學在三式之前,非先有三式後有律曆星野也。然緯不可亂經,左道惑人,在所必黜,此作者意也。清修四庫書,於《永樂大典》中錄出易緯七種,附於易數之末,當矣。朱竹垞作《經義考》混列之,實非也。顧壽鏞有不能已於言者,圖與緯有別,長孫氏《隋書》易類列圖,五行內又列與易類似之圖,其列於易列於五行必有一定之理,非誤列也。即以緯書言,亦有真偽之別,其真者,古義實賴以存。孔子曰:「多聞,擇其善者從之」,讀斯錄者宜知所審矣。爰重刻之而為之序。民國二十五年二月。

〔註9〕又見於《約園雜著續編》,上海書店出版社,1992年出版。

　　◎張壽鏞《約園雜著續編》卷二：諸經之中惟《易》雜出，正閏不清，道入於術。維全謝山慨然引述，粵考藝文，錄其纖悉，五行、蓍龜、天文及日、兵、道、釋、仙均所必黜。煌煌三篇，議論宏實。竹垞纂經，毫釐之失。錄《讀易別錄》第二十八。

　　◎全祖望（1705～1755），字紹衣，號謝山。浙江鄞縣（今寧波）人。雍正七年（1729）貢生，三年後中舉。乾隆元年（1736）薦舉博學鴻詞，同年中進士，選翰林院庶吉士。次年即返里，不復出仕，專事著述。曾主講於浙江蕺山書院、廣東端溪書院。又著有《漢書地理志稽疑》六卷、《全校水經注》四十卷並補附四卷、《鮚埼亭集》三十八卷《外編》五十卷《詩集》十卷，又輯補《宋元學案》一百卷。

全祖望　周易答問　一卷　存

　　道光九年（1829）刻咸豐補刻皇清經解本

　　山東藏臺北成文出版社 1976 年無求備齋易經集成影印道光九年（1829）刻皇清經解‧經史答問本

　　◎或著錄作《周易問答》。

R

冉覲祖 河圖洛書同異考 一卷 存

山東藏道光十三年（1833）吳江沈氏世楷堂刻楊復吉編昭代叢書‧戊集續編本

◎楊復吉《河圖洛書同異考跋》：冉進士永安與襄城李來章同居嵩下從耿逸菴講學，其《寄願堂集》皆談理之言，致為純晰。圖書一《考》尤精確不磨。儒先語錄中不可多得之文也。來章本名灼然，以字行。著有《連陽八排風土記》，惜未之見。癸卯仲夏震澤楊復吉識。

◎書末附《王崇炳書王緯子充河圖論後》、《錢志立河圖變洛書說》、《錢澄之奇門用後天論》。

◎摘錄：伏羲本河圖以畫卦，大禹因洛書以演疇，其說出之漢孔氏安國、劉氏歆，所從來蓋甚遠也。宋歐陽永叔、明歸震川皆非之，以為九疇不繫於《洛書》。予亦嘗疑《繫辭》所云「河出圖洛出書聖人則之」是洛書亦為易用，非以演疇也。豈圖書並出於伏羲之世與？抑夏有《連山易》，乃則洛書以成之與？又豈文王拘幽時圖書並列而參考以為《周易》與？孔子繫易，固非若緯書之類可以置而不論也。然而今之經學皆折衷於朱子，朱子《啟蒙》取孔、劉之說，則亦以河圖屬易洛書屬《洪範》而已。永叔、震川文章之士不必信。而予所疑「聖人則之」之言，或以圖書一例而孔子連類及之也⋯⋯河圖具五行而卦不及五行，洛書備八宮而九疇不及八卦，蓋伏羲心有全易，觸河圖而為卦，不必先禹而預為《範》也。大禹心有《洪範》，觸洛書而為九疇，不必繼羲而再為易也。龜龍者天地之神物，卦疇者聖心之妙用，神物蘊靈異，妙用

合自然，得其意而旁通，超乎象而不滯，故八卦之於易、五行之于範，言之固顯，而五行之于八卦，八卦之于九疇，不言亦非隱也。後人能于河圖洛書畧其跡之異而會其理之同，則龜龍同兆、卦疇合觀，無煩呶呶致辯矣。

◎冉覲祖（1636～1718），字永光，號蟬庵。河南開封府中牟縣大孟鎮萬勝村人。康熙三十年（1691）進士，改庶吉士。甲戌授翰林院檢討。潛心理學，曾主講於嵩陽書院，作《為學大指》、《天理主敬圖》以教學生。又著有《五經四書詳說》、《為學大指》、《天理主敬圖》及詩文雜著二十餘種。

冉覲祖　易經詳說　五十卷　存

國圖、北大、上海、復旦、山東、河南、江西藏光緒七年大梁書局刻五經詳說本

山東藏同治八年（1869）冉氏寄願堂重刻本

◎目錄：卷一易序、傳序、上下篇義、筮儀、五贊、易說。卷二圖說。卷三上經乾上。卷四乾下、文言傳。卷五坤。卷六屯、蒙。卷七需、訟。卷八師、比。卷九小畜、履。卷十泰、否。卷十一同人、大有。卷十二謙、豫。卷十三隨、蠱。卷十四臨、觀。卷十五噬嗑、賁。卷十六剝、復。卷十七無妄、大畜。卷十八頤、大過。卷十九坎、離。卷二十下經咸、恒。卷二十一遯、大壯。卷二十二晉、明夷。卷二十三家人、睽。卷二十四蹇、解。卷二十五損、益。卷二十六夬、姤。卷二十七萃、升。卷二十八困、井。卷二十九革、鼎。卷三十震、艮。卷三十一漸、歸妹。卷三十二豐、旅。卷三十三巽、兌。卷三十四渙、節。卷三十五中孚、小過。卷三十六既濟、未濟。卷三十七繫辭上傳第一章第二章。卷三十八第三章第四章。卷三十九第五章第六章。卷四十第七章第八章。卷四十一第九章第十章。卷四十二第十一章第十二章。卷四十三繫辭下傳第一章第二章。卷四十四第三章至第五章。卷四十五第六章至第八章。卷四十六第九章至第十二章。卷四十七說卦傳第一章至第六章。卷四十八第七章至第十一章。卷四十九序卦傳、雜卦傳。卷五十卦圖。

◎自序：《易》為諸經之首，尊經之士習者不乏人，大率以為弋取科名之資而不究所用，即號知易者亦不過以為趨吉避凶之用而不能窺其精蘊之所在。夫市上賣卜、神前乞籤，皆有以示吉凶，然於人無益，或反以生僥倖之心，易豈若是哉？予嘗謂易乃窮理格物之書，其言理細如牛毛，稍疏則失；又活如盤珠，稍泥則碍。六十四卦六十四境地也，三百八十四爻三百八十四境地也。

占得何爻即屬何處何境地，而易皆示以處之之方。或不待占而所處近於何卦何爻，亦可識其所以處之之方而從事焉。蓋君子之持躬涉世，妙應不窮，皆於易取之。昔孔子云學易可無大過，此語括盡全經大義，後之學易者當求所以寡過而已。若徒曰吉則趨凶則避，恐蹈不知命無以為君子之譏，去易理霄漢矣。然則學易者必如何而後可哉？曰熟讀而深玩之，體會羲、文、周、孔之經，參以程朱傳義及諸家之說，使易理毫無所扞格。凡持躬涉世，準而行之，吉未嘗不趨，而必有趨之理，非理弗趨也；凶未嘗不避，而必有避之理，非理弗避也。理之所在有吉而無凶，而趨避固已在其中矣。伏羲畫卦，不立文字，其分吉凶之法無所從考。文王繫卦，周公繫爻，孔子贊以十翼，皆畫後之易，一憑乎辭以明吉凶之理。《大傳》云「辭變象占」，究之，變象占不離乎辭也。《程傳》峕以辭言理，朱子《本義》於卦爻言象占、於《象傳》往往言卦之變例，究之，言變象占亦不離乎辭也。《大全》並列《傳》《義》《蒙》《存》，闡發《本義》。予為《詳說》，大抵以三書為宗，註疏多可議，不能盡載其文，而其是非頗為拈出。晚近諸家之說不限以時，其足羽翼傳義者即為採錄，但欲其文從字順，明白條暢，吉凶瞭然，從違有據，不覺言之煩贅卷帙纍纍也。然有所詳不能無所略。河洛先後天諸圖，於經旨有關，若圖外生圖，變化多端，經中用不及者，不暇為之羅列也。卦爻取象出聖人化工之筆，有可解者有不可解者，雖窮理格物在所不遺，而才識不逮聖人，必欲究其取象何意，恐過求反鑿。是編或載或否，亦不能為之旁搜曲證也。或曰：「畫前有易，今但詳詁易辭，失驪珠而得麟爪，烏乎詳？」予曰：辭者理之寓也，六十四卦三百八十四爻之辭皆有至理。予欲學易者於六十四卦三百八十四爻各得其處處之方，以庶幾於寡過。為之詳詁其辭，所以深著其理也。畫前之易，以俟精於易者，予誠有所不詳已。

◎張伯行《正誼堂續集》卷六《冉蟬菴傳》：汶上袁生精於等韻之學，君與之講論五日，盡得其傳。其性敏而力專如此。雅意網羅千載，不屑屑於可舉業。至康熙二年舉鄉試第一，自後浮沉幾三十年，學問行誼日益完粹，著《四書詳說》，遞及五經各有專書。兼採漢儒宋儒之說，每一經必閱數年而始脫稿。時論盛稱《來易》，四川來知德者，姚江餘派，創為《易說》，改立錯綜名色，欲與程朱抗行。君著論駁正之。釋《詩》者類宗《小序》，尊毛鄭而疑朱子。君校其異同，參觀並列，使讀者曉然知所去取。《小戴記禮》叢雜，而鄭學尤不純，於是摘鄭之失，補陳之罣，歷五年而書始成……君平日於陽明

持論頗恕，至是謂教人無歧路，此是而彼非，不可不嚴辨，於是陸王之學不復假借矣……余官京師，與君交最深。會儀封方築請見書院，延君主教事。君以《太極》《西銘》指示聖學脈絡，一時士子皆超然自得於帖括之外，嚮道者日眾。君於五經之外復纂《孝經詳說》，又著《陽明疑案》，較之整菴、後渠論辨尤嚴。假滿補原官，為《正蒙補訓》四卷。越二年……時內廷方纂修五經，大學生安溪李公以《五經詳說》上聞。乙未春，都御使劉公為纂修奏請內府藏書以供採取，上諭河南冉觀祖有《五經詳說》可取來參用。

◎四庫提要（著錄無卷數）：是書兼用《程傳》、《本義》，謂朱子分象占，《程傳》說理，二書不可偏廢，故兼取二家之說，低一格以別於經。又采諸儒之說互相發明者，再低一格以別於二家。觀祖時有所見亦附著焉。其中亦間有與朱子異者，如朱子謂《左傳》穆姜筮遇艮之八法，宜以《繫》「小子失丈夫」為占，而史妄引《象辭》為非，觀祖則謂《艮卦》只二不變，當為隨，既以二為八，則非六二矣，當以《象辭》為是，史非妄也。又謂文王八卦方位，未必分配父母男女，較量卦畫陰陽，朱子從後推論，未必是文王當日之意。又不取卦變之說，蓋大旨不出程朱而小節則兼采諸論也。至所論卦變，謂來知德為姚江之支派餘裔，創立異說以翻程朱《傳》《義》之案。考王守仁未嘗講易，知德亦不傳姚江之學，黃宗羲《明儒學案》列之諸儒案中，謂其與陽明相異，而惜其獨學無朋師心自用，可為明證。觀祖以門戶餘習，見近似者而咻之，亦考之未審耳。

◎田倗《歷代儒學存真錄》卷十：所纂有五經四書《詳說》及詩文雜著約二十種。朝廷遇有纂修，或就其家採擇云（見《洛學編》）。

冉佐 卦爻遺稿演 一卷 佚

◎四庫提要：前有小引乃其子所作，謂其父於易多有論說，未有完書。其子始類次成編，間附己說於後。其自稱曰「觀」者即其子之名，而姓則不可考矣。書中每一卦為一篇，於每爻下具列中、正、應三義而不載經文，詞旨簡略，殊無心得。

◎周按：《冉氏族譜‧太史公年譜》（1987年第六次重續本）譜主為冉觀祖，己卯著錄：「整理父佐手批易注遺稿，名《卦爻遺稿演》」，庚辰著錄：「梓《卦爻遺稿演》」，據此，《卦爻遺稿演》作者當為冉佐，《提要》所云「自稱曰『觀』者」實即冉觀祖。據《中牟縣志》，冉佐以明經聞名中牟士林。張

伯行《正誼堂續集》卷六《冉蟫菴傳》：「父佐，歲貢生，贈徵侍郎，翰林院檢討。」

饒鍔 漢儒易學案 存

鈔本

◎饒宗頤《廣東之易學》〔註1〕：饒鍔《漢儒易學案》（存）。先大人鍔，字屯勾。潮安人。此書備論漢易宗派，於各家並為之傳，陳其學說，仿《宋元學案》例。今存鈔本。

◎《饒宗頤學述》：我父親字鈍庵，他既是商人、錢莊老闆，又可以說是當地的大學者，寫有《〈佛國記〉疏證》、《漢儒學案》多卷，可惜都沒有保存下來。他還有一個很大的抱負，就是要繼承黃梨洲的事業，寫《清儒學案》，已經撰寫了條例、細目，可惜也沒有保存下來。

◎饒鍔（1891～1932），一名寶璿，號鈍庵、屯勾（純溝）。廣東潮安（今潮州市）人。饒宗頤父。南社社員，曾任《粵南報》主筆。經營錢莊，築天嘯樓藏書三萬餘卷。又著有《天嘯樓文集》七卷、《〈佛國記〉疏證》、《漢儒學案》諸書。

饒鳳書 易經解 佚

◎光緒《江西通志》卷九十九《藝文略》一《國朝》：《易經解》，饒鳳書撰（《東鄉縣志》）。

◎饒鳳書，字心元。江西東鄉人。著有《易經解》。

饒一辛 經義管見 一卷 佚

◎四庫提要：是書成於雍正丙午，凡《圖說》七、《周易統天旋卦賦》一、《說卦傳論》一、《納音五行論》一、《古今本得失論》一。於周子《太極圖》、邵子《先天圖》多所攻駁，而其所自造之圖亦初無所受，至擬《歸藏》、《連山》等圖則以乾北、坤南、坎東、離西、艮東北、兌西南、震東南、巽西北為位，尤於古無徵。

◎光緒《江西通志》卷九十九《藝文略》一《國朝》：《經義管見》一卷，饒一辛撰（《四庫全書存目提要》：「一辛字冶人。南城人。」謹案《皇朝文獻通考》

〔註1〕錄自《廣東文物》第9卷，1940年。

作廣昌人，字冶人）。

　　◎饒一辛（1684～？），字冶人，號趾齋。江西廣昌人，一說江西南城人。雍正舉人，乾隆時舉鴻博未遇。官新建教諭。潛心經學，長於易。

任陳晉　易象大意存解　一卷　存

　　四庫本

　　北大藏清南海孔氏嶽雪樓鈔本

　　上海藏民國廬江劉氏遠碧樓鈔本

　　南京藏鈔本

　　山東藏臺北商務印書館 1983 年影印國立故宮博物院藏本景印文淵閣四庫全書本

　　中國古代易學叢書影印本

　　鳳凰出版社 2015 年廬佩民主編泰州文獻第四輯（泰州文存）影印本

　　◎卷前有《讀易要言》一篇。

　　◎條目：太極、陰陽五行、河圖洛書，先天八卦次序、先天八卦方位、六十四卦橫圖、六十四卦方圓圖、後天八卦次序、後天八卦方位、彖、爻、象、上經乾卦、坤、屯、蒙、需、訟、師、比、小畜、履、泰、否、同人、大有、謙、豫、隨、蠱、臨、觀、噬嗑、賁、剝、復、无妄、大畜、頤、大過、坎、離、咸、恒、遯、大壯、晉、明夷、家人、睽、蹇、解、損、益、夬、姤、萃、升、困、井、革、鼎、震、艮、漸、歸妹、豐、旅、巽、兌、渙、節、中孚、小過、既濟、未濟、繫辭、乾坤易簡、精氣遊魂、神无方易无體、繼善成性、大生廣生、擬議變化、天一地二、大衍之數、筮法、占卜、制器尚象、易有太極、天生神物、吉凶悔吝生乎動、天下之動貞夫一、陽卦多陰陰卦多陽、憧憧章、易興於中古、憂患九卦、象義爻義、參天兩地、天地定位數章、一索再索、乾馬坤牛等、雜象、序卦傳、雜卦傳。

　　◎何焞彥《易經遵孔八晢類稿》卷十二《集晢》：任氏陳晉《易象大意存解》多申尚象之旨，不載經文，惟折衷諸家之說，明其大意。首論太極五行先天河洛，皆劘除繆輵。次論彖、論爻、論象，次論六十四卦，多指陳法戒。終以《繫辭》《說卦》《序卦》《雜卦》，其文頗略，以所重在六十四卦。然亦不過於易說龐雜中而能採擇其近正者也。

　　◎唐鑑《國朝學案小識》卷十三《興化任先生（陳晉）》：《易象大意存解》

一卷，不載經文，惟折衷諸家之說，明易象之大意，故以為名。《左傳》韓起聘魯，見《易象》，《易》之主象，三代舊法。是書卷首標凡例七則，多申尚象之旨。其論太極、五行，兼及河洛、先天諸圖，發揮明簡，惟標舉其理所可通，凡一切支離推衍、布算經而繪奕譜者，剪除殆盡。其凡例有曰：「後之言象數者，流入藝術之科，其術至精，而其理亦更奧澀，且偏於一隅，反涉形下之器。」可云篤論。其論彖、論爻、論象，不廢互體之說，蓋以《雜卦傳》為據。其論六十四卦，各括其大旨，亦大抵切人事立言，終以《繫詞》、《序卦》、《說卦》、《雜卦》，其文頗略，蓋著書之意在於六十四卦，餘皆互相發明耳。

◎四庫提要：是編不載經文，惟折衷諸家之說，明易象之大意，故以為名。考《左傳》韓起聘魯見《易象》、《春秋》，則易之主象，古有明文。陳晉以象為宗，實三代以來舊法。卷首標凡例七則，多申尚象之旨。書中首論太極、五行，兼談河洛先天諸圖，然發揮明簡，惟標舉其理所可通。凡一切支離推衍布算經而繪弈譜者翦除殆盡。其凡例有曰：「後之言象數者，流入藝術之科。其術至精，而其理亦更奧澀，然偏於一隅，似反涉形下之器」，可云篤論。次論彖、論爻、論象，不廢互體之說，蓋以《雜卦傳》為據。次論六十四卦，各括其大旨，亦大抵切人事立言。終以《繫辭》、《序卦》、《說卦》、《雜卦》、其文頗略。蓋著書之意在於六十四卦，餘皆互相發明耳〔註2〕。

◎摘錄《讀易要言》：

易書原于象畫，象畫者，文辭之祖。今經生治易，專恃研求文周彖爻，而置羲聖象畫不講，先儒所謂有易下段無其上段者矣。羲聖象畫，原于河洛，故易必從河洛根源說起。

易象天地山澤風雷水火，大數奇偶老少顯然明白，後之言象數者流入藝術之科，其術至精而其理亦更奧澀，且偏涉一隅之論，似反涉形下之器。余欲以本來自然之象數推論，使經生家人人可曉。

易曰書不盡言言不盡意，聖人立象以盡意，伏羲畫卦，聖人示意之書，總之治易者會得其意則精粗皆可入解，道理無不全具。余故總其義曰《易象大意存解》。

六十四卦彖爻，先儒傳詮極詳，更何煩余之章解句錄？余於各卦下略綴數句，亦是融會大意，使人潤目澄心，而自得其意之所存。會得其意，再去索

〔註2〕《庫書提要》此下有「在近時說易諸家猶可謂刪除枝蔓者矣」數字。

解章句，則《程傳》《本義》《折中》等書具在，可任研玩。

《繫詞》精者如「易有太極」數節，及《說卦傳》「天地定位」數章，已載在前圖說內，後不更贅。中間亦間有會意，特為拈出。

易自田孟相承以迄於宋，凡數十家言，書可充棟。余為約其精蘊，簡之又簡，紙變數十頁而儒先精華亦已畧具，且各鎔以己意，彙入儒先語錄中，所謂如花釀蜜，蜜成不知其是花者也。

易以窮理，豈僅作文字觀。然卦畫有自然之文，《彖／爻／象傳》、《繫辭》《文言》，其文法之顯然可愛玩者，亦畧示精蘊於語言意象之外，抑亦宜民不倦之意云爾。

◎任陳晉，字似武，號後山，又號以齋。江蘇興化人。乾隆四年（1739）進士，官徽州府教授。

任大文 周易彙解 四卷 佚

◎孫葆田《山東通志》卷百二十七《藝文志》第十：是書有家藏本，見《縣志》。

◎民國《高密縣志》卷十四上《人物志》：讀書能精思，著《周易玄解》諸書。

◎民國《高密縣志》卷十六《雜稽志》：任大文《周易彙解》《書經彙解》《大學元本》《毛詩彙解》各四卷、《萬樹堂詩鈔》一卷。

◎任大文，字星子，號東亭。山東高密人。諸生。弟大鵬、大鶴、鵬舉、大鴻、大鷗、大鸞俱擅才名，時目為任氏七子。

任鍰 太極圖說析疑 一卷 佚

◎《清儒學案》卷四十九《任先生鍰》：所著有《論語困知錄》二卷續編一卷補遺一卷、《通書測》二卷、《讀經管見》一卷、《小泉筆記》一卷、《知言劄記》二卷、《朱子年譜》一卷、《讀史衡說》二卷、《史記論文》一卷、《史記筆談》一卷、《六溪山房文槀》五卷、《六有軒存槀》二卷、《寒山吟漫錄》四卷、《拊缶集》二卷、《和陶》一卷、《六有軒詩漫鈔》二卷、《囈林》一卷、《纂注朱子文類》一百餘卷、《大學困知錄》《周易筆解》各若干卷（參韓夢周所撰墓表、《學案小識》）。

◎任鍰，字恕庵，號東澗。江蘇山陽（今淮安）人。乾隆初舉鴻博，廷試報罷。為學宗程朱。又著有《反經說》《傳習錄辯》。

任錟 易象數傳心錄 一卷 佚

◎《清儒學案》卷四十九著錄。

任錟 周易筆解 佚

◎《清儒學案》卷四十九著錄。

任鈞衡 易學綱領 佚

◎顧炎武《亭林餘集・與任鈞衡（大任）》：前於耘野處見尊著《易學綱領》一書，知兄潛心於易數十年，可謂勤矣。近世號為通經者，大都皆口耳之學，無得於心，既無心得，尚安望其致用哉？易於天道之消息、人事之得失，切實示人，學者玩索其義，處世自有主張。兄至今日而能孑孑不隨流俗，竟作羲皇上人，知所得實深，視愚之尋索於音叶者淺甚。如有近作，望惠一二，以慰注懷。令曾祖湖邨先生高行，吳太僕既有阡表，亦不假愚言為輕重。來春儻得南歸，以圖一晤，教我不逮，幸甚。

◎任鈞衡《蓮蒲讀易》：落枕雞聲喔喔，穿簾月影疏疏。清曉起來讀易，柳梢露滴研朱。

任茂令 易解 四卷 佚

◎孫葆田《山東通志》卷百二十七《藝文志》第十：是書見《縣志》。

◎民國《高密縣志》卷十六《雜稽志》：任茂令《易解》四卷。

◎任茂令，山東高密人，寓居諸城。

任啟運 周易洗心 十卷 存

四庫本（七卷首二卷，又有自序及讀易法）

湖北藏雍正八年刻本

天津藏乾隆三十四年（1769）清芬堂刻本

北大、遼寧藏乾隆三十四年（1769）任慶範、耿毓孝刻四十七年印本

日本內閣藏乾隆嘉慶刻清芬樓六種本

國圖、上海、南京、山東藏乾隆四十七年（1782）襲芳軒刻本

嘉慶二十二年（1817）任氏家刻任氏遺書本

國圖、上海、南京、浙江藏光緒八年（1882）任氏家塾刻本

南京藏清鈔本（七卷首二卷，丁丙跋，四庫全書底本）

嘉慶上海彭氏刻釣臺遺書本（十一卷）

天津藏清鈔本（三卷首一卷）

山東藏臺北商務印書館 1983 年景印文淵閣四庫全書本影印國立故宮博物院藏本

◎周易洗心原序：《易》者聖人洗心藏密之書也，而以為為卜筮作，豈其然哉？子曰：「以言者尚其辭，以動者尚其變，以制器者尚其象，以卜筮者尚其占。」曰：「聖人以此洗心退藏于密。」蓋以言以動乃君子，下之用易以洗心，則聖人之用易也。自河出圖洛出書而伏羲十言之教作，曰乾坤坎離震艮巽兌消息，渾然一圖，目擊而心喻焉耳。嗣後開之代圖以畫，或演為《連山》或演為《歸藏》，文字漸興，要于義未盡。文王參取二書，更互演繹，然後六十四卦之名定。作為象辭以明內外二體之大旨。周公又析六爻，觀其承乘應變互易，而後萬物之情凡所為愛惡相攻、遠近相取，情偽相感，千態萬狀无不畢見其中，而以至一馭至繁、以至常待至變，則非洗心莫由也。孔子懼人僅以文辭視之、卜筮用之也，故于《大象》指其學之之實曰：「君子以自強不息」，此即《大學》明明德之功；曰「以厚德載物」，即《大學》親民之事也；曰「多識前言往行」，以格物而致知；曰「見善則遷」、「有過則改」，所以誠意；曰「懲忿窒慾」、曰「言有物，行有恒」，以修身而齊家。餘若建國、親侯、制度、作樂、勑法、慎刑、治曆，細自童蒙育德，大至裁成天地之道、輔相天地之宜，治平大法略具，而獨无一卦及正心，周公咸艮二卦取象人身、咸之四曰憧憧往來，明動之過；艮之四曰列其夤屬熏心，明止之過，言其失養，不言所養，而子《大象傳》獨于正心未及，非不及也。心者天地萬物之統會，舉天地萬物有一物不若于道，即于吾心有未安；吾一息不與天地萬物相通，即于吾心有未盡。故舉天地萬物而吾與之，各安其位，各得其所，乃吾心之所為正。而子于《繫辭》一言以蔽之曰「聖人以此洗心退藏于密」，見六十四卦之皆所以正心。心之體如是乎大，正之之功如是乎其精深浩博而未有涯也。顧其為要，則總不外《論語》「五十以學易」之一言。文周卦畫自羲圖出，羲圖自河洛出，五十者，圖書之中也。圖一三七九二四六八周行於外，獨五十在中，五又在十之中，藏于密也。圖為體，書為用，至書而十并不可見，藏于密也。八卦者，一三七九二四六八之象，五十乃未發之中也，學易不以五十失其本矣。周公教人用九用六，此剛柔之分、消息之端，易之用也。孔子自言以五以十，此剛柔之合、消息之原，易之本也。由五達十，五始顯諸仁，非

藏胡顯？去十存五，仍藏諸用，即用即藏，蓋舍五十无以洗心藏密矣。運不敏，學易有年，初取周公之爻觀其參、觀其伍、觀其變，頗有以識《小象》所由殊。繼取文王之卦觀其錯、觀其綜、觀其易，漸有以識《大象》所由立。既由爻象反之圖書，乃怳然于洗心藏密之旨，而知非五十果无以學易也。夫孔子大聖人也，韋編且三絕矣，然猶止言可以无大過，心愈密，辭愈危，聖人望道未見之心固如是也。運何人哉！小過，過也；大過，顛也。日用而不知，惟是日惕之心終吾身焉已矣。雍正庚戌，荆溪學人任啟運敘。

◎秦瀛《小峴山人續文集》卷一《清芬樓文集序》：余少時及見鄉前輩顧復初祭酒，以經學膺薦舉，被殊遇，一時稱稽古之榮。而祭酒與人說經，必推荆溪任鈞臺先生。先生年六十餘始以雍正癸卯成進士，入翰林，值上書房最久。乾隆初，歷官宗人府府丞以卒。耆儒碩學，受知兩朝。方祭酒舉經學時先生已沒，高宗純皇帝詔書中猶舉先生名以示海內，其見重於當宁者如是。宜祭酒之服膺先生而稱述弗置也。先生學古知道，沈潛載籍，極深而研諸幾，由博而返之約，六經各有箋疏，尤深於三禮。生平著述，錄入《欽定四庫全書》而刊布流行於世。惟所為古文辭未有傳者，蓋先生在時，桐城方氏、臨川李氏方並以古文名，先生稍後出，或為所掩。然原本經術，義蘊深厚，其言皆粹然儒者之言，非世俗詞章之學徒爭勝於文字間者可幾及。

◎何焞彥《易經遵孔八皙類稿》卷十二《集皙》：任氏啟運《周易洗心》，其說多發明圖學，謂《論語》之五十以學易即指河圖之五十，立論殊為新異。其詮釋經文則觀象玩詞時標精理，其考定文句亦根據先儒，然則任氏之講圖學，特好語精微耳，非如張行成等竟舍經而言數也。

◎四庫提要：是編大旨謂讀易者當先觀圖象，故首卷備列諸圖，自朱子、邵子而外，如國朝李光地、胡煦所作諸圖皆為采入，而又以己見推廣之，端緒頗為繁賾。《自序》謂其要不外《論語》「五十以學易」之言。文、周卦畫自羲圖出，羲圖自河洛出。五、十者，圖書之中也。學易不以五、十，失其本矣。其說頗務新奇。然其詮釋經義則多發前人所未發，大抵觀《象》玩釋時闡精理，實不盡從圖書生解。其文句異同亦多從馬、鄭、王弼、王肅諸家之本。即或有不從舊本者必注某本作某字以存古義，亦非圖書以外廢訓詁而不言。然則其研尋奇偶特好語精微而已，非如張行成等竟舍經而談數也。

◎摘錄卷首《讀易法》：

讀易之法，莫備於《繫辭傳》。孔子大聖，且韋編三絕，況末學乎？故讀

易而不循聖人之法，未有能得焉者也。

讀易須先從河圖洛書探玩。孔子曰：「河出圖，洛出書，聖人則之」，圖書者，卦畫所從出。讀易不從圖書探玩，全不見畫前有易意思。

◎任啟運（1670～1744），字翼聖，人稱釣臺先生。江蘇宜興荊溪人。雍正癸丑進士，官宗人府府丞。又著有《禮記章句》十卷、《孝經章記》十卷、《夏小正注》、《四書約旨》十九卷、《孟子時事考》、《竹書紀年考》、《逸書補》、《史要》七卷、《任釣臺遺書》四卷。

任尚德 周易義象本旨 十卷 佚

◎民國《濟陽縣志》卷十七《藝文志》錄邑增生任去矜《貢士淳古府君墓誌》：著述如《周易義象本旨》二部前後共十卷、《詩經序解》四卷、《書經序解》四卷、《春秋集傳》八卷、《禮記補註》十卷、《四書辨疑》一卷、《楚辭正解》二卷、《唐詩讀本》二卷、《齊家要覽》一卷、《自訂書藝》二十首。

◎任尚德（1718～1785），字淳古，號堎村。山東濟陽人。乾隆戊戌，年六十成歲貢。

任雲倬 周易互體卦變考 一卷 存

光緒二十六年（1900）南陵徐乃昌刻鄦齋叢書本

上海書店叢書集成續編本

續四庫影印復旦藏光緒二十六年（1900）南陵徐乃昌刻鄦齋叢書本

◎光緒《江都縣續志・藝文考》第十上：任雲倬《周易諸卦合象考》《周易互體卦變考》。

◎光緒《江都縣續志・列傳》第二：雲倬著述甚富，兵燹散佚不傳，僅存《周易諸卦合象考》《周易互體卦變考》各一卷、《桃鄉精舍文集》一卷（《傳雅堂文集》）。

◎任雲倬（？～1853），原名雲臺，字漢卿。江蘇江都（今揚州）人。諸生。嗜學不倦，尤邃於易。遊凌曙、梅植之、劉文淇之門，治漢易。工書善畫。生平慷慨尚義，後貧而攜子赴井死。

任雲倬 周易諸卦合象考 一卷 存

光緒二十六年（1900）南陵徐乃昌刻鄦齋叢書本

續四庫影印復旦藏光緒二十六年（1900）南陵徐乃昌刻鄦齋叢書本

◎子目：荀爽注言合象五則、鄭康成注言合象十九則、虞翻注言合象六十則、干寶注言合象三則、九家集注言合象三則、侯果注言合象一則、崔憬探元言合象一則、李鼎祚集解言合象七則、服虔左傳解誼言合象一則、杜預左傳集解言合象五則、韋昭國語注言合象一則。

任兆麟輯 歸藏 一卷 存

嘉慶二十三年（1814）方秉哲刻五代兩漢遺書本

◎任兆麟（約 1781 年前後在世），原名廷轔，字文田，號心齋（居士），江蘇震澤人。嘉慶元年（1796）舉孝廉方正。幼承家學，博聞敦行，工詩古文，為王鳴盛、錢大昕所重。又著有《竹居集》十三卷、《述記》四卷、《毛詩通說》二十卷、《春秋本義》十二卷、《心齋十種》（《夏小正注》、《石鼓文集釋》、《尸子》、《四民月令》、《襄陽耆舊記》、《文章始》、《壽者傳》、《孟子時事略》、《心齋詩樂譜》、《綱目通論》，末附《弦歌古樂譜》）。

任兆麟輯 周易乾鑿度 一卷 存

嘉慶十五年（1810）刻本

山東藏嘉慶二十三年（1814）方秉哲刻五代兩漢遺書本

南京藏清鈔本（存乾坤鑿度二卷）

榕園書屋主人 易例大全 一卷 存

國圖、上海、南京、山東、湖北藏咸豐十一年（1861）刻巾箱本

山東藏光緒十五年（1889）刻本

湖北藏光緒石印巾箱本（與易經文捷訣、易漢學合刊）

◎榕園書屋主人，生平不詳。

茹敦和 八卦方位守傳 一卷 存

國圖、上海藏乾隆刻茹氏經學十二種本

北大藏清刻茹遜來所著書本

南開大學藏清鈔本（有圖）

◎道光《會稽縣志‧儒林》：乞歸，館於鏡湖別築，授徒講學，談經以為樂，遂益專精於易。由唐李鼎祚所採《子夏易傳》以下三十五家，迄宋溫公、橫渠、東坡、程子、邵子、朱子諸儒著述，皆參考而貫通之。年七十二卒。所

著有《周易證籤》四卷、《易講會籤》一卷、《周易二閭記》二卷、《讀易日札》一卷、《周易小義》二卷、《周易象考》一卷《占考》一卷《辭考》一卷、《兩孚益記》一卷、《八卦方位守傳》一卷、《大衍守傳》一卷、《大衍一說》一卷、《尚書未定稿》二卷、《竹香齋古文》一卷、《越言釋》一卷、《讀春秋劄記》、《竹香齋文集／詩集／雜著》若干卷（胡高望《茹公傳略》）。

　　◎茹敦和（1720～1791），字三樵，號遜來。浙江會稽（今紹興市越城區）人。幼嗣婦翁李姓為子，占籍廣東。自幼愛學，精通五經。十五歲執教鄉學。乾隆十九年（1754）進士，復茹姓。授知直隸河北南樂（今河南南樂）縣。調大名，治漳水劇患，民利賴之。內遷大理寺評事，尋出為湖北德安府同知，署宜昌知府，緣事降秩。卒祀直隸名宦祠。鑽研易說，精研漢學，源本象數，並及名物訓詁，間涉傅會，終有義據。又著有《越言釋》、《竹香齋古文》二卷、《竹香齋詩鈔》四卷、《和茶煙閣體物詞》一卷、《會稽茹氏遺書》（《茹三樵著書》）十四種。

茹敦和　大衍守傳　一卷　存

　　國圖、上海藏乾隆刻茹氏經學十二種本

　　北大藏清刻茹遜來所著書本

　　南開大學藏清鈔本（有圖）

　　◎道光《會稽縣志‧儒林》著錄。

茹敦和　大衍一說　一卷　存

　　國圖、上海藏乾隆刻茹氏經學十二種本

　　清刻茹遜來所著書本

　　南開大學藏清鈔本（有圖）

茹敦和　讀易日劄　一卷　存

　　山東、國圖、上海藏乾隆刻茹氏經學十二種本

　　清刻茹遜來所著書本

　　◎道光《會稽縣志‧儒林》著錄。

　　◎尚秉和《尚氏易學存稿校理‧易說評議》：茲《讀易日札》約有數萬言，然無卷數，亦無次序，無先後。蓋每日讀易，隨有所得，即隨筆錄之。蓋茹氏所著說易之書，其名目雖多，其體例如一。茲書之大病，主張卦變爻變而太

過。鄭氏用卦變，原以卦無是象，變為某卦以求其象。茲書則象為本卦所有者，而亦用卦變。如云：困之致命，乾命也；卦雖互異，而其變自咸來，咸互乾也，困乾象不成故曰致命。按困三至五互巽，巽為命，乃上卦巽覆，故曰致命。非以乾象不成為致命。又云：旅五射雉一矢亡，何也？曰雉者離，旅上之離本否上之乾，乾變而離，於是否五下居三，故曰一矢亡。按離為雉，伏坎為矢，故曰射雉；乃坎伏不見，故一矢亡。非以否五下居三為矢亡。否五雖陽，安得即為矢乎？書內穿鑿如此者甚多。其說之得者，如云：中孚之三曰得敵，敵者何？四也。三四二陰，其情不相能，三互震故鼓，四互艮故罷。按荀爽注此云：三四俱陰，故稱敵也；四得位故鼓而歌，三失位故泣而罷。誠以陰遇陰陽遇陽為敵，艮傳所謂敵應不相與也，荀注可謂透闢。乃王弼注似是而非，程子竟以上為敵。朱子舍荀注不從，竟從與易理背馳之程傳，致經義永不能明。茹氏雖未悉俱陰稱敵之理，然曰三與四情不相能，大旨與荀注闇合，可糾正程朱之失。又如謂離有征伐象，明夷之九三曰南狩得其大首，既濟九三曰伐鬼方，未濟九四亦曰伐鬼方，皆離上也；而離上亦曰王用出征，晉上亦曰維用伐邑。按離為甲冑戈兵，故為征伐，經茹氏一一證明，其義愈著。他若謂離三互巽亦互兌，故曰不鼓缶而歌則大耋之嗟；謂瓶甕皆象乾，乾之為巽則瓶之贏、甕之敝漏也，皆有新義，開發象學。書內如此者亦多，則瑕瑜不掩也。

茹敦和 兩孚益記 一卷 存

國圖、上海藏乾隆刻茹氏經學十二種本

北大藏清刻茹遜來所著書本

◎道光《會稽縣志‧儒林》著錄。

茹敦和 易講會籤 一卷 存

國圖、上海藏乾隆刻茹氏經學十二種本

北大藏清刻茹遜來所著書本

◎道光《會稽縣志‧儒林》著錄。

茹敦和 周易辭考 一卷 存

山東、國圖、上海藏乾隆刻茹氏經學十二種本

續四庫影印上海藏乾隆刻茹氏經學十二種本

◎道光《會稽縣志‧儒林》著錄。

茹敦和 周易二閭記 三卷 存

國圖、上海藏乾隆刻茹氏經學十二種本

光緒十三年（1887）會稽徐氏鑄學齋刻紹興先正遺書本（題重訂周易二閭記。李慈銘重訂）

光緒十四年（1888）江陰南菁書院刻南菁書院叢書本

北大藏清刻茹遜來所著書本（題重訂周易二閭記。李慈銘重訂）

◎摘錄卷上：二閭者，其一曰茶閭，居紫洪之山，距越城二十里；其一曰薑閭，居栖鳧之山，距越城十二里。茶閭能為茶，時負茶筥趨城闤賣之。其歸也，山暝路黑，虎聲嗥然，因扣薑閭而求宿焉。兩人者，山羹野酒，輒耦坐說詩。其說詩無家法，率以臆，往往多創獲，聽之頤解。乾隆之三年，敦和始繫籍為諸生，讀易而苦之，煩憑窒跆連數月。二閭者聞而造其室曰：「孺子何所苦？」則敬對曰：「苦易。」「易何苦？」則又敬對曰：「苦其辭。」茶閭曰：「如以辭而已，則吾能以說《詩》者說《易》。」薑閭曰：「若販茶不已，乃販《詩》；販《詩》不已，又販《易》也，《易》辭古，非若所知也。」茶閭曰：「唯，然吾過矣。」然自是敦和以易辭請二閭者，必彼此卜度，擇其可而復之。或問及卦氣爻辰先後天之說，二閭者皆不答。二閭之說《詩》也，有老諸生姚氏削牘記焉。二閭曰：「吾兩人者，生平居山中，聊以說經為業，雖然，兔園爾，不足以為名，則慎無著我名。」因名之曰《兔園詩》，敦和乃並記其所以為易者。

◎李慈銘《越縵堂文集》卷五《復王益吾祭酒書》（光緒十三年八月）：辱示《經解續編目錄編》……其中宜采補者，茹三樵《周易二閭記》（名敦和，會稽人。乾隆十九年進士，官湖北德安府同知。所著《易學十種》精貫鄭、虞之義，而以《二閭記》為最精。其書仿毛西河《白鷺主客說詩》，作二人問對，詁訓名通穿貫諸經。慈銘有其書）。

◎道光《會稽縣志·儒林》著錄。

茹敦和 周易圖注 一卷 存

南開藏清鈔本

茹敦和 周易象考 一卷 存

山東、國圖、上海藏乾隆刻茹氏經學十二種本

續四庫影印上海藏乾隆刻茹氏經學十二種本

◎道光《會稽縣志‧儒林》著錄。

茹敦和 周易小義 二卷 存

國圖、上海藏乾隆刻茹氏經學十二種本

山東藏光緒十四年（1888）會稽徐氏鑄學齋刻紹興先正遺書本（李慈銘重訂。題重訂周易小義）

清刻茹遜來所著書本

◎各卷末題：山陰蔡元培校。

◎目錄：

卷上：龍、朋、黃裳、字、鹿、桎梏、郊、鞶帶、律、錫命、否、三驅、輻、虎、茅、食、帝乙、苞桑、墉、大車、享、侵伐、配祖考、簪、西山、蠱、鹽、黃金、束帛、辨、關、齏畚、藥、閑、牿、牙、靈龜、經、楊、樽酒簋貳、徽纆、大盡、突。

卷下：腓、脢、易、三接、王母、羝鼠、巷、天、黃矢、準、二簋、圭、頯、莧陸、杝、杞、綸、朱紱赤紱、享祀祭祀、蒺藜、葛藟、瓶、鮒、鼗、收、豹、倲、鉉、匕鬯、貝、限、鴻、儀、娣、須、承筐、旬、沬、資斧、史巫、三品、机、汗、戶庭、豚魚、鶴、翰音、弋、茀、鬼方、祧、繘、上棟下宇、棺槨、書契、尺蠖、駁馬、矞、蒼筤竹、寡髮。

◎周易小義序：易之取象無異於《詩》之取興。然取興者止於觸物興懷，而取象者咸可開物成務。聖人於乾坤二卦，略示其端，而於繫辭上下傳，復錯舉十八爻以釋其義，皆不盡拘於各卦爻辭。然則《周易小義》雖仍繫之以易，而旁徵遠引，無不該貫，善讀者細尋繹焉。以為言易也可，以為不僅言易也亦可，以為集群書之義以釋易也可，以為藉易以通群書之義也亦無不可。《小義》云乎哉？惜不使來矣鮮見之，令一齗舌駁為精博，靡以復加。至古文不四十首，而縱橫上下，氣象萬千，其殆亦兼守道、之介、同甫之通而合而有之，而又將駕而上之者歟？遲春讀。

◎周易小義序〔註3〕：敦和初受易辭於二田〔註4〕，未卒業而去。記之備遺忘焉，未為義也。歲辛卯，敦和官評事，曹務稀簡，公退杜門，無所事

〔註3〕又見於茹敦和《竹香齋古文》卷上。

〔註4〕茹敦和《竹香齋古文》卷上《周易小義自序》此句作「有二老儒為東西閭師，敦和從之受易辭」。

事，因撮其要者為義，得百餘條〔註5〕，因定名之曰《周易小義》而自為之序曰：經義者本古科舉之文，其來舊矣。至宋王安石作《三經新義》用以取士，命其子雱及呂惠卿等著為式頒之，此一變也。元延祐中定科舉式，以《論語》《孟子》《大學》《中庸》為《四書》，以易《詩》《書》《禮記》《春秋》經文為《五經》，別之為書義、經義，又於破題、承題之外增官題、原題、大講、大結等名，此再變也。明成化中又盡易散體為俳偶，束之為八比，此三變也。至嘉隆以後，於所謂八比之中稍恢大焉，漸至俳中有俳、偶中有偶，乃於古今文體中自成一體，然義之名卒不改，至於疏經之義者謂之義，其所得之經段、經句謂之題，故曰破曰承曰官曰原，無非題者。而《菉竹堂書目》有經疑、擬題。經疑之法，或摘諸經之疑者匯之，或摘本經之疑者匯之，自二條三條四條以至十餘條不等。蓋《春秋》之有合題，猶其遺意。經有擬題，經義則無所用擬也。自明以來，《四書》有擬題，《五經》亦各有擬題。有擬題因之有大題有小題，科舉之例，用其大者不用其小者，應科舉者始之刪注，繼之刪經，其後有題而已，並無經。今之《小義》，乃用其小者，不用其大者，題小故義小也。其必謂之《周易》者，諸生家尊人之經曰尊經，自謙其經曰敝經，而謂《書》為《尚書》，謂《詩》為《毛詩》，謂易為《周易》。按《漢志》有今文經有古文《尚書》，然今古文皆《尚書》，謂之《尚書》宜也。《詩》之不為毛者幾百年矣，而猶謂之《毛詩》，其餼羊之存有復古之思乎？〔註6〕至於易則京為孟易而非《孟易》、王為費易而非《費易》，其為《周易》則一。宋初漸有所謂《正易》者，又有所謂《大易》者〔註7〕，其名美矣，然正莫正於《周易》，大莫大於《周易》。孔子曰「必也正名乎」，雖小義必曰《周易》，謹之也。或曰：「既經義矣，則於古當主王弼、韓康伯，於今當主《傳》《義》。今皆不然，何也？」曰：敦和去場屋久，不自檢瞀亂至此，責我者是也。其何說之辭？然不名之以義而他為之名，其不韙也大，蓋萬萬不敢矣。乾隆之三十九年六月二十日，會籍三樵生

〔註5〕茹敦和《竹香齋古文》卷上《周易小義自序》此句前有「既三年」三字。
〔註6〕茹敦和《竹香齋古文》卷上《周易小義自序》「其必謂之《周易》者，諸生家尊人之經曰尊經」至「而猶謂之《毛詩》，其餼羊之存有復古之思乎」作「其必謂之《周易》者，諸生家謂《書》為《尚書》，謂《詩》為《毛詩》，謂易為《周易》。按《漢志》有今文《尚書》有古文經，今之《書》兼今古文猶謂之《尚書》。《詩》之不為毛者幾百年矣而曰《毛詩》，其餼羊之存乎」。
〔註7〕茹敦和《竹香齋古文》卷上《周易小義自序》此句作「宋初有所謂正易者，宋元之間又有所謂大易者」。

茹敦和〔註8〕。

　　◎徐友蘭跋：右《周易小義》二卷，會稽茹三樵先生著，李恖伯先生訂，訂例與《二閭記》同。是書詮釋物名，體近《尒疋‧釋宮／釋器》諸篇。案文責象，近虞仲翔氏。而鉤釽析亂之失較寡。野在卦外、大壯者大過之易、大過者頤之易、夬者姤之易、穴居野處、象大過、野葬象頤、結繩象姤，皆自來經師所未及，所謂刊野文、補逸象者，非與所言，頗與《二閭記》相出入。荼閭曰：「大壯大過夬三義前已牘答之」，則此書『大壯者大過之易』云云，其即荼閭牘之義。張皋文謂易家言禮者惟鄭氏，惜其殘闕不盡存。今觀先生易學，實能用鄭氏家法而廣演之。《二閭記》曰：「世或言《周禮》不可以疏易，然易者典禮之書，故曰聖人觀其會通以行其典禮」，又曰：「易之於禮，無所不賅，如利見、小貞大貞、不速之客、類族辨物、嚮晦入宴息、升階、好爵、毀折、立不易方、厥宗噬膚、凶事，比傅禮制，皆有精義」。而是書說禮尤詳，桎梏於食，配祖考、黃金、樽酒簋貳、襘、朱紱赤紱、鍊、鉉、匕鬯、戶庭諸科，穿穴經記，發揮鄭孔，贍博貫綜，擇精語詳，可方駕孔氏《禮記正義》，賈公彥不及也。以在途稱婦在家稱女說「女子貞不字」、「女承筐以多方」；「天惟時求民主，代夏作民主，誕作民主」證近儒謂大夫稱主君，天子諸侯不言主之誤，皆焯不可易。以陳律三槭、周律枷挈桎梏，足見南北儒者異同之端，可謂好學深思。以視北朝學士未聞《漢書》得證經術者何如哉？！光緒十八年正月，會稽徐友蘭識。

　　◎道光《會稽縣志‧儒林》著錄。

茹敦和　周易占考　一卷　存

　　山東、國圖、上海藏乾隆刻茹氏經學十二種本

　　續四庫影印上海藏乾隆刻茹氏經學十二種本

　　◎道光《會稽縣志‧儒林》著錄。

茹敦和　周易證籤　四卷　存

　　乾隆刻茹氏經學十二種本

　　北大藏清刻茹遜來所著書本

　　◎道光《會稽縣志‧儒林》著錄。

〔註 8〕茹敦和《竹香齋古文》卷上《周易小義自序》無此句。

阮龍光　周易闡注　三卷　存

江西省圖書館館藏精鈔本

◎同治《南昌府志》卷六十二：阮龍光（《周易闡註》四卷。見舊志）。

◎光緒《江西通志》卷九十九《藝文略》一《國朝》：《周易闡註》四卷，阮龍光撰（《新建縣志》）。

◎阮龍光，字見田。江西新建人。乾隆庚午舉人，任河南通許知縣，秩滿升湖北黃州府同知，署武黃江防同知，積勞卒於官。

阮元　周易兼義校勘記　四卷　存

光緒點石齋石印重刊宋本十三經註疏附校勘記本

◎阮元（1764～1849），字伯元，號芸臺、雷塘庵主，晚號怡性老人。江蘇儀徵人。乾隆五十四年（1789）進士，先後任禮部、兵部、戶部、工部侍郎，山東、浙江學政，浙江、江西、河南巡撫及漕運總督、湖廣總督、兩廣總督、雲貴總督等職。歷乾隆嘉道三朝，體仁閣大學士，太傅，諡文達。於經史、數學、天算、輿地、編纂、金石、校勘皆各有詣造，人尊為一代文宗、三朝閣老、九省疆臣。

阮元　周易釋文校勘記　一卷　存

道光六年（1826）刻本（盧宣旬摘錄）

光緒點石齋石印重刊宋本十三經註疏附校勘記本

阮元　周易校勘記　九卷　存

道光六年（1826）刻本

皇清經解本（道光刻、咸豐補刻、鴻寶齋石印、點石齋石印十三經注疏校勘記）

同治十二年（1873）刻本

光緒刻宋本十三經註疏並經典釋文校勘記本

光緒點石齋石印重刊宋本十三經註疏附校勘記本

◎一名《周易注疏校勘記》。

阮元　周易略例校勘記　一卷　存

嘉慶二十一年（1808）刻本

道光刻、咸豐補刻皇清經解・十三經注疏校勘記本

光緒刻宋本十三經註疏並經典釋文校勘記本

阮元等 清代易說考辨集 一卷 存

山東藏臺北成文出版社 1976 年無求備齋易經集成影印道光五年至光緒十一年（1825～1885）刻本

◎丁晏《頤志齋感舊詩・阮文達師相》：

癸酉文達師為漕督，課士麗正書院，策問漢魏十五家易說，策題據漢碑孔子作十言之教即十翼也。晏對云：「《左傳》定四年孔疏伏羲十言八卦及消息，漢韓敕孔廟碑皇羲統華胥承天畫卦前圖九頭以什言教（什十通）仍指羲易，非謂孔子十翼也。」文達師激賞之，獎以《詁經精舍集》等書，許為傳世之學。

弱冠事鉛槧，成連感知音。忌才多媚嫉，豁達江海深。九原不可作，六藝猶自尋。兩楹書講院，老淚頻沾襟。

芮城 周易大象傳解 一卷 存

道光十八年（1838）惇敘堂刻本

國圖、南京、湖北藏光緒十年（1830）武進惲氏刻本

民國雙色套印石印本

◎周按：光緒十年本牌記題：光緒甲申十月毗陵惲氏校刊，版心鑴懷永堂。道光十八年本《販書偶記》卷一著錄：道光戊戌遁敘堂刊本一卷。二本均有惲彥琦序而文有小異。

◎序：余刊前明遺老溧陽芮巖尹先生《瓠瓜錄》，工既竣，又得先生所著《周易大象傳解》一卷，簡端署原名，蓋作於服諸生服時也。爰續刊之。其書釋大象不及爻文，以為大象者聖人合兩象立一義，徵諸人事以垂訓，不待筮占而可用者也。先儒傳註往往詳於爻交略於大象，乃取卦之兩象互為上下者參觀之，水雷屯、雷水解之類，旁通發揮，以暢其旨。其言修己治人之道，簡切而易行。語曰：假我數年，卒以學易，可無大過。伊川《易傳序》曰：「善學者求言必自近，易於近者，非知言者也。」斯編誠言之近者矣，而寡過之方於是乎在。知言之君子其亦有取於四？！光緒甲申十月毗陵惲彥琦序。

◎自序：文王繫彖，周公繫爻，《彖傳》解彖辭，《象傳》釋爻辭，聖人之意猶以為未盡，故復執要選言，於卦爻之外別繫《大象》一節。卦辭、爻辭為

筮占而設，而《大象》之辭與筮占無與。學易之家幾以是為贅語矣。不知聖人觀象繫辭，教人學易之法，其意莫顯於《大象》。合兩象立一義，推究其意，徵於人，質諸事：稱先王，稱君子，徵於人也；茂對時育萬物，遏惡揚善，順天休命，質諸事也。成象者卦，用卦者人，取某卦之義為某事之用，大之極於裁成輔相、享帝配祖，微之極於言語飲食飲食晏息，引伸觸類，效法無窮。學者玩索有得而見諸修己治人之間，無物不有，無時不然，所謂通身是易者正如此。若夫六十四象三百八十四爻之辭，為教非不甚詳，然其言情偽吉凶之屬，猶為虛位，必待揲蓍成卦，觀變考占。或主象，或主爻，以占者之事合所占之辭，而後易之用見焉。卦辭爻辭占而後用《大象》之辭，不待占而用。我能遷善改過，而益為吾用矣；能懲忿窒欲，而損為吾用矣。能非禮弗履，而大壯為吾用；能多識前言往行，而大畜為吾用矣。以至恐懼修省則用震，思不出位則用艮，朋友講習則用兌。以至虞蹇之時則用反身修德，否之時則用儉德辟難，困之時則用致命遂致，推此以往，莫不皆然。酬酢祐神之事，亦可謂明且盡矣。從之則順，不言吉而吉在其中；悖之則逆，不言凶而凶在其中。吉凶悔吝不繫《大象》，故占法無攷。《大象》者，孰知蓍未揲、卦未成、爻未變而六十四卦之大義已無不備於君子之一身也。聖人立教，明白簡易。後之君子，於其明白簡易者猶昧昧焉，況兼求於六十四象三百八十四爻之中，行之而不著，習矣而不察，惡在其為善學者？先儒說經，於《大象》不甚留意，《易傳》《本義》亦未暢所欲言。愚嘗讀而憒焉，反覆究尋，千慮一得，不忍厭棄，故割記而存之，積久成帙。爰自繕寫，題曰《周易大象傳解》。其意專註《大象》而不及彖爻。義雖凡近，詞取淺顯。觀變玩占者，或非所急，亦觀象玩辭者之所不廢也。芮城嚴尹氏序。

◎強汝詢《求益齋文集》卷七《芮嚴尹先生傳》：先生歿後，遺書始稍稍傳鈔，余所見者《周易大象解》《大學講義》《中庸講義》《綱目分注拾遺》，道光中嘗刊行，遭亂板燬。《瓟瓜錄》及文集皆未刊。又有《禮記通識》《論語通識》《四詩正言》《春秋思問》，求之未見。鄉人傳先生事多異，幾類矯激好奇者之所為。以先生書考之，知傳者失其真，故皆不述。

◎芮城，字嚴尹，明亡棄諸生，更名長恤，字蒿子。江蘇溧陽人。國子監生。於姚江之學盛行時，獨以朱子為宗，篤信深造，雖不與世儒辯得失，然藩籬峻固、圭角分明，粹然一軌於正。

S

桑鴻謨　周易集解　存

山東藏光緒二年（1876）臨淄桂香齋刻本

◎民國《壽光縣志・撰述目錄》著錄。

◎桑鴻謨，字顯亭。山東壽光人。光緒九年（1883）歲貢。

桑日昇　太極圖解　未見

◎康熙《零陵縣志》卷十四《外志》：《太極圖解》，桑日昇撰。

◎桑日昇，字愚菴，後易字木生。湖南零陵人。明舉人。入清不仕，殫心理學。

桑日昇　易經圖解　一卷　存

順治自刻本

◎康熙《零陵縣志》卷十三《藝文》：明遺逸桑日昇《易傳圖解》（《經義考》）。

◎自序〔註1〕：河出圖洛出書，聖人則之，聖人學於圖書者也。大禹敘疇用九、伏羲作易用十，用十者藏五、用九者藏十。大而天地，小而人物，幽而死生鬼神，明而禮樂刑政，其間理寓乎氣，氣寓乎數，象於是變於是，辭於是占於是，故學易莫先學圖。圖不學則易不傳，易不傳則斯道或幾乎息矣。宋周邵二子得不傳之祕於華山希夷先生，周子發揮太極，有說而於河圖之蘊未

―――――――――――――――

〔註 1〕又見於康熙《零陵縣志》卷十三《藝文》。

詳，邵子得力又專在數。學者不必究數，且先究理，理至則數自至。勿謂聖人之易不可學，圖亦不可學也。余不揣謬妄作圖，並及洛書卦位，以俟學者之披玩而有得焉。於經傳亦庶乎小補云爾。時順治戊戌季春。

　　◎宗續辰曰〔註2〕：惟信周子，謂得傳於希夷，則失之誣矣。

桑宣　補周易口訣義闕卦　一卷　存

　　光緒二十八年（1902）宛平桑氏刻鐵研齋叢書本

　　宛平桑氏1919年鉛聚珍重印鐵研齋叢書本

　　◎尚秉和《易說評議》卷六《補周易口訣義闕卦》（無卷數）：著有《鐵研齋叢書》五種，此書其一也。考唐史徵所著《周易口訣義》六卷載《永樂大典》，世罕有其書。至清孫星衍刻入《岱南閣叢書》，海內人士始得共窺秘笈。然其書已闕豫、隨、無妄、大壯、晉、睽、蹇、中孚八卦，學者憾焉。桑氏因本原書體例，取材注疏，糅雜以漢魏諸家精義，補其闕卦，卦自為篇，凡八篇四千餘言。夫居千載之下而續補前人之作，雖未見其必能與原闕之文悉相符合，然修墮補亡，儒者有責，過而存之，固亦足以備參考焉。

　　◎桑宣，字又生，號磨盦。宛平人，原籍紹興。光緒進士。入民國，官禮制館編纂。著有《鐵研齋叢書》五種、《禮器釋名》一卷。

沙澄　易講義　佚

　　◎沙澄（1620～1696），字淵如、會清。先世山東萊陽，高祖沙通移居蓬萊。順治二年（1645）舉人、三年（1646）進士。由檢討升弘文院侍讀、國子監祭酒、侍讀學士。順治十三年（1656）升詹事府詹事兼秘書院侍讀學士。順治十六年（1659）升禮部侍郎兼翰林院侍讀學士。康熙任禮部尚書三十餘年。又著有《四書講義》。

單鐸　周易答問　三卷　存

　　山東藏乾隆十五年（1750）研經堂刻周易顯指附本

　　◎單鐸，號木齋。山東高密人。雍正癸卯舉人。官銅梁知縣。

單鐸　周易釋要　一卷　存

　　山東藏乾隆十五年（1750）研經堂刻周易顯指附本

〔註2〕摘自康熙《零陵縣志》卷十三《藝文》。

單鐸 周易顯指 四卷 存

山東藏乾隆十五年（1750）研經堂刻本

山東文獻集成第三輯影印乾隆十五年（1750）研經堂刻本

◎一名《研經堂周易顯指》。

◎沈廷芳序略云：其書於各卦首列《序卦傳》，復詮錯綜之義於卦下，餘悉仍王弼本。別釋朱子論易語為《釋要》一卷、《答問》三卷。

◎尚秉和《易說評議》卷三：按此書大旨在闡明易理，故其注釋頗尚簡明，綜合前人成說而不標舉其名。然其中亦不無謬誤者，如釋小畜初九復自道，據伏羲圓圖乾為陽終、巽為陰始為說。夫伏羲圓圖始出自宋，文王繫辭豈能據之？單氏當有清乾嘉之世，而不能辨此，其陋可知。又如釋訟云：訟以柔弱為貴，故初六、六三皆獲吉。按訟卦爻詞之吉無過於九五，九五非剛爻而何？不得謂訟以柔弱為貴也。又如說卦巽為臭，單氏釋之云：陰伏於陽，則將潰爛，故為臭。按，臭，氣也，故繫曰其臭如蘭。巽為風，故為氣。以香臭之臭釋之，雖本於王肅，其實非也。又書中分散《序卦》於各卦之首，而仍另存《序卦》，近於畫蛇添足。此雖本之李資州，究不足為法。又六十四卦卦畫下，均書錯某卦、綜某卦、反易某卦、中爻某卦或互得某卦各字，既與卦畫相連，又不小字分注，頗嫌與經文相混。至其所謂之綜者，乃以乾綜復，以坤綜姤，其名雖本之來氏，其義則前此未聞，單氏亦無所說明。斯皆此書之病也。

單恩蘭 讀易易知 三十二卷 首一卷 存

山東藏道光二十六年（1858）稿本

◎單恩蘭，又著有《識姓便蒙》三十四卷。

單維 周易介 四卷 存

國圖、山東、青島藏嘉慶二十一年（1816）單氏半山亭刻本（單程校）

四庫未收書輯刊影印嘉慶二十一年（1816）單氏半山亭刻本

◎孫殿起《販書偶記》卷一、孫葆田《山東通志》卷百二十七《藝文志》第十著錄五卷。

◎孫葆田《山東通志》卷一百二十七《藝文志》第十：是書其孫程跋云：任德州司訓時所彙輯，自以揀別眾說，故以《介》名。

◎單維，字宗四，號濰村。山東高密人。歷官濮州學正。

單作哲 周易考異 佚

◎單可配等撰《皇清奉政大夫江南池州府同知先考紫溟府君行略》著錄。

◎單作哲,字侗夫,號紫溟。雍正進士。受業於方苞。官至池州同知,所至有政聲。又著有《五經補注》、《五經古文》、《紫溟詩集》一卷《文集》一卷。又輯刻《高密詩存》。

單作哲 周易正誤 佚

◎單可配等撰《皇清奉政大夫江南池州府同知先考紫溟府君行略》著錄。

單作哲 佚

◎單可配等撰《皇清奉政大夫江南池州府同知先考紫溟府君行略》著錄。

商家鯤 易經義 佚

◎民國《甕安縣志》卷十九:生平著《四書／易經義》,為生徒傳習者甚夥。

◎商家鯤,字翔遠。貴州甕安人。祖基鱐、父維濩以學行稱庠序,為歲貢生。中乾隆丙子鄉試,官遵義教諭,遷思南教授。丁母憂歸,起補思州府學。卒年七十四。

商亄 周易講義 不分卷 未見

◎《振綺堂書目》著錄鈔本。

◎商亄,生平不詳。著有《周易講義》不分卷。

上谷手授 周易觀象疑問 存

國圖藏民國鈔本(內有朱筆圈點。附大傳章旨)

上官承祜 易象質傳 一卷 存

國圖藏光緒二十二年(1896)廣慶堂木活字印本

◎光緒《重纂光澤縣志》卷之十三《略》卷九:《易象質傳》,國朝上官承祜撰。梓行。存。

◎自序〔註3〕:余見有儒士從方士乞示河圖洛書說者,方士作色拒之曰:

〔註 3〕又見於光緒《重纂光澤縣志》卷之十三《略》卷九。

「此天地元秘文也，為道家所珍，非人弗授，可遽語若乎？」嗟夫！吾儒正學為人所竊，而竊之者反冒為家珍以驕主人，非吾儒不傳其說而方士傳其說與？雖然，彼亦未必真知其所以然也，特作大言以自文耳。余鄉自丁巳、戊午數遭寇燹，故家卷帙蕩然無存。余寄孥山中，尤苦不聞經傳。吁！可哀也已。比獲《周易》讀之，有觸前事，因為子姓纚釋河洛卦象，藏之於家，所說皆本聖傳，謂之《易象質傳》，明非臆說也。俾子姓童而聞之，庶他日老大，少能自數家珍，不至貽羞方外焉。

◎光緒《重纂光澤縣志》卷之十三《略》卷九：又《寄寓生偶吟草》若干首，見性情也；《易象質傳》一冊，徵心得也。不忍棄，附刻於後。

◎光緒《重纂光澤縣志》卷之十六《傳》卷二：著有《易象質傳》《寄寓生詩文集》及《庚午續修縣志稿》。

◎上官承祜，字正五，晚號寄寓生。福建光澤人。嘗題所居楹聯云：「食古不妨作寒士，生今原要學通儒。」又著有《寄寓生文集》《偶吟草》。

上官章 周易解翼 十卷 佚

◎上官汝恢跋〔註4〕：闇然之學易也，學之數十年，有得輒錄，中年即以注易名。遍搜諸縉紳學士故家大族，得秘府藏易百餘種，大肆精力讀之，擷其英華。如是者十餘年，然後汩汩然得於心而應於手也。逐年有得，逐年知非，故數十易而稿始成。其大旨以《繫辭》為旨歸，其細注以八宮經綸錯綜為脈絡。其於天道人事、剛柔變化之道，言言精鑿，瞭若指掌云。

◎四庫提要：是書成於雍正丁未，自稱凡二十六易稿。大旨本京房納甲之法，而以八宮經綸錯綜為脈絡，一切舊圖皆屏不用，頗為潔淨不支。然不用古圖，而又重乾、巽、艮、坤四卦十二畫，別立為圖，以為河洛、方圓、先後天諸說皆足以包括，是掃一圖學之障又生一圖學之障也。

◎雍正《陝西通志》卷七十四《經籍》第一：《周易解翼》十卷（乾州上官章撰）。

◎《皇朝通志》卷九十七、《皇朝文獻通考》卷二百十二：《周易解翼》十卷（上官章撰）。

◎光緒《乾州志稿》卷九《藝文志》：《周易解翼》十一卷，上官章撰。

◎光緒《乾州志稿》卷十三《人物傳》上：著有《周易解翼》十一卷，學

〔註4〕錄自《陝西通志》卷七十四《經籍》第一。

使某公見之，喜曰：「吾得附此以不泯矣。」遂為之序列《通志・經籍門》。

　　◎上官章，字闇然。陝西乾州（今乾縣）人。武生。自幼性好讀書，潛心程朱之學，尤嗜易，嘗閉戶讀易四十年，理學深邃。湖廣王世書、王建極，江寧謝祖謂，富平令董霑皆北面稱弟子。

上官鑒　大易宗旨　存

　　山西藏刻本

　　◎光緒《翼城縣志》卷十五《人物》：著有《大易宗旨》《一經樓文集》。

　　◎上官鑒，字金之。山西平陽府翼城縣賢宣里人。崇禎十二年（1639）舉人，順治三年（1646）進士。初任潞安府教授，升國子監博士。歷戶、吏二部主事，遷考功郎，出為嘉湖僉事，歷官河南鹽道參議。再以薦兼管開歸河三府。康熙十八年舉博學鴻詞科，與試未中。又著有《一經樓文集》。

尚秉和　焦氏易詁　十一卷　存

　　山西大學藏同治十三年（1874）中道齋刻本

　　山東藏 1945 年刻本（附易象補遺一卷左傳國語易象釋一卷）

　　◎目錄：焦易淵源。西漢易學至東漢已失傳。居今日求西漢易詁祇有焦氏易林。西漢易至東漢失傳之證。乾南。坤北。離東。坎西。震東北。巽西南。艮西北。兌東南。乾一。兌二。離三。震四。巽五。坎六。艮七。坤八。乾日。兌月。離星。震辰。坤水。艮火。坎土。巽石。東漢以前之言先天象。焦氏易旨之求索。知易林每用覆象。知易林用半象。知易林重中爻。易林用納甲。易林用辟卦。易林獨以震為子。易林以乾為順坤為逆。易林以純陽純陰為凶相遇則吉。易林每用大象。焦氏易林之平議。乾九三君子終日乾乾解。乾坤彖隊陽合一解。屯乘馬班如解。屯六三即鹿無虞解。蒙卦辭解。需利涉大川解。需九二小有言解。訟不利涉大川。訟初六不永所事小有言終吉解。師比卦名解。師九二王三錫命。小畜密雲不雨。小畜九三輿說輹夫妻反目。小畜歸妹中孚月幾望解。履虎尾及彖柔履剛解。履九二履道坦坦幽人貞吉。履眇能視跛能履解。泰初九拔茅茹象。泰六四翩翩不富以其鄰不戒以孚解。泰上六城復於隍解。同人卦名解。同人利涉大川解。同人九三升其高陵解。謙初六謙謙君子用涉大川吉。謙九三勞謙君子。謙六五不富句以其鄰用侵伐解。豫大象殷薦之上帝以配祖考說。隨初九官有渝解。蠱父母象。臨九二無不利。噬嗑卦名解。噬嗑昔肉胏脄乾肉象。剝貫魚以宮人寵解。復崩來無咎

解。復出入無疾解。復象先王以至日閉關解。無妄確詁。無妄天下雷行物與無妄解。大畜利涉大川解。大畜九二輿說輹。大畜九三日閑輿衛解。大畜九三上合志解。頤名解。頤象君子慎言語節飲食解。頤初九靈龜象。頤六五不可涉大川上九利涉大川解。大過九二枯楊生稊老夫得其女妻解。大過九五枯楊生華老婦得其士夫解。大過死卦及為大象坎之證。大過上六過涉滅頂。坎上六系用徽纆寘於叢棘解。離九四突如其來如二句解。遯上九肥遯解。遯九三臣妾象。大壯初九征凶有孚及象其孚窮也解。大壯九四壯於大輿之輹說。大壯羊象用中爻。晉用中爻。晉六二王母象。明夷用象為易林之法則。明夷上六初登於天後入於地解。明夷初九有攸往主人有言解。明夷九三明夷於南狩得其大首解。明夷用中爻象獨多。蹇六二王臣蹇蹇象。睽六三爻詞解。睽上九用對象。解六三負且乘致寇至解。解上六公用射隼於高庸之上解。損大象君子以懲忿窒欲。益利有攸往利涉大川解。益象木道乃行解。益象其道大光解。損益十朋龜夬姤臀無膚解。夬卦九四聞言不信及象聰不明解。姤象後以施命誥四方解。升南征吉解。升初六允升大吉及小象上合志解。升九三升虛邑。升六四王用亨於岐山。困有言不信尚口乃窮解。困六三困於石據於蒺藜解。困九五劓刖解。井卦名解。井初六井泥不食舊井無禽解。革九五虎變上六豹變解。革己日乃孚說。鼎象解。鼎九二鼎有實我仇有疾不我能即解。鼎九三鼎耳革方雨虧悔說。鼎初六震子說。震上六婚媾有言解。艮象用中爻九三用中爻兼用對象說。艮象傳用覆象。艮六五言有序解。漸初六有言解。漸九三徵不復三句解。漸九五婦三歲不孕。歸妹上六女承筐無實士刲羊無血解。豐卦名解。豐卦用大象。旅卦名解。旅初六旅瑣瑣斯其所取災解。旅九三以艮為火。附先甲三日後甲三日解。兌大象朋友講習解。渙利涉大川解。節卦名解。節初九九二爻詞解。中孚卦名解。中孚豚魚解。中孚利涉大川解。中孚六三或鼓或罷或泣或歌。小過飛鳥遺之音不宜上宜下解。既濟九五東鄰西鄰解。未濟六三利涉大川說。既未濟上爻濡其首解。重門擊柝解。艮東北卦成終成始解。說卦帝神象解。說言乎兌解。附坤上六龍戰於野其血玄黃解。辟卦在周易前說。後天方位已見於連山。坎為耳解。震為長子說。易林以震為尨說。九家逸象震為玉說。易林勇義。易林由易推演之震象。易林寡發解。易林離為乾卦說。易林艮為黔喙說。易林艮為拘解。易林艮堅多節解。艮止用覆象說。易林兌為剛鹵說。易林兌為羔解。易林以艮為貴。易林以震為姬為旗與左氏同。二離東坎西。三艮西北兌東南震東北巽西南。四乾日兌月。

五離星震辰。六坤水艮火。七坎土巽石。八乾山乾河。九坤魚兌華。十震神震南震父震公震翁同。十一艮壽艮貴艮鳥。十二坎為大首為肉。十三巽母艮臣艮祖。十四震射震孕。十五震姬震旗。十六巽敝巽落。十七震車震輹。十八艮角巽贏。十九震飛震翼。易林於兌巽二象用經多用說卦少。易林詁類字。易林朋友之確詁。由易林推焦氏習韓詩。同聲相應同氣相求說。先天天弗違後天奉天時說。否泰反其類解。本乎天者親上本乎地者親下解。猶未離其類故稱血焉。雜卦言先天象。易林釋八月有凶。文言乾道乃革解。易對象意義。易覆象意義。易大象意義。易重水火。艮為斯析。震瓶。未濟用半象。婦喪其茀解。高宗伐鬼方。繻有衣袽。飛鳥遺之音。漸鴻小過飛鳥對象說。離九三用旁通兼用覆。大畜六四童牛之牿說。大畜何天之衢說。震為輹之確證。坤魚象郭璞獨知。震巽為小父母。先天象乾南坤北之荀注。由易林推得雜卦意義。十翼解易由淺及深。易所演皆公例公理。易辭皆從象生。易之牛象。無妄六三或系之牛行人之得解。遯六二執之用黃牛之革莫之勝說解。明夷六五易林箕子之確詁。賁初九六二皆用半象。豫九四朋盍簪象。艮邦。剝以艮為床解。革小人革面。震六二貝象。震髮艮須。震翰象。坤云。艮鴻震鴻。震為商旅。離枯。巽隙。震鶴。震舟中孚舟得確象。艮隼。巽蠱。資斧之確象。艮為豚豕。艮邑。震翼震羽。坤為薪。坎鬼。震簋。震袂。震君。兌牙。震尊。震乘艮負。震為箕子。易之金象艮亦為金。歸妹以須說。易矢確象。坎夫象。震為口為食。艮觀象。艮為光為明。震甕震缶。焦氏之象數。大衍數即策數。焦氏易林集象學之大成。九家有玉鉉此無。震為輹（詳卷七）。

◎卷一首云：悲哉，《易》之為書也！自東漢迄今幾兩千年，總九經之注，不如《易》一經之多。而易義之晦自若也、誤解相承如故也。李剛主曰：「易二千年在漆室中」，真信心之言哉。蓋《易》之為書，義盡在經中，說皆在經外。如內外應予、卦位貴賤、陽升陰降、陽順陰逆、乾貞子，左行陽時六；坤貞未，右行陰時六等說，經傳皆不詳也。倘《乾鑿度》不言之，後人如何知之？又如互卦，如乾南，倘左氏不言，可竟謂其無矣。又如旁通、如覆象，左氏雖言之，乃至東漢，口傳一失，遂知之不真，並左氏而誤解矣。由是而推之。卦象如震車、震旗、震姬、震射、震威、震殺、艮言、艮鳥、坎眾等象，並見於《左氏內／外傳》。後儒失其義而竟疑此象矣，其餘所未言而象之遺失者不知凡幾也。夫易說易象，解易之根本也。觀春秋人說易，無一字不本於象，其重可知。失其說，亡其象而強詁之，不猶瞽者之辨黑白、聾者之聽音聲

乎？必無當矣。今日之易說，東漢人之易說也。西漢所遺皆零詞斷句，不能會其通。獨《焦氏易林》尚為完書，乃歷代學者皆以占辭視之。余獨以為《焦氏林》詞多至四千餘，其必有物焉以主其詞。不然，以一卦為六十四詞，雖善者不能也。乃日夜覃精而求其故。求之既久，然後知其本於易象。其深者雖不能盡通，淺者遂得其八九。乃昔人為之注者，祗釋其故事地名人名及草木禽獸蟲魚之名，無釋及卦象者。今既稍有所通，遂即其通者而詳注之，注之既久，兼得其易說，又久之而知焦氏之易象易說為東漢所無，於是由其說以解易，凡李剛主所謂二千年漆室者，往往復明。復由其說以解《左傳》，凡服虔、杜預所不解或誤解者，象皆有著，乃恍然於易說易象至東漢頗失其傳，東漢人之誤解有由也。閒常輯《易林》之說易者，次而編之，名曰《焦氏易詁》。有焦氏直說者，有焦氏未言由其例以推得者，凡得十卷，其間如利涉大川、鶴鳴子和、有言等解，及坤水兌月等象，雖起東漢人質之，亦不得不謂焦氏之是，而悟己之非也。於是又頗雜采東漢以來名家易說，與焦說並列，以顯其得失以較其短長。噫，以二千年之舊解而忽疑其誤，以數百年已熄之先天象而忽謂其復然，無乃駭眾！雖然，焦氏之書固在也，焦氏之說固如斯也，世之君子，倘有同好，請繹其言。

　　◎尚秉和（1870～1950），字節之，號石煙道人、滋溪老人，學者稱槐軒先生。河北行唐縣城西南滋河北岸伏流村人。著有《焦氏易林注》、《焦氏易詁》、《周易尚氏學》、《周易古筮考》及《易說評議》、《辛壬春秋》、《歷代社會風俗事物考》。

尚秉和　焦氏易林注　十六卷　存

　　光明日報出版社 2006 年常秉義校本
　　◎各卷前題：行唐尚秉和節之注，受業蒲城忤道益、豐潤董維城堅校刊。
　　◎目錄：卷一：乾之第一、坤之第二、屯之第三、蒙之第四。卷二：需之第五、訟之第六、師之第七、比之第八。卷三：小畜之第九、履之第十、泰之第十一、否之第十二。卷四：同人之第十三、大有第十四、謙之第十五、豫之第十六。卷五：隨之第十七、蠱之第十八、臨之第十九、觀之第二十。卷六：噬嗑之第二十一、賁之第二十二、剝之第二十三、復之第二十四。卷七：無妄之第二十五、大畜之第二十六、頤之第二十七、大過之第二十八。卷八：坎之第二十九、離之第三十、咸之第三十一、恒之第三十二。卷九：遯之第三十

三、大壯之第三十四、晉之第三十五、明夷之第三十六。卷十：家人之第三十七、睽之第三十八、蹇之第三十九、解之第四十。卷十一：損之第四十一、益之第四十二、夬之第四十三、姤之第四十四。卷十二：萃之第四十五、升之第四十六、困之第四十七、井之第四十八。卷十三：革之第四十九、鼎之第五十、震之第五十一、艮之第五十二。卷十四：漸之第五十三、歸妹之第五十四、豐之第五十五、旅之第五十六。卷十五：巽之第五十七、兌之第五十八、渙之第五十九、節之第六十。卷十六：中孚之第六十一、小過之第六十二、既濟之第六十三、未濟之第六十四。

◎焦氏易林注例言：

西漢釋易之書，其完全無缺者，祇有《焦氏易林》與楊子《太玄》。乃《太玄》至漢末宋衷首為之注，吳陸績因之作釋，范望更因宋陸而集其成，至唐王涯，宋許翰、司馬光等更起迭為而注益詳；獨《易林》無注者。烏程蔣氏影元本略注其故實，然甚尠，十卦九注未詳，偶有注者，皆《左傳》、《國語》所習見，無大益也。後牟庭作《校略》，丁晏作《釋文》，陳喬樅據《易林》以解齊詩，顧千里、黃丕烈等於字句皆略有考訂，而丁晏解彙為蝟、以李耳為虎名，最為精當。然皆病其太略，且所釋祇名物故實，至於以卦象釋《易林》文者，訖無一人。蓋自東漢以來，易象即失傳，後儒所知卦象，皆以漢魏人所用者為範圍，而《易林》之辭無一字不從象生，其所用之象，與易有關者約百七十餘，皆為東漢人所不知，故東漢人解易多誤。後儒不知其誤，而反疑《易林》，以其用象與漢魏人不合也，於是林辭之難解過於易矣，其詳盡在《焦氏易詁》中。

一、《易林》雖不明解易，然能注易者莫過於《易林》，如以坤為水、為魚、為心志、為疾，以艮為牛、為龜、為國、為邑、為床，以兌為華、為老婦，以巽為少姬等逸象，易之不能解者，皆賴以得解。及其既解，然後知易林所取之象，仍本之易，至為明白，無如二千年學者竟熟視無睹也。而尤要者，則在其正覆象並用。聖人敘卦，除乾、坤、坎、離、頤、大過、中孚、小過正覆不變外，餘一正卦必次以覆卦。而雜卦震起艮止、兌見巽伏、咸速恆久諸辭尤示人以象正如此、覆則如彼之義。乃自正覆象失傳，凡易之言正覆象者，多不得解，獨《易林》知之。凡遇正覆震相背者，不曰讒即曰訟，於是震卦之「婚媾有言」、《左傳》之以《謙》為「讒」得解。凡正反兌相背者，不曰讒佞即曰爭訟，於是困之「有言不信」、訟之「小有言」得解。其正覆震相對者，

不曰「此鳴彼應」即曰「此唱彼和」，於是中孚之「鶴鳴子和」得解，其餘象覆即於覆象取義，象伏即於伏象取義者，亦皆本之易而先儒皆不知，致易義多晦，故唯《易林》能補二千年易注之窮。

一、《繫辭》云：「聖人觀象繫辭。」是所有卦爻辭皆從象生也，而說卦之象皆舉其綱領，使人類推，非謂象止於此也。又示人以復象，如乾為馬，震坎亦為馬；坤為輿，震坎亦為輿；坤為腹，離亦為腹。非謂某卦有某象，即不許某卦再有某象也，視其義何如耳。而其例甚繁，為筆所難罄。蓋其詳盡在口傳，至東漢口傳一失，所有易象大都不知，而浪用卦變，不變不能得象，如頤、損、益之龜象，虞翻不知艮即為龜，必使某爻變成離以取龜象。由漢訖清，幾視為天經地義，至焦循遂以一卦變為六十四卦而易學之亡遂與王弼以來之掃象等矣。愚初亦惑其說，故讀《易林》皆莫知其所指，及印證既久，始知易林之象盡本於易或本於《左傳》、《國語》，近在眉睫，日睹之而不識，然後悟無情無理之卦變爻變直同兒戲，又何怪王弼等之掃象不談。

一、《易林》於說卦象、九家逸象、《左傳》《國語》象無不用之，惟虞氏逸象其誤者不見於《易林》，其不誤者《易林》皆用之，故《易林》實為易象之淵藪，其為各家所無、《易林》所獨有之象，遇之多年皆莫知其所指，後與易回環互證，知其仍本之易，如以兌為華、為老婦，則本之大過。以艮為臣、為祖，則本之小過。如是者共百七十餘象，其詳說皆在《焦氏易詁》中，茲不復贅。

一、本注釋以易象為重，易象得，林辭與易辭始能解，次則林中所用故實，凡以前舊注所釋者是也。總各家所注寥寥無幾事，茲重加搜討，增舊注所無者約數千則，正舊注之誤者約數十則，然《易林》所據之書，如《左》、《國》、《詩》、《尚書》、《易》，研討最難者談妖異、說鬼怪，其詳蓋在《虞初志》諸小說部中，而其書久佚，故明知其有故實而不得其詳。如恒之晉「雨師娶婦」，黃嚴季子元刊注引《博物志》太公為灌壇令事當之，於事實不合，是不能注也。又如兌之比云「嵩融持戟，杜伯持弩，降觀下國，誅逐無道。」夏商應作周之季，失勢逃走；杜伯之鬼白日射死宣王。見《國語》，人皆知之。嵩融事必與杜伯相類，而注家皆不知，後讀《墨子‧非攻篇》云：「有神謂商湯曰：余得請於帝，帝命融隆火於夏之城。」融隆即嵩融。《楚辭》及淮南又作「豐隆」，皆音同字異。由《楚辭》及《淮南》注知融隆為雷師。《國語》云夏之亡也，以回祿帝命融隆火於夏之城，即帝命雷師以雷火燒夏桀之城也，

於《國語》及林辭夏周之季皆合，而持載事則不能詳。又如渙之大壯云：「鬼哭於社，悲商無後。」自來注家亦不知，後讀《墨子・非攻篇》云：「至商王紂婦妖宵出，有鬼宵吟。」又《論衡》云：「紂之時，鬼郊夜哭」，又云：「紂郊鬼哭」。其事得矣，而太簡略，如此者無可如何也。

一、《易林》用韻甚古，凡亥皆音喜、殆皆音以、罷皆音婆、不皆音虎、家皆音姑，而尤與豪音、真與東韻，如此者尤多，有注出者，有不及注者，讀者知其例則無扞格矣，且可以正易韻俗讀之失，如乾象辭下與普韻、中孚三爻罷與歌韻是也。

一、《易林》說詩之處最多，昔儒考其淵源，以焦氏學於孟喜，喜父孟卿家傳齊詩，故焦氏所說皆齊詩，不惟於毛詩十九不同，於魯韓亦多異，如《凱風》毛謂有母不安於室，焦謂母亡思母；《蟋蟀》毛傳謂刺淫，焦謂傷讒。如此者有數百則之多，又其字與毛異而勝者尤多，皆隨文注出，然以其過多，恐有遺漏，故特舉出，以見《易林》不惟能傳周易絕學，且能傳齊詩，齊詩至東漢末即亡，亦絕學也。

一、林辭重出者甚多，本宜全注，後詳加觀察，凡卦不同而辭同者，其象必同，如坤之離云：「齊魯爭言。」離中爻互兌巽，巽齊兌魯，又為正反兌，故曰爭言。而比之蠱、謙之咸亦用此辭，則以蠱初至四、咸二至上亦兌巽也，注其一，餘即可隅反，以期簡約。

一、《易經》所有人名地名無不從象生。如泰五之帝乙，以震為帝，坤為乙。明夷之文王、箕子，以坤為文，以震為王，故曰文王。震為子、為箕，故曰箕子。既濟之鬼方，以坎為鬼也。《易林》之注，凡人名、國名、鳥獸名，隨手舉來，無不與象妙合。如遇剝曰高奴，高奴，地名見《漢書・地理志》，則以艮為奴，艮一陽在上，故曰高奴。遇謙曰重耳，互坎為耳，坤為重，故曰重耳。學者苟由是以求其機趣，必更有進於是者。

一、《易林》於既未濟等卦偶用半象，又常用遇卦象。《左氏》云：「震之離亦離之震」。易於既未濟，蓋兼用半象，故悉本之。凡遇此等必先注曰：「此用遇卦象」、「此用半象」，以期易明。

一、易數至為繁瑣，皆用漢儒常用之數注之，惟邵子所傳一二三四五六七八之先天八卦數，漢儒無知者，而《易林》每用之，如遇兌每言二是也。注中遇此必指明曰卦數，幾以為區別，俾閱者知其所自來。

一、本注意在指明易象，俾學易者有所裨益，以正舊解之誤而濟易注之

窮。至林辭義意有極淺顯者則不必注，有極奧深者則詳稱博引，使崑侖之語明晰而後已，故又不免於繁冗，閱者諒之。

一、初讀《易林》，即疑其本象以繫辭，無如初學易，於易象既不嫻熟，於失傳之象尤茫然不知其所謂，故求之十年之久，訖不能通其辭。後閱蒙之節云：「三夫共妻，莫適為雌，子無名氏，翁不可知。」恍然悟節上坎、上互艮、下互震，三男具備，下兌為女，故曰三夫共妻；震為子，艮為名，坎隱伏，故子無名氏；艮為壽、為祖，故曰翁；坎伏，故不可知。悟林辭果從象生，由是言正象者皆解。又久之，閱剝之巽云：「三人同行，一人言北，伯仲欲南，少叔不得，中路分道，爭鬭相賊。」巽通震，震為人、為行，二至四覆震，上下震，故曰三人同行。震為南，上震下震皆南行。二至四艮，艮為少男，故曰少叔。震長為伯，坎中男為仲，故曰伯仲欲南。獨少叔一人不南而北也。坎為中，震為道路，伯仲南，少叔北，故曰分道。艮為手，二至上正反艮相背，故曰爭鬭。坎為盜賊，故相賊。自通此辭，知林用覆象神妙已極，於是凡言正覆象者皆解，《易經》亦然。而以此二林為入門之始，故特誌之，以示不忘。

一、《說卦》係自古相傳之象，至《周易》愈演愈精，故用象每與《說卦》異。如《說卦》以震為長男，兌為少女；經則間以震為小子，兌為老婦。蓋以二人言初生者長，後者少。以一人言，初少上老，此其義唯《易林》知之，以《易林》書太古，尚存古義，能得周易真解，為後儒所不知。如旅之大壯云「獨夫老婦」，以大壯上震為獨夫，互兌為老婦也。又觀之睽云「老女無夫」，亦以睽下兌為老女。又夬之中孚云「道路不通，孩子心憒。」以中爻震為孩子。又家人之巽云「孩子貪餅」，巽伏震，亦以震為孩子，皆以易隨卦二三兩爻「係小子，失小子」為本。又《易林》遇巽每曰少齊，亦以大過下巽為女妻為本也。又《說卦》以坎為月，而經則多以兌為月。至東漢馬、鄭、荀、虞諸儒皆不知此義，故經多誤解，於是後人並《易林》用象亦不知矣。

一、《逸周書》所載周公時訓之七十二候與卦氣圖相附而行，後細按七十二候之辭，皆由卦象而生。如蚯蚓結識中孚之候，則以中孚上巽為蟲、為蚯蚓，而下兌為覆巽，正反巽集於中，故曰蚯蚓結。於復曰麋角解，復下震為鹿，艮為角，震為覆艮，角覆在地，則角解矣。於屯曰水泉動，屯上坎為水泉，下震，故曰動於屯上。又曰雁北鄉，則以屯上互艮為雁，坎北故曰北鄉，以艮為雁，於是易「漸鴻」象得解。統七十二候語無不與卦密合，且用正象用

覆象無不精妙，而皆為《易林》之所本，故《易林》實集象學之大成。

◎校勘記說例：

一、《易林》以象學失傳之故，訛字獨多，有形訛者，有音訛者，各本與各本不同，從違至為困難，本注所依據者有三本：一黃本。黃本乃瞿曇谷從錢牧齋宋本臨得，後陸敕先復為詳校。嘉慶間陸本歸黃蕘圃，遂以付梓，注內稱宋本者此也。一元本。此本係烏程蔣氏密韻樓藏影元本，今四部叢刊印出者是也。內容大致與黃本同，而恒桓等字皆缺末筆，則所據亦宋本也，然與黃本異字甚多，往往有勝處。一為汲古本，汲古所據蓋又一宋本，與黃本、元本異同尤多，故黃本元本之訛誤為他本所不能正者，唯汲古能正之。且以汲古校宋本元本，凡形訛音訛之沿革皆能屈曲考出，由此證汲古所據之宋本又在黃本元本之前，故黃本元本字同訛者，汲古往往能存其真。以此三本回環互證，雖不能盡通，然已得八九矣，其餘各本亦間採之，然所益甚少，而明本尤雜亂無理，無一善者。

一、司馬溫公注《太玄》，各本字有異同者下注曰依某本，其不從者亦注曰某本作某字，以待後人之采擇。今仍其例，除確知為訛字者，方注曰某本作某字非。

一、林辭有三字六句者，共十八字，後人以其多二字，仍刪成四字句，作四字四句，或加二字足成五句。如此者，三本皆有。又有三字四句，末句仍為四字，共五句，仍十六字。後人不察，概作四字句讀，於是王謨之《漢魏叢書》本遇此斷句皆誤，今以汲古證宋元本，以宋元本證汲古，皆還其舊，且下皆注明，俾讀者不至再誤。

一、林辭復者有數百之多，故字訛於此者未必訛於彼，如同人之豐「長孟病足，倩季召糧，柳下之寶，不失我邦。」此林凡七見，宋元本糧皆作囊、寶作貞或作賣；我邦作驪黃，或我糧。獨汲古革之恒，囊作糧，乃知用季路負米故事。渙之豫，驪黃作我邦，乃知用柳下對魯君語云：「君以賂往，欲免國也，臣亦有國，破臣之國以免君之國，所不願也」，林正用其語，淺人不察，謂「柳下胡有邦」而妄改，豈知柳下所謂邦者，信也。至於寶字，獨宋元本同人之豐作寶，不作貞、作賣，貞、賣皆寶之形訛字。一林既得解，其餘六林皆據以改正。全書如此者不可勝，恐閱者不知，故特詳其故。

一、林皆有韻，凡疑似之字不能定者，定之以韻，否則定之以象，象有者是、無者非也。林無象外字，與易同也。

　　一、明知為訛字，且明知當為某字，然各本皆如此，無所據從，不敢擅改，但注曰某字疑為某字，以昭慎重。

　　一、《易林》凡下注一作某某辭者，皆非焦氏林辭，疑為崔篆、費直或虞翻、管輅等《易林》之辭所竄入。又有前數句與後數句吉凶不同、義不相屬者，亦皆為他林所羼入而非焦林。蓋唐時各林皆存，學者恒擇他人林詞附焦林下，以備筮時參考，久之遂皆為焦林。故上下文義往往相反，故凡下附之林辭，概從宋本一概不錄。其上下文義不屬者，注必指明。

　　一、一句之中，甲字依某林，乙字又必依某林而義始足。如歸妹之大有云「依宵夜遊」，旅之小過同。而小過之否則作「衣繡夜遊」，由是知前兩卦之依宵「依」字誤，「宵」字不誤，宵、綃同。《禮·玉藻》「玄宵衣以褐之。」《詩》：「素衣朱宵。」注皆訓宵為綃、繒，故依字從小過之否校作衣，其小過之否之繡字，係宵之聲訛字。且前兩卦既作宵，此不應忽作繡，則依前兩卦校作宵，皆文從字順，古訓復明。全書如此者甚多，非好為煩瑣，必如此而後得其真字也。按《說文》：「衣，依也。」「依宵」依字未必訛，今姑從俗校作衣。

　　一、《易林》多古字，如衣綃作衣宵，如籧篨作虡除、匍匐作扶服、土菔作土服、蜻蛉作青蛉之類。林內如此者不可勝數，乍睹之幾以為訛字，而各本因不知其義，妄改者甚多，篇內所釋恐有遺漏，倘大雅君子加以糾正，則幸甚矣。

　　◎焦氏易林注敘：昔者同年友尚君節之著《焦氏易詁》，河北大儒王晉卿先生見之曰：「此書將二千年易家之肯詞囈說一一駁倒，使西漢易學復明於世，孟子所謂其功不在禹下。」陳散原與王晉卿書曰：「讀尚氏《焦氏易詁》，歎為千古絕作，以今世竟有此人著此絕無僅有之書，本朝諸儒見之，當有愧色。」夫王、陳二先生皆老師宿儒，於周易皆有著述，胡以傾佩此書若是之極哉。墉於《周易》夙未致力，徒震乎二先生之言，而莫明其所以然。乃即《焦氏易詁》而讀之，久之，悉節之先生注《易林》，復抽繹《焦易》著為《易詁》，其大本大原皆在《焦氏易林注》中，然後知二先生傾佩之由而絕非妄歎也。蓋《易林》一書，二千年來無有通其義者，今所傳元刊舊注及陸敕先、顧千里、黃蕘圃所考訂丁宴《易林釋文》、翟云升、牟庭等之《易林校略》，統所釋衹二三百條，且衹人物、故事及字句之訛誤。至於考及易象者，千餘年來無一人也。獨節之謂西漢釋易之書無如《易林》之完善，凡《易林》之辭，無一字不

從象生，且無一象不本之易。於是搜求易象之根源，考稽林詞之依據，校勘板本之沿革，糾正音韻之訛謬，逐字注釋，使讀者燎若觀火，無一不解之詞，亦無一無根之象。蓋古聖人之作易，本由觀象，後聖人之繫易，亦由觀象。《焦氏易林》之辭，仍不外觀象而已，但其所用之正象、覆象多半失傳，故學者不解其所謂，豈知以艮為龜、為金，以兌為月、為老婦，以坎為矢，以乾為日，坤為水，皆本之易。而二千來年無有識者，故易多誤解，《易林》之辭亦遂難通。今節之獨得之，蓋不知幾經研考、幾經印證，反覆尋繹，不得不休，積之既久，始逐次領悟，又久之始融會貫通。大義既通，不但為焦氏之功臣，實於易學所關至鉅，其有功於後學甚大。至於爬梳字句，闡發幽滯，考稽故事，為先儒所不能釋或釋之而誤，為一一訂正其失者，猶其餘事也。乃《焦氏易詁》既付梓傳世，《易林》之注以篇帙浩繁，印行匪易。小兒道益從先生遊，籌之至再，力亦未贍。會豐潤董宗之、董作人昆仲聞之，曰：「是我後學之責也。」慨然相助，是書始得公之於世，夫以二千年人人愛讀之書，而人不能解其義，今忽冰消霧釋，割然得解，則是書之出，始劍光射斗，不能終湮者，理也。然非宗之昆仲之熱心文學，亦不能成功若是之速。語云：「附驥而名益彰」，其是之謂乎？故並及之。己卯冬月，年愚弟蒲城仵墉謹識。

◎易林逸象原本考：易林逸象，其與易有關，可以解經並可以正易注之誤者，其詳皆在《焦氏易詁》中，凡百七十餘象；其與易無關推廣之象，尚不知其幾千百，皆省而不錄，錄其有關者下注明其所本，以見此逸象仍原本於易，俾閱者不至再有疑惑……右共一百七十餘象，皆失傳。為東漢易家所不知，故易解多誤。茲所注但明其所本，俾閱者不至再有疑惑，若其詳義皆在《焦氏易詁》中。凡注內遇此等逸象而不知其義者，可於以上各象求之。如乾林注：「以乾為山，為石」，乍閱之必生疑，可於乾逸象中尋之。因《易林》逸象過多，注中不及詳說其原本，故於篇首總揭其義，以補注中所未備。

◎讀注須知：

一、一卦有四象，上卦下卦、上互下互是也。注中於互卦往往省去互字，不可不知。

一、注中往往言通某卦、伏某卦、對某卦，實皆伏象。先生云，本宜一律用一名詞，乃注時忘卻，隨便書寫，以其過多，難以改為畫一，閱者諒之。

一、注中某卦為某象，其人人皆知者，往往省去為字。如坎為水曰坎水，兌為西曰兌西，震為行曰震行。如此者甚多，須先知其例。

　　一、焦氏逸象其於易有關者，皆於篇首注明來歷，其未經詳釋者，可類推之。如艮為虎、熊、羆之屬，亦必艮象震為足，凡善走如鹿、如兔等皆屬之震；為鳴，凡善鳴如鶴、如蛙等皆屬之是也。

　　一、每冊後附卦象表一頁，凡正覆象旁通皆備，以便查檢。

　　受業董維城謹識。

　　◎焦氏易林注跋：昔揚子雲著《太玄》，人皆笑之，子雲曰：是不足病也。後世復有揚子雲則好之矣。《焦氏易林》自來學者多愛其詞，而莫有通其義者，今經吾師尚節之先生按照易象句解字釋，凡昔人不知其所謂者，經先生以易象釋之，則機趣環生，神妙盡出，如復之頤云噂噂所言，噂，對語也。震為言，頤初至上正反震相對，儼然對語，故曰噂噂。需之小過焱風阻越，《月令注》：焱風，迴風也。小過二至五正反巽，儼象迴風，故曰焱風。家人之小畜曰杲杲白日，為月所蝕，小畜互離，離為日，而下兌為月，侵入離體之半，故曰為月所蝕。若是者不知其幾千百，又如林詞極幽深晦，闇不易明者，如大壯之離丑寅不徙、辰巳有咎，離伏坎，坎上互艮，下互震，震先天居丑寅，艮後天居丑寅，故曰不徙，言艮震同居丑寅也。離上互兌，下互巽，兌先天居辰巳，巽後天居辰巳，澤風大過故曰有咎。又如井之震三男從父，三女從母，至巳而反，各得其所。震上下互坎艮，共三男，而震為父，故曰從父。震伏巽，巽上下互離兌，共三女，而巽為母，故曰從母。震巽相反復，至巳而反者，言至巳震究仍為巽也。又如需之晉咸陽辰巳，長安戌亥，晉坤為安，消息卦坤居西北，故曰長安戌亥。坤伏乾，消息卦乾盈於巳，故曰咸陽辰巳，言乾至巳而為純陽也。又如履之既濟不忍主母，為失醴酒，冤尤誰告，經先生疏明，知用《列女傳》侍婢進毒酒事；豫之恒梟鳴室北，聲醜可惡，經先生疏明，知用《說苑》齊景公築臺不通為梟鳴事；蠱之中孚商人子孫，資所無有。貪狼逐狐，留連都市。貪狼逐狐，注家皆認為訛字，經先生注明，狼狐二星皆主盜賊，見《史記・天官書》，貪狼逐狐者，言流為盜賊也。又如漸之比曰文山鴻豹，依《埤雅》釋鴻豹為鴇；小畜之革曰晨風文翰，據《周書》，《釋文》翰為鳥，復據《說文》知文翰即晨風；小畜之未濟曰靈明督郵，依《古今注》定督郵為龜名，關於前者非易理易象熟於胸中，不能識其義；關於後者非博覽羣書不能通其詞。全書四千九十六林畢釋無遺，無匿象無遁形，然則二千年來易林之詞不能通者，徒以世不復有焦延壽耳。有之，則如鏡燭形，一讀其詞，即知其於易象何屬，烏足為病哉。至於是書一出，所有二千年《周易》舊解，

王陶廬所謂盲詞囈說者，盡行改革，於經學所關至鉅，又非第易林一書之顯晦也，其可寶貴為何如哉！顧是書脫稿已十餘年，徒以卷帙浩博，印行匪易益，與豐潤董宗之作人昆仲皆從先生遊，遂合力舉辦成此寶書，公之於世，以己卯夏開雕，至庚辰春竣事。至於校訂之役，益與宗之等雖分任其勞，然以易象之故，有非先生自任不可者，此亦無如之何也！庚辰正月，受業件道益謹跋。

尚秉和 易象補遺 一卷 存

　　山東藏 1945 年刻本（焦氏易詁附本）

尚秉和 周易古筮考 十卷 存

　　1936 年刊本

　　臺灣文聽閣圖書有限公司 2009 年林慶彰主編民國時期經學叢書本

　　萬卷出版社 2015 年劉光本譯注周易古筮考精解本

　　◎目錄：卷一筮儀：筮儀、筮儀詳解、用九用六解一、用九用六解二。卷二靜爻：靜爻、董因筮重耳返國、秦伯伐晉筮獲晉君、晉敗楚鄢陵筮得復、孔子自筮命得賁、孔子自筮命得旅、魯伐越筮鼎折足、孔子命弟子筮子貢久而不來、漢和帝筮雨、蜀都尉趙正為楊儀筮代政、魏爰邵為鄧艾筮夢決艾不還、魏管輅為劉邠射覆、魏管輅為諸葛原射覆、魏管輅為徐季龍筮本日獵得狸、魏牛輔筮客善惡、晉郭璞避難筮所投、晉郭璞避難筮所詣、晉郭璞筮景緒病食兔必瘥、南齊阮孝緒筮嘉遯、北齊吳遵世為大將軍筮雨、北齊趙輔和為世宗筮宅兆、北齊趙輔和為人筮父疾、唐李剛筮仕進易代乃顯、晉馬重績筮石敬塘為天子、五代劉龔筮勝楚、晉馬重績筮張從賓反必敗、宋辛棄疾黨懷英筮仕何方、宋晁以道筮預知客折足、宋程迥筮寓僧舍、宋程迥為人筮婚姻。卷三一爻動上：動爻、一爻動上、畢萬筮仕於晉、卜楚丘筮成季之生、陳屬公筮公子敬仲生、晉獻公筮嫁伯姬於秦、晉文公筮納周王、齊崔杼筮取棠姜、鄭子太叔以復卦筮楚子將死、鄭伯廖以豐卦筮曼滿必敗、晉知莊子以師卦筮巂子違命出師、魯莊叔筮叔孫穆初生、衛孔成子筮立公子元、魯南蒯筮叛季氏、晉趙鞅筮救鄭伐宋。卷四一爻動下：漢武帝筮伐匈奴、王莽以筮造符命、漢太史筮梁皇后、虞翻為孫權筮關壯繆首落、秦符堅筮取長安、晉郭璞為仍叔寶筮傷寒疾、晉郭璞為宏泰筮藻盤鳴、晉干寶為弦超筮神女、晉郭璞避難筮詣河北吉凶、晉郭璞筮許邁升仙、晉郭璞筮東海世子母病、晉關朗

筮晉百年大運、北齊吳遵世筮孝武帝為帝、北齊清河王岳母筮高祖赤光知為帝、北齊顏惡頭為人筮父死、隋煬帝筮江都寺、唐路晏筮遇刺客、唐葫蘆生筮劉辟必被戮、唐朱邱為董元範筮愈母奇病、宋平江人解者預筮徽欽北狩、宋王子獻筮得洪帥、明胡袁杞山筮失金杯、明胡筮賜名及殿焚、明全寅為石亨筮英宗還期、明胡宏筮太守陸阜遇馮劉得禍、明王奇筮刑部逸囚、明張侖筮太監畢真謀逆、明御史張嶒蠱筮巡撫保定、明塚宰魏驥筮土木之變、清毛西河筮出亡、清紀曉嵐筮鄉舉。卷五二爻動：二爻動、晉郭璞為王導筮國事安危、晉郭璞避亂筮詣陽泉、晉郭璞為顧士群筮母病、晉郭璞為顧球筮姊病、齊文宣筮位、唐崔群筮寇亂、五代劉龑筮國祚長短、宋崔相公筮脫虎口、宋人筮金主亮入寇當死、清李剛主筮南行。卷六三爻動：三爻動、晉重耳筮得國、晉筮悼公歸國、吳孫皓筮國運、晉郭璞為殷祐筮怪獸、晉郭璞為元帝筮徵瑞、唐文德皇后筮丈馬。卷七四爻動五爻動六爻動：四爻動、晉郭璞為桓茂倫筮嫂病殂兔必愈、北魏趙輔和為人筮父疾、唐王諸筮入解、元張留孫筮得賢相、五爻動、穆姜筮往東宮、晉張軌筮據河西、晉郭璞避難筮行焦丘吉凶、梁武帝筮同泰寺災、梁武帝與闍公射鼠、六爻動、唐王庭湊筮為節度使、宋筮金主亮入寇首落地、筮林補遺、吳尚廣筮孫皓庚子年青蓋入洛、梁鄧元起筮入蜀知不還、後魏高祖筮南征遇革而止、後周梁孝元射盒中金玉琥珀指環及筮使、金樓子孟秋筮雨、金樓子又十七日筮雨、金樓子又為桃文烈筮雨、金樓子又射人名、五明道士筮王庭湊否泰、黃賀筮劉幹功名、黃賀為張師筮病、黃賀為張師筮夢、黃賀為段誨筮失馬。卷八納甲考：納甲說、六親、世應、尋世爻捷法、世身、納甲、五行生克、天干五行、地支五行、五行生旺墓絕、地支沖刑合、納甲術古今用法之異同、六神、飛伏、年上起月、日上起時、卦身。卷九占易雜述：卦象考、八卦與九宮相配、漢人十二辟卦、八卦五行、八卦方位、互體、倒體、時日、易先甲三日後甲三日解、先庚三日後庚三日解、論八、金錢代蓍、八卦分宮次序。卷十筮驗輯存：筮直奉開戰與否、筮段政府命運、筮直派奉派勝負、筮北京安危、筮侄樞等歸娶、筮鹿司令前途、為鹿司令筮奪天津期、為張子銘筮子在前敵安否、筮馮督辦下野、筮於總長就職、筮姊病、射洋火柴、射爐餘紙煙、筮雪、射琺瑯圓徽章、射帶筒小顯微鏡、射皮印囊、射小方印、又射殘紙煙、射琉璃印色盒、射包煙捲錫紙球、射煙捲筒內之洋鐵片、射囊中銅幣數、射橘皮、射畫圖規矩、射瑪瑙水勺。

◎原序：《說文》：「卜，灼龜也；筮，揲蓍也」。龜卜之法自唐以後即不見於記載，蓋亡已久矣。揲蓍之占，春秋太史所掌，雖亦失傳，賴左氏內外傳所紀十餘事，義法粗具，後之人猶得窺見端緒，傳述不絕也。蓋易之用代有闡明，而其別有三：伏羲以來察象，周用辭而兼重象，至西漢乃推本辭象而益以五行，五行明而筮道乃大備矣。是以漢之焦、京，魏晉之管、郭，唐之李淳風，宋之邵堯夫，其筮法之神奇，有非春秋太史所能望見者，則以春秋太史局於辭象，後之人能兼用五行也。五行之義始箕子，易微露其兆，引而弗申，至漢乃大昌。後儒以其淫也，矯之而過，凡經義略涉五行者即噤而忌言，一若言及即為儒術之累者。豈知天地、水火、雷風、山澤、陰陽、剛柔，乃《彖傳》、《象傳》之比附推測。《周易》本文不曾言及，且其迷信又何以異於五行乎？信於彼而疑於此，是何異以五十步誚百步乎？茲惑已。戰亂以來，屏營憂慮，頗思學易，而古人筮案散在百家。毛西河錄之附《說卦》中，李剛主為《筮考》，又只十餘事，較西河尤略，欲窺其全要難。乃發憤搜輯，上自春秋，下迄明清，傳記所載，凡以辭象占而存有本卦者，概為輯錄；其只有事驗而本卦遺失者，則以其無益推測，擯弗取焉。凡得筮案百六則，一百十卦，揲蓍之法燦然大備。其或詞義怪奇、深奧難知者，則推求本卦，章解句釋，以期洞明，俾學者有所遵循而得其塗徑焉。至今日市肆所用明程良玉等筮法，雖號稱占易，實與辭象無關，且專取用爻，用爻不得即不能推斷，可小事而不可大事，宜一人不宜國家，能占命不能射覆，垂簾市井肆應，則宜觀象玩占，茲編不錄。民國十五年一月，滋溪老人記。

◎劉聲木《桐城文學撰述考》卷四「尚秉和撰述」：《歷代社會狀況史》廿卷、《周易古筮考》十卷、《焦氏易詁》□卷、《開國史》□卷。

尚秉和 周易尚氏學 二十卷 存

山東藏 1980 年中華書局鉛印本（附左傳國語易象釋一卷滋溪老人傳一卷）

尚秉和 左傳國語易象釋 一卷 存

天津藏清末刻本

山東藏 1945 年刻本

山東藏 1980 年中華書局鉛印本

◎條目：一筮公子完生、二筮畢萬仕晉、三筮季友生、四秦筮與晉戰、

五晉獻公筮嫁伯姬於秦、六晉筮與楚戰、七穆莊叔筮叔孫穆子生、八崔杼筮取棠姜、九國語重耳筮得國、十晉筮成公歸國。

◎緒言：《易》之為書，以象為本，故《說卦》專言象以揭其綱，九家逸象、孟氏逸象一再引其緒。而象學宏深博大之義，唯《繫辭》能發揮之。《繫辭》云：「易者象也。八卦成列，象在其中矣。是故夫象，聖人有以見天下之賾，而擬諸其形容，象其物宜，故謂之象。象也者，像此者也」。按：像此者，不惟萬物像之，即萬事亦無不像之。《說卦》所言乾健、坤順諸事是也。故又曰象事知器，又曰立象以盡意。蓋天下萬物萬事之意，無不包涵於易象之中，故能盡意。此言立象之本也。所本維何？本於仰觀俯察也。又曰：「聖人設卦觀象，繫辭焉而明吉凶」。夫曰觀象繫辭，則今之易辭固皆古聖人瞠目注視卦象而為者也。易之卦爻辭既由象而生，後之人釋卦爻辭而欲離象，其不能識卦爻辭為何物，不待智者而決矣。朱子云：「先見象數，方說得理，不然事無實證，虛理易差」。惜哉此種定識在其晚年，於其《本義》無補也。《繫辭》又云：「八卦以象告」。辭而吉，非繫辭者命其吉也。辭而凶，亦非繫辭者命其凶也。皆象所告，不得不然也。又有上句吉，下句忽凶；上句方說甲，下句忽說乙，此尤非繫辭者語無倫次如是也，亦易象所告，不得不然也。設使繫辭者，專務怪奇而不觀象，不有類顛狂乎？《易》安得與他經並列，使孔聖學之終身乎？朱子云：「古聖王以《詩》、《書》、《禮》、《樂》教世，而不及《易》，看來別是一個道理，某枉費許多年工夫。」此等徹悟、此等認識，為二千年以來所未有。且不自護其非，真不欺之大儒也。而後之解易者，其觀察往往與他經同，胡能合乎？蓋易之為學，至王弼為一轉關。王弼以前注易者無不言象，而《焦氏易林》則無一字不從象生。且於易用正象、用覆象、伏象之法，無不依樣揭出，雖不明注易，愚以為能注易者莫詳於焦氏也。再溯之春秋人言易者，亦無一字不根於象，且於易用正、用互、用覆之法，亦無不依樣揭出。而以謙為讒、為有言，於是周易正，履象並用之妙，為二千年人所誤解者，遂劃然冰釋，開易林神妙之門，處處取法。自王弼掃象，避難就易，學者喜之，其道大行，漸不識易為何物。至有宋演為空談，而易遂亡矣。故夫自王弼以來，無論其談老莊、言王道、說聖功，不以象解易者，皆與《繫辭》背馳者也。其唐之李鼎祚，宋之朱漢、吳草廬，明之來矣鮮，及清之講漢易者，無論其詳略深淺，皆能認識易象，語不離宗，與《繫辭》所言之大本大源相合者也，此其大略也。其漢人易象注釋之者，有李道平之《周易集解疏》。《焦氏易林》愚曾

注之，其春秋人談易象者，盡在《左氏》《國語》，恨其注不能解，或解之而誤，拙輯《焦氏易詁》曾略及之而不全，茲再以次注之，以為象學之助。

邵寶華 周易引端 四卷 存

光緒十七年（1891）同文堂刻本

◎一名《易經引端》。

◎周按：邵氏此書主於義理，文辭簡略，間引史事以參證。

◎邵寶華（1748～1850），字荊獻，號純齋。河南西平縣昌店鄉邵灣人。邵雍二十七世孫。布衣而著作頗豐。著有《周易引端》、《周易解》、《周易說約》、《四書餘鑒》、《邵注四書》、《自省觀人表》、《皇極經世續編》、《邵荊獻遺稿》等。

邵沖 讀易偶記 佚

◎民國《鹽山新志》卷十七《人物篇》十之中：工行楷，善尺牘。著有《讀易偶記》《禮記說題》數種。

◎民國《鹽山新志》卷廿一《藝文篇》：邵沖《讀易偶記》《禮記說題》。

◎邵沖，字翁源，號崑星。鹽山人。處士汝德子。順治十八年進士。授陝西武功知縣，後補河南溫縣，陞陝州知州，卒以孤介不媚上官罷。

邵大業 讀易偶存 六卷 存

清華藏乾隆三十四年（1769）刻本

山東、湖北、南京藏嘉慶十一年（1806）家刻本

◎翁方綱《復初齋文集》卷一《讀易偶存序》：說經之家莫詳於易，所最宜慎擇者，在漢儒則取象之說、卦氣之說也，在宋儒則先天之圖、卦變之圖也。承朱門遺緒者，如平庵觗辭，雲峰通釋極意釐正矣，而於此數大端尚未能釋然也。近日白田王氏顧諟項氏繳繞於文辭，而不及此數端，何哉？吾里邵厚庵先生著《讀易偶存》十四卷，嗣君楚帆給諫持以示余，讀之帀月而楚帆屬為一言。方綱於平庵、雲峰二家蓋兼取其理前人之緒而每以節齋訓解之約言為得體也。然節齋於古今諸家之說尚多所未審定者，則說經之體段，與其持擇之精微，固不可同語矣。先生是書有節齋之簡該，兼有平庵、雲峰之剖釋，而其謙言偶存之意，猶自欿然其未足焉。然其大者則在於不信卦氣，不信卦變，是則尤後學之所宜深昧者。方綱於先生有世學淵源之舊，昔嘗舉

邵庵，欲問先天之作，賦詩記之。今復得誦先生手繫諸條而於嗣君昆季之校
讐籤記兢兢乎篤承庭訓，真彌可感也。故書此以復之。

◎鄭虎文《吞松閣集》卷三十二《江南徐州府知府邵公家傳》：君解音善
奕，能琴書，而尤獨嗜書，公暇未嘗去手。晚治古文有唐法，詩俊爽，皆有
集。在塞外著《讀易偶存》八卷，批《春秋》未竟而卒，皆未刻。其刻者，制
義《恆為》《真吾》二集也。

◎邵大業（1710～1771），字在中，號厚庵，別號思餘。大興人，祖籍浙
江餘姚。乾隆初授黃陂知縣，累擢徐州知府，坐事謫戍軍臺卒。能琴弈，善詩
古文。又著有《謙受堂集》。

邵大業 讀易偶存總論 佚

◎《畿輔通志》卷一百三十三《藝文》：《讀易偶存總論》，國朝邵大業撰。
採訪冊：大業字厚菴，大興人。進士，官江南徐州府。著《讀易偶存》若干
卷，批《春秋》未竟而卒。

邵涵初 學易反隅 三卷 存

山東藏道光二十八年（1848）錫山尚德書院刻本

◎杜紹祁《惠山記跋》：吟泉博學好古，於書無所不窺，而於文莊公家傳
易學，尤精心研究。所著《學易反隅》《堪輿指原》二書獨有心得，多發前人
所未發，蓋真能得文莊公之傳而心知其意者也。

◎孫應穀《惠山續記跋》：刊刻《學易反隅》《堪輿指原》等書凡若干種，
優遊忘老，無出山意。

◎邵涵初，字吟泉。江蘇無錫人。道光五年（1825）拔貢，授阜寧訓導。
卓薦謁選，授南和知縣，未蒞任而引疾歸。曾主講阜寧觀海書院。工大小篆，
與同郡先輩孫洪為近。道光二十年續修縣志，分任編纂。又著有《惠山記續
編》三卷。

邵化南 周易詮釋 佚

◎光緒《虞鄉縣志》卷八《人物志》：以窮經汲古為先，所披閱即為詮註，
於易尤精。性嚴毅，一節不苟，而孝友尤足為人表率。著述有《周易詮釋》
《世範雜說》《針灸發明》及《苗園雜稿》藏於家。

◎民國《虞鄉縣新志‧文儒傳》：著述有《周易詮釋》《世範雜說》《鍼炙

發明》及《苗園雜稿》藏於家。

◎民國《虞鄉縣新志·著述考》：箸有《周易詮釋》《世範雜說》《鍼炙發明》及《苗園雜稿》（俱藏家未刊）。

◎邵化南，字臨棠。虞鄉白坊村人。嘉慶庚申舉人。

邵孔亮 易史吟草 一卷 存

山東、華中師範大學藏 1920 年石印本

◎序：苞符蘊洩，卦畫斯呈；秦火灰餘，羲經獨免。蓋《易》一書為四聖人之手筆，開千百世之文明，鬼護神呵，良有以也。三代以上，卜筮設有專官，故精易學者史不絕書，如《左氏春秋傳》所載卜筮之類，率多推測精微，應驗如響。秦漢而後，古繇辭寖就散佚，雖有號稱善易如司馬季主、嚴君平、焦延壽、京房、管輅諸人相繼而起，然其間惟焦氏有《易林》傳世，外此無聞焉。至於註易諸儒，自漢以下原無慮數十家。然說者謂漢儒重象數多失之穿鑿，宋儒重義理又多涉於空虛，惟朱子《本義》象義並重，集諸家之大成，為千秋之定本。其實朱子易學多淵源於康節邵子，《本義》中往往見之。邵子所著《擊壤集》大都以生平讀易有得之旨發明於詩歌之間，特其詩為隨事抒情，渾括大意，其於易中三百八十四爻之經文，固未嘗一一詠及也。懷寧邵君斌侯，於余為鄉榜同年。幼秉奇慧，讀書慕古人所為，不屑屑於時文帖括，究心經史，旁及各家，凡天文輿地陰陽風鑑禽遁兵法諸書，靡不窺其大要，而尤以《周易》為依歸。初應童子試，以《日中星鳥》經解為通場所無，遂領縣試冠軍，補博士弟子員。壬寅舉於鄉，余之知君蓋自此始。後以甲辰會榜即用知縣，與余同官，直省供差，審判聽斷平明，為一時最。歷任深澤、吳橋各邑篆，均有聲，並撰有勸民歌本風行諸邑中。公退之暇，嘗手《周易》一卷以自娛。識者觀其治事明法，摘奸發伏，民無遁情，知其得力於易者深也。甲寅春，余時任鄂，長檄委應山縣事，凡所為防匪救荒、理財聽訟諸要政，俱整飭如在直隸時。嗣因事誤詿彈章，數年來喬寓津門，下帷講學，益復肆力於《周易》一書。所居與余寓近，時時過從，每為余言易道精深，學者苦難索解，擬按每爻綴詩一首，以史證經，庶便觀覽。余極贊其用意之善，一再勸成之。越數月果成七言絕句三百八十四首，命曰《易史吟草》。袖以示余，屬為正之，並徵序焉。嗟乎！易學之不講也久矣，余學殖荒落，有志未遑，今觀君詩，鎔經鑄史，深切著明，可使讀易者每閱一爻，得此四語廿八字注腳，即可了然

於爻詞，而無庸紛紛聚訟。洵可為羲經之羽翼、易學之津梁也已。至附著《讀易須知》數則，尤能出其生平辛苦所得，為初學易者示以方鍼，庶幾讀易者日多，而易道因以益顯於世。此其引人嚮學、樂與人同之意，不大可見耶？君素性謙謹，雅不欲以著作衒世，惟是書要言不煩，微者顯之、虛者實之，實覺有功經傳、有益士林，不可任令終閟，爰為資助付印，公諸同好。世有講易者乎？請即以此為《擊壤集》之嗣響可也。是為序。中華民國九年歲在庚申季秋月中澣，清賜進士出身、前湖北陝西巡按使、安徽省長年愚弟呂調元拜手序。

◎自序謂就《體註》所引，參以己意，逐爻揣摩，共成七言絕句三百八十四首，命之曰《易史吟草》。非敢言詩，亦非敢謂有合乎易旨，特聊以寄意云爾。

◎摘錄卷首謹按：《周易》全部經文及朱子《本義》並各家傳註，自有坊間原本，茲不復具載，止錄周公爻辭與孔子小象，冠以伏羲卦畫、文王卦名，以省繁重而便觀覽。

◎邵孔亮（1871～1927），譜名士寅，字羽霄，號斌候。安徽安慶懷寧人。流寓津門多年。光緒二十八年（1902）舉人、三十三年（1904）末科進士。宣統二年（1910）起歷任直隸深澤、南和、吳橋知縣，民國三年（1914）任湖北應山縣知事。

邵晉涵 周易邵注 無卷數 未見

◎雷夢水《販書偶記續編》著錄面水層軒原稿本。

◎邵晉涵（1743～1796），字與桐，號二雲，又號南江。浙江餘姚人。乾隆三十年（1765）舉人，出錢大昕門下。三十六年（1771）進士，入四庫全書館任編修。又著有《詩經纂》一卷、《韓詩內傳考》一卷、《春秋左氏傳劄記》、《穀梁正義》、《穀梁古註》、《爾雅正義》二十卷、《儀禮箋》、《孟子述義》、《輶軒日記》、《宋元事鑒考異》、《方輿金石編目》、《四庫全書提要分纂稿》一卷、《二十三史提要底本》一卷、《舊五代史考異》二卷、《皇朝大臣諡跡錄》四卷、《南都事略》、《南江文鈔》十二卷、《南江詩文稿》十卷、《南江書錄》一卷、《南江文鈔》、《南江集鈔》四卷、《南江詩鈔》、《南江劄記》四卷等。又纂乾隆《餘姚志》四十卷、乾隆《杭州府志》一百十卷。又輯《舊五代史》、《九國志》、《史記輯評》十卷。

邵晉涵 邵氏易傳 不分卷 存

國圖藏清－民國面水層軒鈔本

邵晉之 大易近取錄 無卷數 佚

◎四庫提要：其大旨以朱子《本義》有有注而可疑者，有可疑而無注者，偶有所見即以己意補之。其曰「近取」者，自序謂遠取諸物必俟宏通該博之士，而近取諸身則人莫不有身也。首列《卦圖初參》，自謂所得者淺，或將來更有所見，故以初參為名。次《大凡發明》，乃著書之義例。其所詮釋多切人事，自序云：「館海州三閱月而成，傳之家塾，為子弟求釋字義者觀之云」。

◎《皇朝通志》卷九十七：《大易近取錄》（無卷數），邵晉之撰。

◎《皇朝文獻通考》卷二百十二：《大易近取錄》無卷數（邵晉之撰）。

◎邵晉之，字敘（叔）階，號檀波。浙江仁和（今杭州）人。乾隆丙子舉人。

邵晉之 易解 佚

◎乾隆《杭州府志》卷五十七《藝文》一：《易解》（國朝舉人仁和邵晉之敘階撰）。

邵陸 易經義 佚

◎羅有高《尊聞居士集》卷五《邵元圃先生懿行記》：歸里，日杜戶治經史，作文自娛，喜書，手未嘗釋卷。于其鄉先生王厚齋、黃東發書治之尤精。所著有《五經問答》十卷、《四書酌》十卷、《試策典要》十卷、《易經義》若干卷、《雲石軒制義》若干卷、《詩古文集》十卷、《莊浪縣志》若干卷《政略》四卷、《酉陽州志》若干卷《政略》五卷，蓋先生修己從政之概于斯可攷見矣。

◎邵陸，字東行，自號元圃。浙江鄞縣（今寧波）人。曾任國子監教習。謁選莊浪知縣。

邵瑞彭 卦合表 一卷 存

浙江藏邵次公遺著本（稿本）

◎邵瑞彭（1887～1937），一名壽籛（錢），字次公。浙江淳安縣富文鄉

楂林村人。光緒三十四年（1908）就讀於慈溪浙江省立優級師範學堂，先後入光復會、同盟會、南社。精研齊詩、淮南子及古曆算學。曾任民國眾議院議員、臺鼎小學教員、北京大學教授，協修《清史稿·儒林／文苑傳》。著有《泰誓決疑》、《揚荷集》四卷、《山禽餘響》一卷。

邵紳書 易說 佚

◎光緒《文登縣志》卷九下一《人物》二：家故貧，旅食沙漠三十餘年，著書不倦。所注《易說》已佚，惟《四書臆說》四卷續編一卷存焉（舊名《四書叢談》，今改名《臆說》）。

◎孫葆田《山東通志》卷百二十七《藝文志》第十：是書見光緒《縣志》本傳，云已佚。

◎邵紳書，字誠一。山東文登縣城南南馬村人。諸生。又著有《四書叢談》及《續編》五卷三百一十八篇。

邵嗣堯 圖易定本 一卷 存

北京大學、山東藏道光十年（1830）長洲顧氏刻賜硯堂叢書新編本

◎目錄：河圖為洛書之乘數說。參天兩地而倚數說。洛書即河圖之除數說。伏羲八卦次序為小圓圖順往逆來之本說。伏羲八卦方位圖坐洛書之數說。大橫圖為八卦因重所成說。大圓圖為日月運行方圓為六十四卦錯綜說。文王八卦次序為乾道成男坤道成女圖說。文王八卦圓圖坐河圖數說。上下二經各十八卦為卦變圖說。周易卦歌為六十四卦相錯圖說。附揲蓍法。

◎易圖定本序：無言者有言之師，河圖洛書是也。天生羲聖，默而識之，始畫八卦以次陰陽之序，繼畫小圓圖以定天地之位。文王畫小圓圖以順四時之序，畫父母男女圖以明生人之道，易簡而天下之理得矣，懸解愈多經愈晦。癸西奉命視學秦、楚、宛、洛間，舟次取前重刻《圖說》，刪其繁蕪，重授諸梓，冀覽者曉然於河洛之數一乘一除，小圓圖即小橫圖之順往逆來，大橫圖即小橫圖之因重成爻，大圓圖即小圓圖之運行寒暑，方圖即大圓圖之乾君坤藏。文王二圖變而通之，明其所固有而非增其所本無，孔子《繫辭》一一發明八圖而非泛論理數者比。則《易》之為書不亦昭昭乎揭日月而行哉？是圖也，一刻於都門，再刻於上谷，三刻於襄陽，贈人已千百本。比歸上谷，始行檢閱。有倒著兩頁者，有舛錯數字者，有偽增一二句者，見之不勝駭愕，亟行更正，復斟酌於重刻三刻之間，別為定本。或得之師說，或得之《來註》，或得

之《皇極經世》，余敢妄言哉？至於伏羲八卦小圓圖順往逆來，以小橫圖視之而知其為順往逆來，且坤八與乾一為九，餘六卦皆然，適合洛書九數，則又千慮之一得也。其不知者則姑闕之以俟君子。康熙三十三年歲次甲戌春正月，郇陽邵嗣堯題於上谷退思堂中。

◎四庫提要：其言易以河洛之數一乘一除，小圓圖即小橫圖之順往逆來，大橫圖即小橫圖之因重成爻，大圓圖即小圓圖之運行寒暑，方圖即大圓圖之幹君坤藏，文王二圖實由此變而通之，蓋本於《皇極經世》者為多。末附以揲蓍之法。自序謂一刻於都門，再刻於上谷，三刻於襄陽，屢有改易，此本刻於康熙甲戌，凡四易稾，始為定本云。

◎《皇朝文獻通考》卷二百十一：

《圖易定本》一卷，邵嗣堯撰。嗣堯郇陽人，康熙庚戌進士，官至江南提學副使。

河洛之數一乘一除，小圓圖即小橫圖之順往逆來，大橫圖即小橫圖之因重成爻，大圓圖即小圓圖之運行寒暑，方圖即大圓圖之乾君坤藏。文王二圖，實由此而通變之。

又自序曰：此書凡四易稿，一刻於都門，再刻於上谷，三刻於襄陽，屢有改竄。此本刻於康熙甲戌，始為定本。

◎邵嗣堯，字子昆，號九緘。山西運城猗氏（今臨猗）人。康熙二年（1663）舉人，九年（1670）進士，歷任臨淄、柏鄉、清苑知縣，江南道監察御史、直隸守道、江南提學副使。又著有《四書初學易知解》十卷、《四書講義》、《三仕一得》、《一針集》、《僧舍閒鈔》等。

邵嗣堯 河圖洛書說 佚

◎同治《續猗氏縣志》卷四《藝文》：《四書返身錄》《河圖洛書說》《三仕一得》《壹針集》《僧舍閒抄》，國朝邵嗣堯著。

邵嗣堯 易圖合說 一卷 未見

◎雷夢水《販書偶記續編》卷一：《易圖合說》一卷，清河東邵嗣堯撰。康熙三十年辛未重刊。

邵廷烈 學易臆說 一卷 存

道光二十五年（1845）竹西鋤蓿館刻婁東雜著續刊本

◎邵廷烈，字子顯，又字伯揚，號退閒外史〔註5〕。江蘇太倉州鎮洋人。廩貢生，道光十九年（1839）官揚州教諭，又官邳州學訓導。又著有《竹西吟草》及《婁江雜詞》《飼鳩記略》《思源錄》《望益編》各一卷，並纂有道光《穿山小識》二卷補遺一卷。

邵元龍 易經知一訓 三卷 存

上海藏清鈔本

◎邵元龍，原名曾恒，字吳咸。江蘇古吳（今無錫）人。康熙丙子舉人，官醴陵知縣。輯有《古今約說》不分卷。

佘德楷 易翼貫解 七卷 存

中科院藏光緒十八年（1892）皋蘭刻本

◎末卷為圖說。

◎自序：昔孔子加年學易，自治身心，而雅言弗及也。然而韋編三絕，翼經十言，如平直之依準繩，士生數千歲下，非根據傳贊，亦安能上窺羲、文萬一哉？第經文古雅，曲盡形容，聖言超渾，妙惟引發。後世術數支離，未能研究乎易中，而規仿撰擬，轉求之於易外。不若窮厄之夫，疾痛之言，不泥象辭，益深合也。儒先訓注，各隨功力所止。雖程朱幾於集成，而《傳》《義》之作亦多異同，蓋言為心聲，苟其心之未安，不可述之以筆，此何能偏執一家？欽惟聖祖仁皇帝御纂《周易折中》擷取諸說之粹，高祖純皇帝御纂《周易述義》，又復闡繹祖述，誠哉得通經之關鍵矣！頒行海內，多士莫不誦習。春秋兩闈，首崇儒雅，敷奏以言。德楷肄業有年，每即身世閱歷，證之於經，必窮日累月，辨析只辭，積久弗衰，務期經文翼傳融會貫通，則猶學古致用之志也。顧遭家不造，機械交徵，而身當久約。嘗思古人深懼歲月逾邁，遂終悒鬱，無與斯文。矧四聖人理準乎數，爻象立斷，一定不移。其言絕非面面圓通，任人私智所能牽強附會，可以正僻邪、破淫巧，實當世所急先。乃發奮面壁，思得淺顯簡要，著之於編。無如資性愚鈍，管窺蠡測，於潔淨精微之旨，未有當也。惟即素聞師友論說，嘗自為之疏解者輯錄之，使勿散失。仍取正于欽定書中。若夫珠囊之所未墜、石室之所猶稱，亦間收採，以備參考。其釋經歧于《彖》《象》《文言》者無取。八年卒業，約為七卷。將以就正有道，益

〔註5〕周按：有謂邵氏「號廣文」者，誤教職為名號也。

自好學深思，豈敢附于古之立言哉？庶幾博覽旁搜之士，識其坎坷而砭其勵志，則幸矣！光緒壬辰三月望日，佘德楷書。

◎尚秉和《易說評議》卷五：是書篇第一依古本，經文與十翼分列。而釋經之旨，則以為十翼之言如平直之依準繩，務期經文翼傳融會貫通，故名《易翼貫解》。按《周易》一書，其初蓋與《連山》《歸藏》等列，其後二易亡而《周易》獨存者，徒以有孔傳十篇而已，是以歷代說易之家罔能外乎十翼。佘氏務期經文翼傳融會貫通，蓋不失為易家正軌。然易《繫》明言：「易有聖人之道四焉：以言者尚其辭，以動者尚其變，以制器者尚其象，以卜筮者尚其占。」今觀佘氏注釋全易，於象皆不談，不獨《春秋》內外傳及漢魏諸儒所用之象一無所引，即說卦所有之象，注中亦不一及，徒襲義理家空疏之言，敷衍為說。是與十翼尚變、尚象、尚占之旨皆背，不稱其名且其說多不切者，如釋坎上六「系用徽纆」云：「系用徽纆，文巧而密。」按徽纆者，黑索也，大索也。以黑索、大索為系，從何見其文巧而密乎？又釋既濟六四「繻有衣」云：「所以為符信也。」按《說文》以為繒彩，然則繻有衣者，言有繒彩之衣而已。《漢書》終軍入關棄繻，漢時偶以帛為符信耳，從何見殷周時亦如是？是亦謬說無理。書中若此之類，蓋不勝枚舉。至第七卷附載《尼山寶鏡圖》，闡明先天太極、河圖洛書、大衍卦變諸雜說，仍多采摭前人成說，無何獨特之發明也。

◎佘德楷，字務齋。甘肅皋蘭人。同治九年（1870）入陝闈中舉。歸里後刻勵為學，不復出。好讀易。

申爾宣 易象援古 二卷 佚

◎四庫提要（無卷數）：此書乃其父舒坦〔註6〕命意，而爾宣本之成書。其曰「援古」者，援古事以證易理也。大旨謂《程傳》引古釋經者六十餘條，朱子《本義》引古釋經者亦四十餘條，故取三百八十四爻每爻隸以一事，又復自分甲乙，以圈點四項別之，其中逐爻取譬，如蒙之初爻謂如尹伊之於太甲，需之五爻謂如虞舜恭己無為、漢文恭修元默，師之三爻謂如宋伐江南，泰之二爻謂狄仁傑事周之類，多於經義不甚比附也。

◎道光《重修伊陽縣志》卷四《人物志》：申舒字坦公，博學能文，歲貢生，著《易象援古》，子拔貢生爾宣為之輯解，又輯《介錫堂稽古集》十四卷，

〔註6〕周按：「舒坦」當作「舒」，《四庫提要》誤。《皇朝文獻通考》同誤。

蒐羅甚富。

◎道光《重修伊陽縣志》卷六《藝文志》:《易象援古》二卷，申爾宣譔。

◎申爾宣，字伯言。河南洛陽人。康乾諸生。

沈岸登 易學 十卷 存

光緒刻本

◎沈岸登，字覃九，號南淳；一字黑蝶，號惰耕邨叟。浙江平湖人。布衣，性淡泊。與仁和龔翔麟、秀水朱彝尊、李良年、李符，平湖沈日暤稱浙西六家。高士奇延為子師，未嘗一語以私干謁。著有《黑蝶齋詩鈔》四卷、《黑蝶詞》一卷、《韻鈔》五卷、《春秋紀異》若干卷。

沈寶麟 荀氏義 佚

◎錢儀吉《衎石齋記事續稾》卷八《浙江金華府湯溪縣學教諭沈君墓誌銘》:君通荀、虞易，譔有《荀氏義》及《易象類》以補臯文張氏所未備，及它雜箸文藁凡十餘種。

◎錢泰吉《甘泉鄉人稿》卷十九《湯溪縣學教諭沈君行狀》:嘗研究荀爽易，為圖說，未竟，藏於家。

◎沈寶麟（1781～1845），字孔珍（徵），號紱齋。原籍浙江湖州竹墩，後遷嘉興。嘉慶八年舉人。道光六年（1826）大挑一等，改就教職，任金華湯溪教諭。與錢棫、方坰，人稱嘉興三夫子。十四年引疾去，湯溪之士固留，主講其縣之九峯書院，又三年而卒，年六十五。又嘗主泰州書院。又著有《雙琴齋文集》。

沈寶麟 易象類 佚

◎錢儀吉《衎石齋記事續稾》卷八《浙江金華府湯溪縣學教諭沈君墓誌銘》:君通荀、虞易，譔有《荀氏義》及《易象類》以補臯文張氏所未備，及它雜箸文藁凡十餘種。

沈昌基 易經釋義 四卷 附圖卦歌 存

湖北藏雍正八年（1730）鶴琴書屋刻本

◎前有句辨、標題。

◎總目：卷之一上經，卷之二下經，卷之三繫辭上傳、繫辭下傳。卷之

四說卦傳、序卦傳、雜卦傳。

◎圖目：太極陰陽圖、奇偶四象圖、一畫開天圖、三才圖、河圖圖、洛書圖、伏羲八卦次序圖、伏羲八卦方位圖、伏羲六十四卦次序圖、伏羲六十四卦方位圖、文王八卦次序圖、文王八卦方位圖、卦變圖。

◎自序：余七世祖文巘公以易發解嘉靖辛卯順天，嗣後子姓登第者雖書禮兼習，未嘗不學易也。先伯父修遠公高才績學，於書無所不窺，尤以易為六經原本。故余童子時學《書》已，即命學易。受而讀之，茫然不解。及欲質問時，伯父又館於雲間，未能卒業。適舅祖獻侯錢公於楚黃解組歸里，公固以易成進士者也，就而求解，雖略知大意，而潔淨精微之旨終未有得。越明年，伯父歸，以所學就正。伯父曰：噫！汝之所學殆徒泥章句之末而未曉易理之微者也。乃以陰陽之動靜、剛柔之得失、爻位之尊卑暨乎先天後天之理、奇偶生成之義講明而開導之，余亦津津然學之不厭，相與問難質疑，研同析異，歷有寒暑，於是向之茫然不解者始照然若揭矣。余內弟盛子希哲，其先世以易成名，淵源有自。丙午冬，與余同事硯席，雲案雞窗，挑燈讀易，其闡晰微妙，蓋與余之所得有相契合者。因而博綜易家之說，折衷《本義》，彙為一書，以天人性命之旨資文章變化之用，其間經義之或分或合、章節之或起或承，與夫命意屬文、運詞屬對，悉為分別詳釋，兼集闈中擬題以便隨時揣摩。柳子厚云「本之易以求其動」者，此也。用付剞劂，以公同好。倘當世諸君子別有貳父，另出手眼，以匡其所不逮，勿以白頭豕見誚。余實有厚望焉。時雍正庚戌上巳，吳興沈昌基自序。

◎阮元《文選樓藏書記》：國朝沈昌基著。歸安人。刊本。是書句析字解，大旨一宗《本義》。

◎提要（著錄沈昌基撰）：其書刪節《本義》，敷衍成文。前列擬題三頁，其自序云先世多以易發解成名，蓋所講乃科舉之術也。

◎《皇朝通志》卷九十七：《易經釋義》四卷（沈昌基撰）。

◎沈昌基，字儒珍。浙江烏程（今湖州）人。生員。

沈重華 通德類情 十三卷 存

國圖藏乾隆三十六年（1771）事守堂刻本

香港大學藏清文華堂刻本

上海千頃堂石印本

清末民初鈔本

臺灣竹林印書局 1998 年影印乾隆三十六年（1771）事守堂刻本

◎一名《選擇通德類情》。

◎卷首題：吳興沈重華亮功甫輯，南宗泗岸登、宗洛聖則校閱。

◎目錄：

卷一數理源流：河圖、洛書、先天八卦方位、後天八卦方位、十二月辟卦圖、天干配河圖數圖、天干五合化氣圖、地支六合圖、六合配天象圖、方位五行圖、用事五行圖、三合五行圖、納音五行圖、納甲直圖、納甲圓圖、納甲三合圖、納甲納十二支圖、洪範五行圖、正針中針縫針三盤圖、先後天相破圖、龍上八殺圖、八路黃泉圖、三吉六秀圖、淨陰淨陽圖、穿山七十二龍圖、二十四天星圖、盈縮六十龍圖、平分六十龍圖、中針撥砂圖、逢針納水圖、進神退神水法二十四局、挨星例天定卦附、大游年翻卦、小游年翻卦、百廿分金圖、三元氣運圖、掌訣四圖、太陽躔次圖、時憲書各節氣太陽過宮每日躔度表各省節氣較京都時刻早晚表附、二十四節氣距冬至日時表、日出日入圖、京師各節氣日出日入晝夜時刻永短表、各省日出日入較京都時刻早晚加減表、朦影限圖京都朦影刻分表附、更漏圖、京都各節氣昏旦更漏時刻表、太陽到方圖、各節氣太陽到方時刻表。

卷二年神考辯（凡無關選擇而年神表所不載者槩以小樣字別之）：歲德、歲德合、歲祿、羊刃、飛刃、陽貴人、陰貴人、天官、催官、文昌、魁名、文魁、天財、干鬼、倒產空亡、憾龍帝星、天帑星、破敗五鬼、天官星、正陰府、傍陰府、浮天空亡、雷霆合氣五山、雷霆昇元直向、年尅山家、三元紫白九星、太歲一星、天河轉運尊帝星、都天轉運行衙帝星、羅天大進、穿山羅猴、天禁朱雀、山家困龍、朱雀殺、丙丁獨火、戊己都天、夾都、重遊太歲、傍都天、正都天、游都天、庚辛金神、地金神、寒鴉暗曜、壬癸水德、消索空亡、雷公箭、福星貴人、星奇、太陰、天門、華蓋、金章、山家血刃、值山血刃、隱伏血刃、千金血刃、昇元燥火、飛天火、烈火、債不星、雷霆箭、麒麟星、羅天大退、奏書、博士、力士、蠶室、蠶官、蠶命、大將軍、太歲、歲破、太陽、太陰、龍德、福德、喪門、弔客、地官、白虎、死符、病符、五龍五庫、四龍經、通還遙遠、黃石公年月、靈轄經、獐鳳玉麟、五元天心、捉財帝星、捉殺帝星、天星寶照、除定危開、甲己丁壬戊癸年天綱星、甲己丁壬戊癸年玉皇鑾賀、甲己丁壬戊癸年北極帝星、甲己丁壬戊癸年周仙羅星、甲己丁壬戊癸

年通聖催官、巡山羅睺、巡山二十四神殺、金鎖玉匙、游天甲子、歲厭、歲合、太陰守殿、紅鸞、五鬼、支退、厭對、歲害、支德六合、天喜、年解、玉兔、流財、走馬六壬、乙庚丙辛年天綱星、乙庚丙辛年紫微鸞駕、乙庚丙辛年玉皇鸞駕、乙庚丙辛年北極帝星、乙庚丙辛年周仙羅星、乙庚丙辛年通聖催官、歲馬、歲天德、歲月德、天德合、月德合、歲刑、劫殺、災殺、歲殺、伏兵、大禍、向殺、天官符、大殺、災退、黃旛、豹尾、生天太陽、大敗、人倉、通天大殺、年禁、禁殺、九天朱雀、通天竅、星馬貴人、驛馬臨官、馬前六害、金童撞命殺、山家火血、山家刃砧、天竅、地曜、天符經、天機、活曜天罡、飛廉、六道、都天寶照、金精鰲極、日精月華、蓋山黃道、朱雀獨火、五姓修宅、九良星、九良殺。

　　卷三月神考辯（凡無關選擇而月神表所不載者槩以小樣字別之）：月干祿、月干陽貴、月干陰貴、昇元順逆血刃、正陰府、傍陰府、雷霆合氣占山、雷霆昇元值向、雷霆太歲順局、雷霆太歲逆局、雷霆正殺、月建方、月破方、月建鋒、人道、天道、天德、月德、天德合、月德合、日空方、金匱方、月馬方、三合方、劫殺、災殺、月殺、月刑、火血、喪門方、月砧、六合方、月害方、月厭方、殃敗方、小月建、月恩方、月尅山家、八節三奇、月財、陰中官符、朱雀火、極富星、九紫火、進祿、天寶御遊、天黃七殺、土瘟殺、碎金三殺、月遊火、三元紫白九星、大月建、受尅殺、滅門殺、穿心殺、交劍殺、五黃殺、天合轉運奠帝星、厭殺帝星、隱伏順逆血刃、墓龍、九良星、宅龍、遊龍、伏龍、大小耗星、土公、六甲胎神、邱公暗刀殺、太歲遊、淨欄殺、土公忌方、天狗、羅天大進、羅天大退、歲德泊宮、陰陽二歲貴泊宮、天官泊宮、壬癸二水德泊宮、戊己二都天泊宮、丙丁二獨火泊宮、庚辛二金神泊宮、干鬼泊宮、麒麟星泊宮、歲馬泊宮、天官符泊宮、大殺泊宮、炙退泊宮、大將軍泊宮、蠶官泊宮、太陽泊宮、太陰泊宮、龍德泊宮、福德泊宮、地官符泊宮、弔客泊宮、病符泊宮、真太歲泊宮、歲破泊宮、天月德泊宮、天赦泊宮、催官泊宮、五般會殺、六儀擊刑。

　　卷四日神考辯（凡無關選擇而日神表所不載者槩以小樣字別之）：日干祿、日干陽貴、日干陰貴、日支馬、喜神、太歲以下神殺出遊日、日遊神鶴神、三元紫白九星、雷霆合氣占山、雷霆昇元值向、烏兔太陽、差方太陽、天河轉運尊帝星、紅嘴朱雀、大殺白虎、雷霆白虎、入門出行、六十日九良星、逆血刃、太白遊方、八殺日、消滅殺、星曜日、山方殺、沖丁殺、將軍箭、貴人祿馬空

亡日、日流太歲、燥天火燥地火、天赦、天貴、催官、四相、時德、母倉、伏
罪不舉、王官守相民日、四擊、天良、六畜地、五虛、四耗、四忌四窮、正四
廢、傍四廢、八風、隸日、牢日、罪刑、虛敗、文星、天轉、地轉、天地正轉、
六不成、獄口、反激、伏尸、天車、四時人神、建日、兵福即建日、小時即建
日、土府即建日、除日、吉期即除日、兵寶即除日、滿日、天巫即滿日、天狗
即滿日、福德即滿日、平日、死神即平日、定日、死氣即定日、執日、小耗即
執日、破日、六耗即破日、危日、成日、天喜即成日、天醫即成日、收日、開
日、生氣即開日、閉日、血支即閉日、木建、神嚎鬼哭、滅門大禍、天德、月
德、天德合、月德合、月空、三合、五富、臨日、驛馬、天后即驛馬、劫殺、
災殺、天火即災殺、月殺、月刑、大時、咸池即大時、天吏、絕烟火、遊禍、
九空、羅網、人倉、地耗、天窮、天兵、六合、天願、月厭、地火、章光、月
書、厭對、六儀即厭對、招搖即厭對、天倉、天賊、兵吉、殃敗、陰陽不將、
陰陽大會、孤辰、歲薄、遂陣、陰陽交破、陰陽陰沖、陰陽擊沖、陰陽沖陽、
陰位、三陰、陽錯、陰錯、陰陽俱錯、單陰、孤陽、純陰、純陽、絕陰、絕陽、
月恩、復日、地囊。

　　卷五日神考辯（凡無關選擇而日神表所不載者槩以小樣字別之）：大殺、歸
忌、土符、五墓、焦坎、往亡、紅沙、呻吟、要安、玉宇、金堂、龍虎、罪至、
敬安、普護、福生、受死、聖心、益後、續世、血忌、黃黑道十二神、天馬即
白虎黑道、陽德即司命黃道、解神、毀敗、重拆、徵沖、十隔神、兵禁即天
隔、陰德即人隔、福德以下十二神、妖星以下九神、天恩、五合、五離、除
神、重日、破碎殺、鳴吠、鳴吠對、觸水龍、八專、無祿、寶義制專伐日、神
在、聖忌、謝土吉日、土公赦、魯班殺方、大偷修日、九天元女偷修日、地虎
不食、天牛不守塚、天聾地啞、大明、七聖、天福、天瑞、古人卒葬、的呼、
五不歸、張宿、八絕、泉通、泉竭、泉閉、離窠、破羣、百蟲不食、鼠雀不食、
天地不成收、魚鳥會、猖鬼敗亡、九上鬼、檳榔殺、天上大空亡、探病忌日、
百忌日、干支人神、干支胎神、上朔、倒家殺、倒欄殺、皇帝八座、廟中白
虎、二分二至、四離四絕、氣往亡、土王用事、三伏二社、朔弦望十五日、月
晦、反支、冰消瓦解、天地空亡、小六壬、大小空亡、自縊殺、長短星、天乙
絕氣、四方耗、楊公忌、欄路虎、土忌、天休廢、天地凶敗、赤松子、瘟星出
入、五痕、土公古、驚走殺、每日人神所在、月忌、四不祥、龍禁、橫天朱
雀、羅天大進、羅天大退、洗頭日、白蕭公忌、天百穿、飛蟲不食、土公箭、

二十八禽星、伏斷、裁衣吉宿、滅沒、海角經行船吉宿、密忌。

卷六時神考辯（凡無關選擇而時神表所不載者槩以小樣字別之）：時干祿到方、時干陽貴到方、時干陰貴到方、時支馬到方、三元紫白九星、天河轉運尊帝星、雷霆合氣占山、貴人登天門時、太陽時、四大吉時、九醜時、天罡制凶時、日祿臨時、日貴臨時、日馬臨時、福星貴人、文昌貴人、天官貴人、羊刃、飛刃、日德、恩赦、喜神、文星、日墓、截路空亡、五不遇、五符以下十二神、羅天大進、羅天大退、旬中空亡時、日建、日破、天罡、河魁、三合、日刑、劫殺、災殺、日殺、六合、日害、黃黑道十二神、天狗下食時、天地雷兵時、人神、天翻地覆時、明星守護時、伏斷時、暗金時、九仙吉時、六神凶時。

卷七年神吉凶表：論年六條、鋪註神殺條例、六十年吉凶神殺表、凶神會吉神凶表。

卷八月神吉凶表：論月十五條、造春牛法、造芒神法、得辛、治水、耕地、把鑾、食葉、霉、臘、月令、各月坐家吉神表、各月坐家凶神表、十干輪年各月吉神表、十二支輪年各月凶神表、八節三奇表、凶神會吉會凶表。

卷九日神吉凶表、時神吉凶表、日神吉凶表：論日十一條、補助神殺條例、六十日吉凶神殺表、凶神六等分表、時神吉凶表、論時十三條、祿時時貴到方表、時馬到方表、中宮星、貴人登天門時、四大吉時、太陽時、九醜日凶、時干吉凶神殺臨時表、日支吉凶神殺臨時表。

卷十主命吉凶表：論主命十五條、主命財官表、主命吉神干支表、主命吉神飛泊到方表、主命凶神干支表。

卷十一造命發微：選擇要論、楊筠松造命千金歌、邱平甫選擇歌、黃石公元珠經、楊筠松疑龍經、論造葬不同、論補龍十四條、論權葬法四條、二十四龍吉凶表二道、論扶山二十七條、二十四山吉凶表二道、論立向一條、論相主三十四條、論修山修相六條、論修方二十三條、論修中宮四條、論權修法四條。

卷十二日用宜忌：祭祀、祈福、求嗣、上冊進表章、上表章、陳詞訟、頒詔、覃恩肆赦、施恩封拜、襲爵受封、詔命公卿招賢、舉正直、施恩惠恤孤惸行惠愛雪冤枉緩刑獄、宣布政事、慶賜賞賀、宴會、入學學藝同、冠帶、行幸遣使士庶出行同、安撫邊境、選將訓兵、出師、上官赴任應試赴選同、臨政親民、結婚姻、納米問名、嫁娶納婿同、進人口納奴婢同、搬移入宅歸火安香分

居各爨、遠迴、安牀設帳同、解除、沐浴、整容剃頭蓄髮同披剃同、整手足甲穿目同纏足同、求醫療病、療目、針刺、裁製合帳同、營建宮室、修宮室神廟寺觀同衙門祠宇同、繕城郭建營寨同設烟墩同、築隄防、興造動土下椿同定磉同平基同發槌同、豎柱上梁起工架馬同造門安門同、修倉庫、鼓鑄窯灶同爐灶同、苫蓋蓋瓦築脊同、經絡收蠶安蠶筐同安機安紡車同、蘊釀造麴同造醬同、開市、立券交易、納財五鼓入倉商賈貨殖收租取債、開倉庫出貨財商賈銷貨同放債同、修置產室藏胎衣同、開渠穿井開魚池同築陰溝同、安碓磑安油榨同埋銃同安磨碾同、補垣塞穴填坑覆窖同、掃舍宇除靈同、修飾垣墻、平治道塗、破屋壞垣、伐木、補捉、畋獵設陷穽同結禽網同、取魚結魚網同下餖同、乘船渡水造舟楫同造橋梁附、栽種接花菓同種田禾同、牧養、納畜、破土、安葬、啟攢。

卷十三闢偽：闢五運六氣之偽、闢替官之偽、闢斗首之偽、闢通天竅運身十八局之偽、闢嫁娶大利月之偽、闢諸家周堂之偽、闢奇門出行四縱五橫出行之偽、闢天遷圖上官壇經之偽、闢六賍課法圖之偽、闢門光星之偽、闢門光尺之偽、闢作灶赤眼圖局之偽、闢紫微生氣卦金鏡圖之偽、闢四大魂星入墓之偽、闢安葬諸空亡之偽、齋戒日期。

◎凡例：

一、選擇一途，惟《協紀辨方》溯神煞之原，窮神煞之委，誠民間趨避之準的也。特其板鋟於京師，庶民恆不易得。是書遵而錄之，不惟便民用，亦以示正宗也。

一、地理書汗牛充棟，然總不外乎龍穴砂水、官鬼禽曜，與夫葬法之淺深吞吐。蓋黏倚擇數端。至於《羅經》，原不過選擇家趨避之用，而論者以為理氣所在，謬矣。無怪蕭智深詆為可談於閨室，無涉於山川，顧第弗深辨。即以為理氣所在，而理氣諸書，一如夢中談夢，毫無見解。茲於《理數源流》附論數條，較明白透澈，試問彼之談夢者，抑曾夢見否耶？

◎序：易曰：「吉凶悔吝生乎動」，是惟無動，動則吉凶悔吝隨之。必如何而後可動？不外乎順而已。太歲綜帝王之權，月令司侯伯之職，其順之者為吉神、逆之者為凶煞，故年月之吉凶，非賓有神煞以主之，特視其所動之方位與歲月順逆何如耳。孔子繫豫之辭曰：「天地以順動而四時不忒」，苟於造葬而能順以動之，吉罔不利矣。予因先大父卜兆，始究心於堪輿，選擇諸書，凡藏書家善本靡不借覽。顧地之臧否，按圖覆舊，前人之遺跡猶存，學者

潛心考驗，師資係焉。獨選擇一途，假捏之神煞載在《通書》者，不啻什居五六，後吉鮮不為其所惑。楊筠松曰：「大抵此文無十全，一半都是俗人傳。」又曰：「試令選擇作宅墳，福未到時禍先到。」予甚憫焉，爰考訂十載，始得告成。凡十有三卷，名曰《通德類情》。書言乎吉凶神煞，深之通乎造化，淺之類乎物情，覘百物之長養收藏，即識五行之生尅制化。日者察其理而順時以動，雖不言神煞而已符元吉之占。第世俗狃於偽書而不探神煞所自來，故是書必窮神煞之原委，使天下曉然於孰趨孰避，要不越太歲月令之相喜相合與相沖相尅兩端，夫然後吉凶之象可得而審矣，順逆之說可得而悟矣。彼夫捏造之神煞，不從太歲月令中來者，五行已不免倒置，能無言吉反凶、言凶反吉乎？吾願世之選擇者，一視歲月之生旺而順以承之也可。乾隆辛卯花朝後三日，沈重華亮功氏序。

◎光緒《歸安縣志》卷第二十二《藝文略》三、同治《湖州府志》卷六十一《藝文略》六：沈重華《通德類情》十三卷。

◎沈重華，字亮功。浙江歸安（今湖州）人。以孫泰來封奉直大夫、甘肅古浪知縣。

沈大本 讀易日鈔 五十四卷 存

上海藏稿本

◎《學禮堂書目答問》：此書原名《周易詳義》，成稿後貼改或塗改為現名，自卷四十五起，其書衣、卷端、版心處仍有未改原名者。首有沈氏自序，分兩部分，一論抄錄經解之緣由，再論解《周易》之樞要。沈氏以為，當世之人從事舉業，為求速成，以時文為時文，務末忘本，不明經理，不知經義，經學幾廢。沈氏為明經義，博覽群書，凡有見聞，擇其善者錄於書之上下，歷二十餘年，《周易》《儀禮》《春秋》《禮記》皆錄成帙。後恐錄本散佚，故寫錄成書。沈氏以為，《周易》為卜筮之書，善言《周易》者，必言數、言象。然孔子作《十翼》，言義理者居十之九，王弼而下至於程、朱等，皆以義理為主，義理亦學《周易》之要旨。讀《周易》者，皆知朱子《本義》，不知朱子亦有所本。為學不可以一家之言廢千百家之著述，故沈氏擇要匯錄說《周易》義理者，附於每句之下，以備參考。卷一至卷三十三錄《周易》上、下經之解說，卷三十四至四十九錄《繫辭傳》解，卷五十至五十二錄《說卦傳》解，卷五十三至五十四錄《序卦傳》《雜卦傳》解。據不完全統計，全書採錄漢代以

降說解《周易》者，多達一百八十餘家。其中，以宋明敷衍義理之說為主。沈氏將解《周易》義理之說匯為一編，甚便於學。

◎卷一嘉慶九年（1804）沈氏識語：本集，是書但錄先儒精說，以備觀覽，不敢稍參臆說。其偶有管見謬誤，向曾另錄為《讀易囈說》一卷。癸亥冬，為人竊去，幸舊稿猶有存者。今稍錄於上方，非敢附於是編，實俟他日有賢及門者，仍令其按序寫出，另為一書耳。不然，芻蕘一得，恐遂散失，無稽亦足惜也。甲子小春望夕燈下。

◎沈大本（1747～？），字啟文，號禮堂。江蘇震澤（今蘇州）人。增生。治學以經學為務，尤究心禮學，以詩為餘事。又著有《讀經日鈔》、《讀書囈說》、《儀禮詳義》、《禮記日鈔》、《禮記訂訛》六卷、《服制考異》、《中庸口義》、《藝苑時賢小志》、《城南夜話》一卷《續話》一卷、《漢槎友劄》一卷、《禮堂詩鈔》等。生平事蹟可參費善慶《垂虹識小錄》卷六。

沈大本　讀易囈說　一卷　佚

◎沈大本《讀易日鈔》稿本卷一著錄。

沈大本　周易述義　佚

◎同治《蘇州府志》：沈大本《周易述義》、《禮記訂訛》、《中庸口義》、《服制考異》、《讀經日鈔》、《讀書囈說》、《城南夜話》、《藝苑時賢小志》、《禮堂詩鈔》八卷。

沈鳳輝　大易粹言節鈔　六卷　佚

◎光緒《嘉定縣志》卷二十四《藝文志》一：《大易粹言節鈔》六卷（沈鳳輝著。原書宋方聞一撰，為程氏宗派）。

◎《大易粹言》，宋方聞一原撰。

◎吳仰賢等《嘉興府志》卷六十：沈鳳輝，字桐圃。乾隆癸卯舉人。積學工文，性廉靜寡言語。寓京師十餘年，足不及貴人門。輯《類要偶鈔》六卷。

◎沈鳳輝（？～1801），字丹彩。嘉定（今屬上海）人。精岐黃，又著有《洞垣錄》《醫譜》《傷寒譜》《濟世握靈方》等，輯有《壬林寶鑑》。

沈鳳輝　讀易隨筆　八卷　存

上海藏清鈔本

◎《中國古籍善本書目》（經部）著錄四卷。

沈鳳輝 梧岡淪易編 三卷 佚

◎光緒《嘉定縣志》卷二十四《藝文志》一：《梧岡淪易編》三卷（沈鳳輝著。鳳輝究心占驗，採取吉凶悔吝之說為多）。

沈鳳輝 行素堂易學 十二卷 佚

◎光緒《嘉定縣志》卷二十四《藝文志》一：《行素堂易學》十二卷（沈鳳輝著）。

沈光邦 易律通解 四卷 存

故宮博物院藏清鈔本

齊魯書社 1997 年影印故宮博物院藏清鈔本

海南出版社 2000 年故宮珍本叢刊影印故宮博物院藏清鈔本

◎提要：易道陰陽，律呂亦本陰陽。易為天地自然之數，律呂亦本天地自然之數。故推而衍之，其理可以相通。然易不為律作，律亦不為易作，無容牽合而一之也。是書引律以合易，以天地五十有五之數畫為三角圖，與算家開方廉率立成之法相類。所用過揲之數以九八不以九六，策數以五十五不以五十，於律義頗多抵牾。至律管不用圍徑，又於十二律之外，增小呂、含少二律於無射之後，亦自我作古也。

◎沈光邦，浙江臨海人。雍正中官中書舍人。

沈泓 易憲 四卷 首一卷 卦歌一卷 圖說一卷 存

雲南大學藏崇禎十六年（1643）刻本

國圖、北大、復旦、藏乾隆九年（1744）沈恪補堂刻本（沈權之增訂）

北大藏道光十四年（1834）寧陵符永培寧遠堂刻本

北大、北師大、四川、湖北、山東、天津、上海、南京光緒十四年（1888）錢唐卓德徵刻本

上海藏清木活字本

上海藏崇禎刻清印本（不分卷）

◎《持靜齋書目》著錄清鈔本。

◎首一卷為圖。圖目：河圖圖、洛書圖、伏羲八卦次序圖、伏羲八卦方

位圖、伏羲六十四卦次序圖、伏羲六十四卦方位圖、文王八卦次序圖、文王八卦方位圖、卦變圖。

◎易憲序：五莖臨秋沈君，余同門友也，吾師巢軒嘗稱其篤於行誼而邃於易學。及余與之交，知其母宋太君茹荼撫孤，以長以教。君幼即感奮，潛心力學。迨兩闈奏捷而慈幃見背，雖苦節邀旌，而君猶痛太夫人之不親見也。補比部主政後，即陳情歸葬。讀其疏詞，言言皆從至性所發，將來移孝作忠，所建豎正未有艾，豈第假著述以垂後世者哉。君所著《易憲》一書，斟酌羣言，探蹟根窟，該註疏經解之說而去其疵，宗《程傳》、《本義》之旨而達其意，真足以垂世行遠而為後學所宗奉者矣。君自視欿然，僅庋之篋衍，然而珠光劍氣終不久湮櫝匣。余於易義亦頗有論著，今觀此編，余滋愧矣。因書之簡端，以誌此書之必傳於後云。時崇禎癸未仲冬，豫城同門弟黃淳耀序。

◎易憲序：易之理精而難窺，易之註雜而不一，此窮經者所以每歎於白首而無所得也。吾鄉沈臨秋先生以名進士養志林泉，研求易理，專精殫思積數十年，著為《易憲》。其大旨悉宗程朱，而更融貫諸儒之說以成之。讀是書者開卷了然，無纖毫之惑，不以遠搜博考而諸儒之精義已無不畢具於其中。簡而該，微而顯，真足以嘉惠後學而為羲經之功臣矣。顧藏於其家已閱五世，親友門下士遞相鈔錄，幾於家有其書。先生之元孫恪懼其相沿日久，不無魯魚亥豕之訛，謀授諸梓以永其傳。商之於余，為之忭舞而勸成之。開鐫於乾隆癸亥季冬，至甲子三月而工竣。問敘於余，余則何敢。聊述其始末於後以永誌私淑之誠云爾。門下後學許王猷敬跋。

◎易憲序：《易》之為書，不外理數。先儒之論註詳矣。先高祖臨秋公取而考核之，舉其要而理無不該，析其義而數無不備。其所便於舉業者，抑其末也。公受知於周忠節公，嘗謂此書詳理該數，簡當明徹，於《程傳》《本義》已無微不顯；惟時同門陶菴黃公亦早決其後之必傳。歷今百載，果得許閣學竹君公、張侍御秉均公相為校讐，捐資付刻，以垂永久。其所以繼前修而惠後學者多矣。敬識簡末以志此書之不終湮，而遲速有時理也而亦自有數焉。五世孫恪／慎百拜謹識。

◎易憲序：易理精邃，講解匪易。自京、孟、虞、鄭諸大師以及後代諸家，或專取象數，或虛談元妙，非不各有所見，要止仁者見仁知者見知。必欲據為的解定論，難矣。故雖通儒極畢世之探討，而未能悉曉，況初學乎？前

明五茸沈臨秋先生《易憲》一書，其注深而顯、約而該，不獨便於童蒙之誦習，即由此進而治經，亦可埽除門戶各見，而一以相貫。余家舊有藏本，以之課蒙。惟原板歷年既久，漫漶過甚，魯魚亥豕之訛不一而足。爰于晴窗雨夕，校勘一通。慮或有遺，復囑仁和邵籽雲中翰、錢塘高子懷孝廉重加攷核，付之手民刊印，以公同好。非敢謂有是書而諸家可廢也，特取其易知易從，不至惝恍支離而無所依據。學者誠能童而習之，於講易或不無小補云爾。光緒戊子孟秋，後學泉唐卓德徵厚齋甫謹序。

◎四庫提要：是編隨文詮義，不載《本義》原文，而全書宗旨一一與《本義》合，在舉業家則可謂之簡而有要矣。

◎沈泓（1598～1648），字臨（鄰）秋，號悔庵。婁縣（一作華亭楓涇）人，世居泖上。崇禎六年舉人、十六年進士，官刑部主事。明亡後投雲門惟岑禪師（雪嶠）剃染受戒，法名弘堅，又名宏（弘）忍、無寐。又著有《東山遺草》二卷、《懷謝詩》一卷、《懷謝軒遺詠》一卷附《渡江草》。

沈濟濤　易經就正辨　佚

◎乾隆《杭州府志》卷五十七《藝文》一：《易經就正辨》（國朝舉人錢塘沈濟濤心恭撰）。

◎沈濟濤，字心恭。浙江錢塘（今杭州）人。舉人。著有《易經就正辨》。

沈佳嗣　易大象玩易解　佚

◎乾隆《杭州府志》卷五十七《藝文》一：《易大象玩易解》（國朝安化知縣沈佳嗣撰）。

◎沈佳嗣，浙江仁和（今杭州）人。官安化知縣。著有《易大象玩易解》。

沈金鰲　易經隨筆　十卷　存

山東藏芊綠草堂初集稿本

◎光緒《無錫金匱縣志》卷二十二《文苑》：從華希閔治《詩經》《尚書》，從秦蕙田治《易》，從顧棟高治《春秋》。數年窮一經，各有著述。其《尚書隨筆》采入四庫書。晚潛心醫學，著有《沈氏尊生書》。

◎沈金鰲（1717～1776），字芊綠，號汲門、再平、尊生老人。江蘇無錫人。同治貢生。涉獵廣博，屢試不中，遂矢志攻醫。

沈近思 學易 佚

◎杭世駿《道古堂文集》卷三十九《資政大夫都察院左都御史贈禮部尚
書太子少傅諡端恪沈公神道碑銘》：君慎交游，寡言笑，學以程朱為準的，與
儀封張清恪公講性命之學，清恪公所著《學庸講義》皆與公往復辨論而後
成。生平敬李梅崖之道義、蔡梁村之理學。晚歲篤好稼書文集，與閩人雷
鈜、王道考訂其業，夜分不休。所著述數十卷，曰《學易》、《學詩》、《讀論語
注》《偶見錄》、《小學詠》、《勵志雜錄》、《真味詩錄》《天鑒堂詩文集》，皆理
道之言。

◎沈近思（1671～1727），字闇齋，號位山，又號俟（怡）軒，浙江仁和
（今杭州）五杭村人。康熙三十八年（1699）舉人、三十九年（1700）進士，
康熙四十五年至五十二年（1706～1713）任臨潁知縣，有政聲。遷廣西南寧同
知，尋告病。康熙五十九年（1720）署臺灣知府。累官至左都御史，雍正五年
以疾薨於位，卒諡端恪。又著有《勵志錄》二卷、《夙興錄》。

沈蘭彧 易義炳闈 佚

◎乾隆《杭州府志》卷五十七《藝文》一：《易義炳闈》（國朝諸生仁和沈
蘭彧方穀撰）。

◎沈蘭彧，字方穀。浙江仁和（今杭州）人。諸生。

沈龍卜 雪霽齋周易解 佚

◎道光《涇縣續志》卷三《文苑‧補遺》：篤學能文，尤精于易，著有《雪
霽齋周易解》（《採訪冊》）。

◎沈龍卜，字元素。安徽涇縣岸前都人。康熙丙午副榜，家貧未赴朝考，
以諸生終。

沈夢蘭 周易學 二卷 存

光緒五至八年（1879～1882）烏程沈珂刻、光緒十一年（1885）重印所願
學齋書鈔本

山東藏光緒十七年（1891）祁縣縣署刻淩湖沈氏叢書本

◎或著錄三卷。

◎自序略謂：自輯《周禮學》，於易象得井、比、師、訟、同人、大有若
干卦，錯綜參伍，知易之為道，先王一切之治法於是乎在。

◎沈夢蘭，字古春。浙江烏程人。乾隆四十八年舉人，知湖北宜都縣。博通諸經，實事求是，於《易》《書》《詩》《周官》《孟子》皆有所論說。又著有《周禮學》一卷、《孟子學》一卷、《五省溝洫圖說》一卷補錄一卷、《水北家訓》一卷、《所願得齋書鈔四種》。

沈鳴佩 易理正旨 十卷 存

北大、南京、浙江、四川、福建藏咸豐五年（1855）沈鳴佩刻本

沈南一 易象 不分卷 存

上海藏鈔本

◎沈南一，字日富。江蘇吳江人。與殷兆鏞、程庭鷺交善。

沈謙 易義講餘 三卷 存

上海藏稿本

◎沈謙（1620～1670），字去矜，號東江。浙江仁和（今杭州）人。崇禎十五年（1642）補縣學生員。與毛先舒、張丹稱「南樓三子」，又與柴紹炳、丁澎、陸圻、孫治等並稱「西泠十子」。入清不仕，業岐黃。肆力於詩古文，尤工詞，擅散曲，與弟子洪昇善。晚築東江草堂，因自號東江漁父，吟詠不絕，潛心著述。著有《東江集鈔》、《東江別集》、《詞學》、《填詞雜說》、《詞韻略》，又有《詞韻》、《詞譜》、《南曲譜》、《古今詞選》、《沈氏族譜》諸書及雜劇《莊生鼓盆》、傳奇《興福宮》《美唐風》《胭脂婿》等。

沈青選 周易改注 不分卷 存

臺灣藏稿本

沈善登 論餘適濟編 一卷 附錄一卷 存

陝西藏光緒二十八年（1902）桐鄉沈氏豫恕堂家刻沈穀成先生易學四種本

◎沈善登（1830～1903），一名尚敦，字穀成（亦作穀臣、穀人）、行一，號未還道人，法號覺塵。室名豫善堂。浙江桐鄉爐頭人。同治七年（1868）進士，授朝考一等翰林院庶吉士。早年受學於鍾文丞，受《春秋穀梁》學；中年涉獵西學，兼通佛學；晚年專研《周易》，應聘本邑桐溪書院山長及德清縣仙

潭書院山長。又著有《證心集》《古本大學順文》《秋雨詩並序》，又編有《豫如堂叢書》《續編豫如堂叢書》。

沈善登 沈穀成先生易學四種 十八卷 存

國圖藏光緒二十八年（1902）桐鄉沈氏豫恕堂家刻本

◎子目：需時眇言十卷。報恩論三卷附錄二卷。經正民興說一卷。論餘適濟編一卷附錄一卷。

◎曹元弼《年丈沈穀成先生易學總序》：天地草昧，聖人在上者開之；人心蒙蔽，聖人在下者牖之。聖人不作，名世承間，率千年數百年而得一人，其精氣足以維持乾坤，其學識足以闡明聖道，立言垂教以決千載之疑、爭四海之惑，於是人心之昏者明焉昧者通焉。此大賢上哲繼聖而起者也。生民之初，草木榛榛，鹿豕狉狉，未有君臣父子夫婦之倫，未有衣食器用之利，伏犧氏作八卦，通神明之德類萬物之情，而縱生之民始有知覺有倫理有政教以別於旁折之禽獸。歷黃帝帝魁以下數十百世，至堯之末年，洪水橫流，五行交沴。禹敷下土，受大法九章，重六十四卦，然後地平天成，彝倫攸敘。商德之衰，紂為淫虐，天下大亂。文王憂道之鬱滯，乃本伏犧夏禹之卦，包《連山》《歸藏》之義，繫辭以明吉凶悔吝，示開物成務之準。周公繼之，遂制典法，致刑措。此聖人在上者經緯天地以成既濟之功者也。周道衰，王迹熄，諸侯去籍，禮壞樂崩。孔子五十而知天命，乃歎曰：「文王既沒，文不在茲乎？」於是經綸六經以垂萬世，而易為之原。序彖繫辭象，韋編三絕而後定，懸六十四象以治萬世之天下。此聖人之在下者憂患生民以待萬世未濟之治者也。自是而下，易道不行於君相而存於師儒，田何、楊叔、丁將軍之傳授，施、孟、梁邱之章句，馬、鄭、荀、虞之傳注興於漢；王弼、孔穎達之注疏行於魏晉迄唐；程子朱子之《傳》《義》、邵子之數學盛於宋，各立宗旨，更為興廢。至國朝惠定宇、張皋文兩家始專明漢學，當時學者翕然宗之。而姚仲虞頗變通其說，焦理堂以穎悟絕人之資深通九九之學，由算通易，覃精研思，盡畢生之力為易學中開一漢魏以來未有之境界，雖穿鑿附會往往而有，而剖除積惑，創通大義，可謂雄偉不常、豪傑之士也。吾年丈沈穀成先生深通六藝，博極羣書，深識遠覽，洞視古今中外，幼從鍾子勤先生受《春秋／穀梁》學，本屬事比辭之法，審天地民物之理，每事必窮究其所以然，以為撥亂反正之本。而守道純篤，不肯枉尺直尋以求用於時。晚乃專精易學，凡漢魏以來迄國朝諸家之

說無不爛熟於中，而沉潛經文，實事求是，以經文衡諸家之說，不即以舊說為經文；以卦畫推知經文之意，不泥經文以繩卦畫。發一義必貫澈全經，立一法必獨有千古。其用算家比例之法以釋易與焦氏同，而因河洛之數以定重卦，確為夏禹本句股之法，以得大衍之的數。據闔戶為坤闢戶為乾先坤後乾之文，以知易中兼有三易；據六十甲子以定卦氣，而小畜歸妹中孚三卦言月幾望者脗合。此類致多，不可殫述，皆自古以來無人見及者，手探月窟足躡天根殆不足以形容之。先生又深通內典，博涉泰西政藝之學，故其言理尤精尤實。夫易道廣大，六經皆易也，諸子百家無純無駁皆易之所包也，二十四史之治亂興衰亦易之所包也，佛氏大覺普慈之教亦易之所包也，西人聲光化電之學亦易之所包也。天下無一物非易，天下無此物則已有此物而吾不知此物，即不足以言易。國朝大儒惟亭林顧先生、梨洲黃先生卓然以天地民物為一體，其學無所不究。先生窮高極微、精博精通與顧黃同，而會歸於易，其足以發後人之神智而開備物致用之先幾者，豈有極哉？！元弼於先生為年家子，先生以其龘知易理，出所著書俾讀而校之。不揆檮昧，率書所見以復於先生。先生今方病，天之未喪斯文也，伏生、申公之壽必在先生，先生瘳，幸更有以教之。光緒二十八年七月十三日，年家子吳縣曹元弼謹序。

沈善登 需時眇言 十卷 存

國圖、上海、山東、中科院藏光緒二十八年（1902）桐鄉沈氏豫恕堂家刻沈穀成易學本

◎卷一綱領。卷二原易。卷三原筮。卷四原象。卷五原數。卷六圖說上：重卦圖說、剛柔相推圖說、八卦剛柔變化圖、乾坤成列圖說（圖見原象）、黃帝初定八卦方位四十五日換宮法、甲庚先後七日圖、卦位數量圖。卷七圖說中：重卦十六倍先後甲庚氣形遞變譜、重卦流行甲庚十六周圖譜、爻象剛柔表、附八卦方位甲子六周爻象、四震五坤六坎七巽八對、四隅首卦經次、洛書九位方周爻象直日圖、雜卦末節方位圖、六十四卦輪轉三方八宮次第。卷八圖說下：五方前十六時數圖、五方後十六時數圖、八方後十六時數圖、雜揉消息表略、易卦時數釋略、勾股和方圖。卷九大衍勾股法三表、卷十補遺：原筮補遺十四條、原象原數補遺三十七條。

◎摘錄卷三原筮卷首：《繫辭傳》第八章釋大衍疏義文凡四節，《孔疏》謂明占筮之法、揲蓍之體，顯天地之數，定乾坤之策以為六十四卦，而生三

百八十四爻。是也。自紫陽《本義》竄亂原文，顛倒章節，並文義有不可通處，而讀者亦漫不加察，非小失矣。今謹錄註疏本於前，逐節略說大意，並取首兩節句梳字櫛之，別為《揲蓍圖說》殿焉。

沈善登 沈氏改正揲蓍法 一卷 存

民國鉛印易藏叢書本

山東藏 1922 年研幾學社鉛印海寧杭氏易藏叢書本

山東藏臺北成文出版社 1976 年無求備齋易經集成影印研幾學社鉛印海寧杭氏易藏叢書本

天津古籍出版社 1988 年影印研幾學社本

◎周按：此書輯錄沈氏《需時眇言》中原筮之說及揲蓍圖譜而成。其書錄注疏本於前，逐節略說大意。又取《繫辭》第八章釋大衍疏義之前兩節，句梳字櫛。又別為《揲蓍圖說》殿後。收入《學易筆談》集中。

沈紹勳 惠棟易漢學正誤 八卷 存

臺灣自得齋藏民國鉛印本

山東藏臺灣新文豐出版公司 1983 年大易類聚初集據鉛印本影印

◎沈紹勳（1849～1906），字竹礽。浙江錢塘（今杭州）人。自三十歲專心讀易，廣涉前人著作達二千餘卷，將歷年收藏及親見清人說易注易各書編成《自得齋目睹國朝易學書目韻編》一卷。又著有《堪輿諸書偽正考》四卷、《錢塘沈氏家乘》七卷、《留直存牘》一卷、《自得齋雜著》十四卷、《青門詩集》一卷、《房山詩集》一卷、《卦氣直解》、《沈氏玄空學四種》六卷、《沈氏地理辨正抉要》、《錢塘沈氏數典錄》、《錢塘沈氏家乘》、《泰西操法》、《地雷圖說》。

沈紹勳 說卦錄要 一卷 存

1933 年鉛印增廣沈氏玄空學本

◎前識：近人卦象多宗孟氏逸象，雖多而不切實用。端木氏《周易指》，經生瞀焉，於此篇則簡略。初學入門，不如江陵鄭石元氏所著《讀易輯要》，淺釋為易解。手錄此篇，並變易體裁，使人一目了然。丙戌夏沈竹礽識於上虞之福祈山下。

◎周按：按沈氏識語，此書實為鄭石元《讀易輯要》之鈔錄。

沈紹勳 周易示兒錄 三卷 存

天津藏民國 1917 年鉛印本

北大藏 1931 年杭城中華印刷公司鉛印本

中央編譯出版社 2012 年王鶴鳴、殷子和整理本

續四庫影印 1931 年鉛印本

臺灣文聽閣圖書有限公司 2009 年林慶彰主編民國時期經學叢書本

◎目錄：

◎周易示兒錄序：古來學易者必觀象，觀象久而後能忘象，象立而數生焉。古來學易者必通數，通數久而後能馭數，數成而理寓焉。古來學易者必準理，準理精而後能窮理，理達而氣行焉。理氣統乎神則知來藏往之術焉。術必端本乎象數，象數理氣舉，學易之道無遺蘊矣。漢以來易之行於世者，京、焦、荀、虞崇象而用氣，康節推理以行數，輔嗣崇辭以說理，此為三大宗。輔嗣今不論，若邵與虞則為近三百年漢宋兩家之爭，交相非難，而卒成為易學之兩大不能相勝焉。最近乃有兼采而調節之，博稽《乾鑿度》《參同契》

諸書，而知其術間出於一原，況輔嗣尤宗西漢費氏及淮南九師家法，彼三家者又何此疆彼索之斷斷爭辯云爾哉！沈子㟁民受先德竹礽先生之遺教，學易以術數為初步，占課奇應。一日出竹礽先生《周易示兒錄》遺稿三卷見示，將刊布以行於世。其辭簡而不枝，其說通而彌邃，不偏袒漢宋，要與邵子為近而不拘滯乎其術。讀者一日而可通乎易之道妙，所謂易簡而天下之理得者，非與？余既喜易道之將復明於世也，故忻然序其簡端云爾。丁巳正月晦日，吳江後學金天羽拜序。

◎摘錄：

上編末云：右十五章為讀易之關鍵。知此始能讀易，不能知此，猶正牆面而立也。至易之大義，別撰《周易解》一書，若明成卦之理，反覆求之，自能豁然貫通矣。夫易也者，易也。經文明白曉暢，人人能知之。經生家強立漢宋門戶，歧中又歧，直不知易耳。

中編首云：上編十五章將成卦之理已略言之矣，恐猶未能盡明也，再述十五章。凡古人所已言者概不錄。紹勳識。

下編卷首云：前箸《示兒編》兩編，兒輩讀之，猶有未明。乃再箸此編，玩易之法，庶乎備矣。若夫神而明之，則存乎其人。紹勳識。

下編卷末云：沈㟁民先生（祖綿）以其先德竹礽公《周易示兒錄》三編相假，余窮三日夜之力手鈔藏功，神遊其中者復數日夜而通其大恉焉。昔我髫齔從師受經，呵責教刑所加，曾不能悟其隻字者，不謂三十年後一旦貫通《周易》於沈先生，則沈先生之益我豈少也哉？竹礽公之治易，能明提綱澈淵源，通天人之理，故所言與當時之經生異。經生治易祇在字面上用功夫，而公則憑理而言，皆成妙諦，於此尤可悟讀書之法。戊辰五月申振剛鈔畢敬記。

沈紹勳 周易說餘 一卷 存

天津藏 1917 年鉛印本

北大藏 1931 年杭城中華印刷公司鉛印本

中央編譯出版社 2012 年王鶴鳴、殷子和整理本

續四庫影印 1931 年鉛印本

◎目錄：論京房世位為上下經序卦之本、上下經二世四世相序一世五世相序圖、再論序卦（序卦與辟卦有關）、論象數理、推論卦位、論辟卦之世位、先後天同位、之變、論歸魂之理、再論歸魂之理與二五之尊、論九卦、論子夏

傳、論孟喜易、論蜀才易、論八卦九宮無區別、論參同契屯蒙二卦、釋震足艮手、卦之七十二候可以由策推出、道書多採互卦、卦爻十二辰、釋神道設教、釋比之初六有佗吉、釋履、釋家人暌兩卦、釋觀之六四小象尚賓也、小象用矣字、答或問。

◎後跋：昔年肄業成均，於小學詞章以外略習諸經，而於易則少傳受。讀輔嗣《易略》及其易注，雖於剛柔承乘之理稍有所悟，而其精蘊實未能明也。庚午秋偶閱《周易》，心有所感，以為士君子處治世則易，若處亂世，非遯世无悶、獨立不懼，實不足以自守而應變；欲具无悶、不懼之精神，非深知易理不為功。遂以通易之法問於世丈沈㒼民先生，承先生逐漸講解，闡微演數，挾卷往返，歷時數旬，雖風雨弗間也。後先生出其先德竹礽公所著《周易易解》十卷、《示兒錄》三編，言將梓行，囑任校勘；又其他說易之文散見各處者，囑為編次《周易說餘》一卷，於辛未春付印，至秋始畢。其間魯魚之誤仍未能盡，別為勘誤表於後。民國二十年辛未秋八月，後學上虞鍾歆謹誌。

歆又按，《易解・隨》之九五解佚，閱公手批查悔餘《周易玩辭集解》有云：「兌震後天對待，孚之象，震之先天為離，離為火。乾之《文言》曰『言者嘉之會也』，又曰『嘉會足以合禮』，皆指離言，因乾之九二變離也。『今日孚于嘉』猶言孚于離也」，此節可補解佚，特附入焉。

◎馬浮序：《易大傳》曰：「天地設位而易行乎其中矣。」乾坤毀則無以見易，易不可見則乾坤或幾乎息矣。故知天地而不知易，是猶不知天地也；知變易而不知不易，是猶不知易也。易之行於何見之？見之於四時行百物生，見之於消息盈虛動靜闔闢，見之於往來上下進退存亡，見之於變化云為出處語默，無往而非易也。故曰神無方而易無體，至賾至動而又至簡至易者，其惟易乎？易既為六藝之原，漢以來以說經名家者，多於易對執異義，遞相攻難，並有所明而不能無遺，各有所通而不能無蔀，大抵有以見夫賾者動者多主於象數，有以見夫簡者易者多主於義理。合而觀之，未可以偏廢也。守一師之言而怵然自足者可以為博士不可以為通儒；集眾說之歧而无所折衷者近似於類書而無當於經術；若乃陰陽方伎之士咸自謂得易之理，雖近野恐泥，亦固其枝與流裔也，或以術數外之，亦違該徧之義。易說之駁雜如此，自非極深研幾、潔靜精微何能知所擇邪？清人自惠定宇始闢圖書，及胡朏明撰《易圖明辨》，徵引尤博。王白田復作《易本義九圖論》，並為學者所尊

信（白田治宋學獨深，謂九圖實與《啟蒙》之義相發，何為申彼絀此。自有此文，不獨治漢學者攻圖書，治宋學者亦以為口實矣），於是先後天河洛之義幾為說易之大禁。實則諸師之固未有以見夫易道之大也。清季錢塘沈竹礽先生，隱於閭巷而博學多通，尤精象數之學，著有《周易易解》十卷、《周易示兒錄》三編、《周易說餘》一卷，稱心而談，盡廓漢宋門戶之見，獨明先後天同位之義，推京氏世位以說卦序，皆能發前人所未發，蓋有見於賾動而不失易簡之旨者。浮與先生之子瓞民習，因獲讀其書，雖未足以窺先生之學，固知先生之於易其所自得者深矣。顧其書或為治漢學者所不喜，然覈實言之，舊謂易有四聖人之別，猶非篤論，更何有於漢宋邪？世有明易之君子，其必於先生之書有取焉，可無疑也。瓞民堅以附贅一言為屬，因書此歸之。中華民國二十年八月，馬浮識。

　　◎沈祖緜跋：右《周易易解》十卷《周易示兒錄》三編《周易說餘》一卷，先子之所撰，然猶未手定者也。祖緜見先子治易極深研幾，一字未安，夙夜彷徨，寢食俱廢，必徵其理之所在、心之所安而後已。嗚呼，用心亦良苦矣。丙午歲先子棄養，遺稿藏諸先繼慈袁太淑人匣中，太淑人往來南北，未嘗須臾離，歷經諸厄，太淑人始終維護之。遭劫之寄，有不孝所不敢忍言者也。猶憶歲甲子，不孝于役江陰，時值兵禍，太淑人必手持此匣於左右，炮火幾將及身而太淑人持匣竟無恙者，幸矣。當兵火之餘，太淑人猶談笑出之，謂：「秦火燔諸儒書，其學皆為世所詬病，傳諸後世或反為世累爾。汝父為學，字字從心肺中出，豈若好名阿譽者之所為？天將佑之，而況人乎？若余死，爾以此書行世可也。」及亂平，太淑人避亂金陵，不孝請啟之。太淑人詔之曰：「此汝父手自封鍵，余焉輕視之。」固請之，則涕泣不可仰，未敢違也。及丙寅歲，太淑人又棄養，始啟而讀之，知先子之邃於易，窮年探討，孜孜不倦，其有功於翼經者深矣。爰錄副本，請馬一浮先生訂定之。又得王駿甫先生慨助印資。任校勘者為鍾駿丞世兄。鍾又輯先子遺箸散見各書者為《周易說餘》一卷以傳於世。謹誌始末。辛未夏，不孝男祖緜謹述。

沈紹勳 周易易解 十卷 存

　　天津藏 1917 年鉛印本

　　北大藏民國 1931 年杭城中華印刷公司鉛印本

　　臺灣皇極出版社 1991 年版

中央編譯出版社 2012 年王鶴鳴、殷子和整理本

續四庫影印 1931 年鉛印本

臺灣文聽閣圖書有限公司 2009 年林慶彰主編民國時期經學叢書本

◎卷末有勘誤表。又有沈祖縣啟事及易解校勘記、示兒錄勘誤表。

◎沈祖縣啟事：先子所著《易解》、《示兒錄》、《說餘》三種，原擬本刊行世，丁此時艱，不得不先付鉛印，俾流傳於人。如蒙當世立言之君子，對於此書錫以鴻言，請寄蘇州富郎中巷十三號沈㘰民收。將來本刊時彙刻成冊，不勝榮寵之至。再，鐘君駿臣近又校出訛字，附印於後。

◎周易易解題辭〔註7〕：余少嘗徧治諸經，獨不敢言易。嘗取乾坤二卦以明心體，次乃觀治亂之所由興，與憂患者共之而已。君明、仲翔之多端，康成之專固，余不敢知之也。季長、慈明庶幾洒然有當於心，然亦不欲極其義也。故人沈㘰民以其先人竹礽先生《周易易解》來，且云先生故善形法家言，所至必觀其山川條列，著書為葬師宗。其治《周易》蓋聚諸家說解至二千種，凡所采擇，上極漢師而下兼綜宋世先天之術。余謂自言漢易者觀之，必曰京、虞是陳、邵非也。雖然等之多端，亦何足以相非笑哉？而余終不敢知也。形法之說，自《山海經》以來變遷亦多矣，先生既專志于是，其于《周易》宜有所會通者。易道大矣，誠無所不具。顧余嘗取八卦方位觀之，知古之布卦者，以是略識中國疆理而已。中國於大地處東北，而北不暨寒帶，北極乃正直其西北，故以處乾；求地中者，當赤道下，于馬來則稍西，乃正直中國西南，故以處坤；北限瀚海，故以處坎；南限日南，故以處離；當坤之衝為山脈所盡，而長白諸山猶屹然焉，故以東北處艮；東南濱海，不得大山以遮之，故多烈風，而颶風自臺灣海峽來，故以東南處巽；澤萬物者莫沛于江河之源，故以西方處兌；動萬物者莫烈于海中火山，故以東方處震。八卦成列，義如此其精也。為先天之圖者，離東坎西猶有說；及以南處乾以北處坤，則于方位大舛矣。彼徒以陰陽相配，不知庖犧之作八卦嘗觀地之宜也。唐人作《疑龍》《撼龍》諸經以識形法，其人蓋嘗巡視山川者，然于江河嶺外猶相及，自蜀以西南、自燕薊以東北，則不能至焉。括囊大體，孰有如易之至者乎？余不獲識先生，無由知其觀覽，而極逝者不可作已。㘰民固善繼其術者，其不以余言為澶漫否乎？于是以題其耑也。民國二十年八月，章炳麟。

◎周易易解序：杭州沈竹礽先生行誼堅卓，余既為之傳載入集中，戊辰

〔註7〕又見於《章太炎全集》（五），上海人民出版社，1985 年版，第 149 頁。

歲，其令嗣颽民介余甥俞鳳賓乞為先生所著《周易易解》序言，旋颽民又踵門來請。余易學淺陋，詎能闚見高深，顧感颽民懇懇意誼，不獲辭。竊維《易》之為書冒天地古今之道，自商瞿受經宣聖以來，支餘流裔累軌連蹝，而撮其大凡不過象數理三者而已。以言者尚其辭，于是有理學；以動者尚其變，于是有象學；以卜筮者尚其占，于是有數學。象學支派為卦氣、消息、升降、爻辰，傳自孟喜，分為虞荀鄭三家，統歸于既濟，定得聖學之正，其蔽也，失之鑿。王輔嗣說理以爻象為筌蹄，程子《易傳》掃千載之晦蒙，朱子、項平父繼之，窮理盡性，探幽發微，得聖學之真，其蔽也，失之虛。數學傳自《易林》，巫覡者流，假于鬼神時日，造言託事，識者鄙之，自邵子出，演先後天之說，因元會運世之推移，抉數學閫奧，得聖學之偏，其蔽也，失之誣。近代惠、張、焦、姚諸家溯漢學之源流，虞荀鄭絕學大昌于世。《周易折中》實成於李文貞，闡顯義例，致廣大，盡精微，羽翼聖經，網羅宋學，靡餘蘊矣。余弱冠後治漢易，研究惠氏諸家書，釐承師法，厥後讀亭林集，謂讀易書而百餘種，無有過於《程傳》者。爰治《程傳》，輔以《本義》《玩辭》及通志堂諸家書，心更好之。擬兼采漢宋學說為《周易大義》，人事倉卒，中經憂患，未遑成也。茲讀竹礽先生《周易易解》十卷，兼象理數三者之長而不墮於鑿虛誣三者之蔽，易知易能，獨標新諦，可謂易學家難得之書矣。其尤精者，如釋乾卦二爻曰：九二變離，離中虛，虛即心也，易不言心，二五二爻皆心象也，離之心虛坎之心實，中正二字指心言也。余維易理五為天道二為人道，天人之心一歸于中正，則天下治平矣。此非先生救世之苦心歟？竊引而申之，易學者心學也。文王於坎言「維心亨」，指坎二五兩爻也。周公于艮言「我心不快」，指艮二爻也；于明夷言「獲明夷之心」，于艮又言「厲熏心」，則又以三四爻為心，易道變動而不居也。孔子言「復其見天地之心」，又言「聖人以此洗心，退藏于密，神以知來，智以藏往」，至矣哉！人生自少至壯至老，無日不在六十四卦三百八十四爻之中，其所以出吉凶悔吝而入吉者，道在中正而已矣。聖人所以著乾之策二百一十有六、坤之策百四十有四，能說諸心，能研諸慮，定愛惡，別情偽，辨利害，盛德大業，與民同患，道在中正而已矣。先生之說易，豈非有契于聖人之心哉。知此義而中行獨復，各正性命，寂然不動，感而遂通，開物成務，天下憧憧，往來之思，機械相攻之習，舉可以息。而凡納于罟鑊陷阱中者，苟外內知懼，亦將有以祓濯，而自拔離慚叛遊屈之辭、生心害事害政之論，無所容于天壤之間。先生之功不其偉與？且夫國家治亂興衰

根於陰陽消息、小大往來，其顯焉者則為君子小人之進退，履霜堅冰，非一朝夕之故也。先生釋履卦「履虎尾不咥人」，以紂為虎，人為文王自謂，「履道坦坦，幽人貞吉」謂指伯夷而言；釋明夷「利艱貞」謂文王在羑里時處境之險、守身之貞，無非冀君心之一悟；釋家人「利女貞」謂家庭不齊皆由女禍而起，文王家齊，周賴以興，周之罪在惟婦言是聽而已；釋睽「見惡人」謂紂性乖，故以惡人目之，「遇主于巷」謂指妲己入宮之初，「睽孤見豕」、「載鬼」謂指紂之所為天怒人怨。凡此皆有合于干氏家法。宋楊氏《易傳》、明來氏《集註》亦多此類，皆足以垂鑒萬世者也。余嘗謂比之後夫、小畜之西郊，其于殷之末世周之盛德蓋已昭然，而小畜之「婦貞厲，君子征，凶」蓋即后妃《卷耳》憂傷之志，與明夷之「君子于行，主人有言」義可互證。又蠱卦之先甲後甲隱括帝出乎震之義，初爻「幹父之蠱」指武王，上爻「不事王侯」目伯夷，亦與先生之旨不謀而合。噫！一家一國亦要存亡吉凶居可知矣。天道恢恢，因貳以濟，民隱以明，失得之報豈不大哉？至其說《繫辭傳》九德三陳，謂易注千七百餘種，惟侯氏果、胡氏安世、桑氏調元三家說略有可采，然亦未盡得宣聖精蘊，以俟後之君子審察乎此。余嘗作《易徵言》，於此九卦反覆推求，亦未得奧旨，神遊于韋編三絕，如聞歎息之聲而已。讀易之甘苦得失亦正有同心者。先生別有《周易示兒錄》三編，皆簡明易曉。韓子有言：「後欲求之，此其躅」，吾知易學將大明于後禩。當以先生之《易解》為先河也。太倉唐文治謹序。

　　◎周易易解序：學易者必虛其心，虛以合虛，亦以攝實，易之理至實也，其神至虛也。乾符一發，坤珍斯應，日曜月精，相望而代明；川澤通氣，風雷流行，大化以成，庶類以生，昭昭靈靈而無遁形，夫非其至實乎？形烏乎始？是謂太始。孰綱孰維，以宰以司，司之者元也。元者易之神也。六子承乾而麗坤，生生不已，相循而無端倪，卒貞於一。學易者虛其心以遊乎易之先，確然有以見其太始，雖謂之有元而無物，可也。夫非其至虛乎？古來知易者莫如莊周，莊周所謂遊心於天地之初，易之先天也。藐姑射之神人，元也。鯤鵬，坎離也。由北溟而圖南，既濟也。伯陽師之以著《參同契》，周也。攝物於心，視諸家術數為糠粃而不知議也。揚雄氏遁志於元，彼遭時不偶，龜藏蠖屈而無伸之志。康節寓智於數，其經世觀物、知來藏往焉皆以數，數根於位而表以圖，則河洛先後天諸說代漢學以興矣。康節者，函儒道而得其通，又以術數輔其窮。自邵氏而後，圖書之學風靡於世，則黃梨洲、胡東樵之徒力破宋

學以伸漢，則卦氣、爻辰、納甲、納音其為術數，君子視之蓋與河洛均也，而況奇遁、星曆、堪輿、命相之書，往往出入漢宋而自以為得易之奧祕，則甚矣。易義之宏，冒天下之道，隨所往而觸類以通者也，是故虛吾之神以觀，則先天後天諸卦位森然布列於吾之心也；虛吾之心以觀說易之書，則為漢為宋與夫兼宗漢宋諸家犁然各當於易之用也。錢塘沈先生竹礽，生清代諸大師之後，資稟絕人，學易之外兼精術數，於京、焦、子雲、伯陽、仲翔、康節諸書皆沉思孤往，銳入芴微，含咀經旨，刊落箋注，自闢蹊徑，括象舉數，獨造理解，灼破羣疑，蓋舉明清兩朝學易而有創見者，如來知德、胡煦、焦循、劉沅、端木國瑚之倫，未有能越先生者也。先生說易之最勝者曰：「先後天卦遇而同位，或對宮爻變而先後天同位，或對宮對待，其占必吉數之而無不讎也。其或一二悔吝者，本宮之克害也。」又曰：「遊魂歸魂無異術，先天之乾即後天之離，離加乾位，是為歸魂；歸魂者，先後天之同一位也。遊魂者，離在乾對宮之坤。」其釋洛書二八易位曰：「坤生而艮死，生死易位也」。其解《易林》之辭悉取象於互卦，此真發焦氏不傳之祕，千數百年而僅觀者乎？惟其於術數焉精且專，故其說易焉創而法。大易之實理，先生已盡探之矣。今去先生之生八十載，胤子祖緜以其所著《周易易解》屬為序，而將刊之。吾讀先生書，蓋入而顯出，不襲人之辭，故使人無異辭。嗚呼卓哉！戊辰仲秋孔子生日，吳江後學金天羽拜序。

◎摘錄卷一首：

《易》者明象之書也，《繫辭傳》曰：「懸象著明，莫大乎日月。」《說文》引祕書說曰：「日月為易，象陰陽也。日月有光，其象至明。又易本象形字，蜥易、蝘蜓，守宮也。」按蜥易一日十二變，每時一變色，亦有變易之義。

天地定位而易行乎其中矣，故首乾坤。山澤通氣，故下經首咸。雷風相薄，故次恒。坎水也，離火也，既濟未濟水火互也，是為水火不相射，故上經終坎離，下經終既濟未濟。

周代名周，易者周代之易也。與《連山》《歸藏》之辭異，故下傳第十一章曰「易之興也，其當殷之末世，周之盛德邪？當文王與紂之事邪？」學者須識此意而善推之，則於《周易》之旨思過半矣。

沈淑 陸氏周易音義異文 一卷 補遺一卷 存

光緒刻後知不足齋叢書本

沈嗣進 易經精義 佚

◎光緒《廣德州志》卷四十一《文苑》：著有《筠坡詩草》《學庸纂要》《易經精義》藏於家。

◎光緒《廣德州志》卷四十一《藝文志·書目》：《易經精義》《學庸纂要》《筠坡詩草》（俱沈嗣進著）。

◎沈嗣進，字俊三，號筠坡。安徽廣德人。乾隆癸酉拔貢，候選直隸州佐。九赴鄉闈，屢薦不售，絕意仕進。

沈濤 易音補遺 一卷 存

建德周氏 1936 年刻十經齋遺集本

山東藏臺北成文出版社 1976 年無求備齋易經集成影印 1936 年刻十經齋遺集本

◎條目：彖辭：觀盥而不薦有孚顒若。爻辭：乾初九潛龍勿用，九三君子終日乾乾夕惕若厲無咎，上九亢龍有悔、用九見羣龍無首吉，坤初六履霜堅冰至、六二直方大不習無不利，六三含章可貞或從王事無成有終、六四括囊無咎無譽、六五黃裳元吉、上六龍戰於野其血玄黃、用六利永貞，屯初九盤桓利居貞利建侯，六二女子貞不字十年乃字，六三即鹿無虞惟入於林中君子幾不如舍往吝，蒙六三勿用娶女見金夫不有躬無攸利，訟九二不克訟歸而逋其邑人三百戶無眚、九四不克訟復即命渝安貞吉，師六五田有禽利執吉無咎，泰九三無平不陂無往不復艱貞無咎勿恤其孚于食有福、六四翩翩不富以其鄰不戒以孚，豫六二介于石不終日貞吉、六三盱豫悔遲有悔，九四由豫大有得勿疑朋盍簪、六五貞疾恆不死，隨九四隨有獲貞凶有孚在道以明何咎，无妄九五无妄之疾勿藥有喜，明夷六四入於左腹獲明夷之心于出門庭，睽九四睽孤遇元夫交孚厲无咎，解九四解而拇朋至斯孚，損六四損其疾使遄有喜无咎，井九三可用汲、九五井冽寒泉食，漸上九鴻漸于陸其羽可用為儀吉，旅初六旅瑣瑣斯其所取災也，六五射雉一矢亡終以譽命，六四悔亡田獲三品，渙上九渙其血去逖出无咎，未濟九四貞吉悔亡震用伐鬼方三年有賞于大邦，无妄无妄之災或繫之牛行人之得邑人之災。彖傳：訟有孚窒惕中吉剛來而得中也，師剛中而應行險而順，泰內陽而外陰內健而外順內君子而外小人君子道長小人道消也，否內陰而外陽內柔而外剛內小人而外君子小人道長君子道消也，同人利涉大川乾行也文明以健中正也，无妄動而健剛中而應大亨以正

天之命也其匪正有眚不利有攸往无妄之往何之矣天命不祐行矣哉，大畜剛健篤實輝光日新其德剛上而尚賢，坎水流而不盈行險而不失其信、王公設險以守其國，萃聚王假有廟致孝享也，升柔以時升，革己日乃孚革而信之文明以說大亨以正，震震驚百里驚遠而懼邇也出可以守宗廟社稷以為祭主也，豐王假之尚大也勿憂宜日中宜照天下也，巽重巽以申命。象傳：需不速之客來敬之終吉雖不當位未大失也，豫初六鳴豫志窮凶也不終日貞吉以中正也，革大人虎變其文炳也君子豹變其文蔚也小人革面順以從君也，未濟濡其尾亦不知極也九二貞吉中以行正也。繫辭：有親則可久有功則可大可久則賢人之德可大則賢人之業易簡而天下之理得矣天下之理得而成位乎其中矣，富有之為大業日新之謂盛德，成象之謂乾爻法之謂坤極數知來之謂占通變之謂事陰陽不測之謂神，君子居其室出其言善則千里之外應之況其邇者乎居其室出其言不善則千里之外違之況其邇者乎言出乎身加乎民行發乎邇見乎遠言行君子之樞機樞機之發榮辱之主也，夫易聖人之所以極深而研幾也唯深也故能通天下之志唯幾也故能成天下之務唯神也故不疾而速不行而至，善不積不足以成名惡不積不足以滅身。文言：乾忠信所以進德也修辭立其誠所以居業也。雜卦：夬決也剛決柔也君子道長小人道憂也。

　　◎沈濤（1792～1855），原名爾政，字西雍，一字季壽，號匏廬。浙江嘉興人。嘉慶十五年（1810）舉人，歷知江蘇如皋縣、河北正定府，又官福建興泉永道員，江西鹽法道，有政聲。幼有神童之稱，嘗從段玉裁遊，生平專尚考訂，尤嗜金石。深研經學訓詁，工詩詞，嗜金石。又著有《瑟榭叢談》二卷、《十經齋文集》、《交翠軒筆記》四卷、《銅熨斗齋隨筆》八卷、《常山貞石志》二十四卷、《柴辟亭詩集》四卷、《匏廬詩話》三卷、《沈西雍先生遺著》五種。

沈濤　周易隨筆　一卷　存

　　咸豐七年（1857）刻銅熨斗齋隨筆本

　　山東藏臺北成文出版社 1976 年無求備齋易經集成影印咸豐七年（1857）刻銅熨斗齋隨筆本

　　中華書局 1965 年鉛印銅熨斗齋隨筆本

沈廷勱　身易實義　五卷　存

　　國圖藏康熙二十三年（1684）吳門文雅堂刻本

國圖、南京藏康熙二十四年（1685）沈氏洗心樓刻本

◎序後有《讀易通例》。

◎身易實義發凡：

一、是集悉遵《傳》《義》《大全》，必崇理學正宗，不敢以新說表異。若夫諸家間有獨得之解，亦必辭論精醇、理象優合、有裨正學者則附載之，以廣羽翼之助云。

一、羲皇畫卦偶爾成文，絕非思慮所及，故其神妙莫測一皆自然而然。後世圖說太繁，雖間有灼見道原者，而臆解穿鑿，聚訟滋多。是集槩闕之。近見同學徐子敬可《易參圖說》考據精覈，實堪補此書所未備。

一、易為歷聖傳心之書，決非僅為卜筮而設。然聖人以道難顯示，必借卜筮為闡發而心傳愈顯，此則朱子《本義》之意，學者宜善觀之，毋生拘執。

一、玩易須以象占為主，故是集評點，凡言象者則用△、凡言占者則用●以標出之，庶一覽便可了然。

一、吾鄉理學諸公，率多殫心易學，如吾友施子約庵、張子考夫，或會講而聆其訓，或遺書而得其槩，惜哲人云亡，徒滋悼嘆。是書之成，搜閱甚富，實賴孫子子麟、徐子敬可、錢子芸理廣惠帙書，互相體究，得以裒集諸家之長，敬備述之，以志弗忘。沈廷勱克齋氏識。

◎身易評較姓氏：嘉興沈廷勱克齋甫訂；同里孫鍾瑞子麟甫、徐善敬可甫閱；甥朱天麟石卿、朱與蘭佩湘甫，壻吳雲驤千門甫、張龍驤杓年甫，姪沈景晳幾臣甫，子沈綰組綏甫、沈樹聲聞于甫較。

◎序：畫前有易，易在天地也。天高地下萬物散殊而易行乎其中。先儒謂天地間原有一部易開眼便見，聖人不過即其所見者摹寫之耳。人於天地間參為三才而有身，身在易中如魚在水，易在身中如春在木。人不能體天地之撰與天地相似，無離身之易而常有違易之身，是故貴乎學易也者，象也；學也者，像其象也。聖人教人學易，於六十四卦大象皆繫以君子之用，聖人渾身是易也，君子以身體易也。言易者返而求之身，則親切著明矣。吾師嘉興沈先生沉潛玩味於易者有年，於先儒異同之說無不究極其指趣而觀其所會通，既折衷羣言而發其奧義矣，則尤躬行力踐，務期即身見易，與之相似而不違。因錄其平日手輯，名曰《身易實義》。余受而卒業，見其準孔子所繫《大象》之辭推而廣之二百八十四爻，隨時隨處皆有致用之實易為君子謀，於是大備，

因作而嘆曰：先生言易，蓋欲於天地自然之象而像以人身乎？夫靜而為象者動則用占也者，非徒端策揲卦之謂也，日用語默飲食視息無之而不占，至於問焉以蓍，則占之一節云爾。故謂占足以盡易而蓍不足以盡占也。先生之為是書，其教人以身占乎？雖然，為是者有本有原，易六十四卦聖人皆著君子之用，而於《繫辭》又總之曰「聖人以此洗心退藏於密」，以此齋戒以神明其德，此尤用易之原本也。先生年彌高而德彌劭，以其放之為三百八十四爻者，斂而藏之一心，則身易之義益精密矣。康熙甲子仲秋，滏陽受業門人張榕端頓首拜題。

◎序：予友沈子克齋少負重名，戶外多長者車轍。及壯益折節讀書，殫心聖賢之學，顧困於棘闈，僅以明經顯，兩為令，一刺州，皆本經術為治，有豈弟聲。晚而專精于易，年逾艾即致政歸，成易解若干卷，名曰《身易實義》。予受而讀之，既卒業，作而嘆曰：旨哉身易之說乎！夫易，聖人寡過之書也，吉凶悔吝進退存亡修身之義備焉，緯編以後，傳易者亡慮數十百家。漢儒言象，既無關于義理之要；王弼言理，而後世因之，言人人殊，五鹿充宗為諸儒辨論而朱雲折之；何晏不了九事而伏曼容輕之；周弘正盛稱名理而張譏屈之；孔穎達定王、韓為正義而李鼎祚復述馬、鄭，同異相勵誕信相譏，棼如聚訟，終不能盡合于四聖人之心，甚矣傳易之難也。至伊川詮理之宗、紫陽明卜筮之旨，然後四聖人之心殆無餘蘊，象與理不相離也，身與易不可斯須去也。程朱而後又孰能闡發身易之義哉？聖人之作易也，教民寡過而無以喻之，欲令天下萬世之人無智愚賢不肖皆得上協乎天人之原、反觀乎踐履之實，于是乎說卦繫辭，因其決疑，示以趨避，一篇之中三致意焉，俾後之學者居則觀其象而玩其辭，動則觀其變而玩其占，奉以周旋，弗敢失墜。伊川之《傳》，因玩辭而立言者也；紫陽之《義》，因玩占而立言者也。要其指歸，亦惟是寡過修身庶得四聖垂教之意。而程朱之所以發明易學者，不外躬行實踐之中。沈子之書其有見于此乎？陰陽之闔闢，我身之動靜也；時位之窮通，我身之出處也。大而綱常倫紀，細而飲食作息，我身之酬酢也。兼三才，體四德，剛柔健順，我身之所以立也。其發明《本義》也，固朱子所未言而有待。間參諸《程傳》及諸家之說也，亦程子所欲言而未盡者也。其擇理也精，其訂義也確，其辭潔以雅，其意切以深，非惟知之，殆于身之矣。今天子崇尚正學，表章六經，非聖人之書不尊，非程朱之言不信，海內士大夫咸蒸蒸嚮風，思修身勵行矣。是書之出，必有讀之興起者，敢公之以為同志勸。時康熙二十四

年歲次乙丑暮春上浣，同里年家眷弟杜臻頓首拜撰。

　　◎身易實義序：聖賢之學，心學也。虞廷執中，斯為鼻祖。乃皋陶矢謨，首曰慎厥身，修思永，次乃及于惇敘九族，庶明勵翼，邇可遠在茲。夫子告哀公以為政在人而推本于尊親仁義，又特舉其要曰「君子不可以不修身」，而《大學》首章亦曰「自天子以至于庶人，壹是皆以修身為本」，皆舍心而言身，若有不同者，何哉？曰：是乃所以為心學也。蓋遽言心不足以善吾心，而言身乃足以善吾身心也者，所以載吾心而行于至實者也。有人于此，驟而語以正心誠意、致知格物，將張皇幽渺而懸空揣摩，高者或淪于虛無，不則望崖而退耳。驟而語以齊家治國平天下，將奮其私智；而驟語博濟，能者且流為俗學，不則以學術害天下耳。是故學莫要于修身，修身莫善于法古，即吾身所處之地，以密證于先覺之微言，是則是效，亦步亦趨，由是內而性天，外而事業，甘苦曲折，歷歷可取以自驗，在在可據為實得。夫聖人立教亦惟是先得我心之同然耳，我以同然之身服同然之訓，契同然之理，譬若操職方之圖，乘傳而四出，窮荒絕險，無遠弗屆，豈與夫倀倀冥行、執塗問津者同日而語哉？《說命》曰「學于古訓乃有獲」，《戴記》曰「衡誠懸，不可欺以曲直；規矩設，不可欺以方圓」，非虛語也。惟《易》之為書于諸經中為最尊，古今來冥搜幽討、哀然著述者無慮數十百家，或得其象，或得其數，或得其理，或得其變，皆能染鼎一臠舉馬一體，要之非全易也。何則？開天之智，廣大悉備，變動不居，其中實有是象是數是理是變任人挹取，而四聖人所繫之辭龐鴻渾穆，大異于《詩》《書》《禮》《春秋》，非管蠡之量所能受也。雖然，人患不能實體諸身耳。不曰易知簡能乎？不曰假年寡過乎？推其至，仁者見仁知者見知，猶非極則；言其凡，則百姓不知，未始少離于日用也。自王弼氏始專言理，韓氏、孔氏繼之，猶沿魏晉清言，駁而未粹。迨至伊川夫子裁為《易傳》，朱子又約之卜筮，易宗始定，然而善讀程朱者正不易得也。吾黨沈克齋先生續學有年，一旦有見于畫前之旨，衡口而出，洋洋數萬言，日把而哦之，每至忘寒暑、輟寢食，樂之不已，將梓而問世。既而曰：「傳註不可廢也」，悉陳篋中之書，參伍折中，覃思數年，七易其藁而成一編，釐為若干卷，題之曰《身易實義》。書成，以授徐子，使序之。徐子讀之終篇，則見其選言詳慎，一本註疏傳義，而輔以諸家之說，條暢發明，務使釐然易曉，切實可行，施諸蹈履，被于家邦，如粱肉重帛，立致飽煖。而奇袤瓌偉之論屏棄無餘，洵乎善讀程朱者。又嘗居考先生之生平，少負君宗之譽，嘗偕諸同人講學，共推為

祭酒。既而兩為令、一刺州，始仕夔門，萬山中兵寇之餘，編戶絕少，魁猰之與居。既而再補畿甸，地處極衝，會軍興旁午，竅藁儲胥任輦之供日不暇給，動靜二境前後懸殊，皆極其艱困。先生處之裕如，各有以自樂。洎拜商於之命，邁疾幾危，遂乃投牒乞身，歸休環堵，蓋于得喪進退之間從容游刃，無之非易，是以能發為華辨，窮極幽微，小不窕而大不楃，卓然成一家言，非所云實體諸身者耶？身易之名不虛矣。惟願學者無僅以心目遇之，而以身體之，庶不負作者苦心也。康熙二十二年歲次癸亥除夕前二日甲子，表姪徐善拜手題。

◎序：余中表尊行沈克齋先生，向宰畿輔之欒城，以最著。丁巳歲，余以公務過欒，先生手一編示余，曰：「此吾所成《身易》也。吾所以治欒者惟茲。今吾得二言焉以贈子，一曰懼以終始，一曰善補過。居官治民，惟斯為要語耳。」余書紳志之。昨歲奉簡命擢長洲，而長邑故繁賾刿獎不可為，因思先生前訓而請益焉。先生曰：「吾無以益子也。子素名能易者，苟徒視易為制舉業而不求諸身，是易自為易，而不知易之即身也，且身自為身，而不知身之具易用也。夫無在非易即無在非身，無在非身即無在非用，所貴體之于身而實見諸用焉耳。象辭六十四以孚，皆夫子教人用易之方，而《繫辭》亦云『以此洗心退藏於密，以此齋戒以神明其德』，故不特卦卦可以，而亦爻爻可以，顧變易從道，在用之者何如耳。即如為政者有當位而不為，便是不出門庭之凶；有不當為而為，便是出戶庭之咎。又如損下益上謂之損，損上益下謂之益，其中義理，書不盡言言不盡意，子誠取吾易而深思之，行其心之所安，毋行其心之所不安，而一以敬懼无咎為本，將見金革百萬與疏水曲肱之意同，又安以從政為難耶？」先生既授是書，且命余序而行之。余謝不敏而敬述先生之所以命余者以弁于端。時康熙二十四年三月上巳日，表姪孫徐弘炯頓首拜撰。

◎身易實義序：檇李沈克齋先生，予舅氏也，作《身易實義》若干卷告成，緘示予黔南，且命弁其首。讀之終篇，作而曰：此先生經世之志也，而發之于易，吾由是益知易道之大矣。間嘗旰衡古今，見古人之用心往往非今人所可及，若《詩》《騷》樂律、禮容彝器之屬，不一而足。然亦有後來居上，屢進而益工者，曆法與易學是也。曆貴密，密而愈得其真；易貴近，近而始切于用。天下之精微莫過于易簡，誠能深造于易簡之真而精微在是矣。先生說易而實之于身，其亦有是心也與？易有數有理，數以有常者為易簡，理以近

人者為易簡。漢孟喜為卦氣、直日之說，推之事變往往有驗，此數學之始。揚子雲用其法作《太玄》，能知漢道二百十年而中天，誌于《法言》之末，其後果然。管輅曰：「靈著者，二儀之明數，施之于道，定天下吉凶，用之于術，收天下毫纖之微。」益精矣。至宋邵康節先生創為《皇極經世書》，包括天地之始終，推極人事之變化，蓋易學至此而大備，要之無他，得其至常而已矣。漢人言易多以象，其書蹐駁。晉王弼始言理，孫盛譏其附會籠統。史稱隋楊醜好易，分析爻象，尋幽入微，嘗謂何妥曰：「何用鄭玄、王弼之言為！」醜無能易名，然用是以推，可見卓立有志之士世固不乏。迨至宋世，二程、橫渠、游、楊諸公各著書說易，又折衷于朱子，而言理者無以復加。今讀其書，切實明確，初無瑰異，豈非易簡之學以近人者為至乎？舅氏之書一遵程朱，乃程朱之學，間亦互異。唐人課士，以易為小經，朱子《本義》未免同其說。伊川謂剛柔往來一本于乾坤，朱子用虞翻漢上之說，得《卦變圖》。後儒互有從違，舅氏曰：「吾反之于身而已矣。玩辭玩占，皆足以善吾身。吾師其意以推廣之天下一如吾身。」蓋舅氏少負經濟才，小試而遽退，未竟其用，視天下盤錯紛糾如小鮮如蜩翼，舉其所得而筆之于書，遜而約之于治身焉耳。噫嘻！天下學易者多矣，或困于艱深之辭，僅能通之而已憊；或過求之于幽賾，入焉而不能出，求其正襟而談、如數家寶若我舅氏者，不可多得。非有得于易簡之旨而能若是哉？是書也出，人人知易為天地古今之書，亦我身之書。知天地古今不外乎吾身，則不當尊易于不可知，而以形役棄吾身；知必全體乎天地古今，乃不負吾身。則又不可以凡情涸易，穿鑿支離而究使吾身判而為二物。然則是書之有關于世道也大矣。信使言旋，敬附寒俸，稍佐剞劂，並抒管蠡一得，以質之舅氏及海內之有心學易者云。二十三年壬春穀旦，甥勞之辨書升氏拜題。

◎身易實義自序：《易》為盡性之書，而實誠身之書也。未有身，先有易，易在天地。既有易遂有易之用。易在我身，盈天地皆易，則應天地皆身之用。此三極之道，所以必待聖人之參贊而立乎其中與行乎其中之道始不虛也。夫易無端而呈於河見於洛，聖人亦無端而會於心，不能言為著也，以畫著之；不能事為該也，以象該之。明其象以顯其用，要令人隨時易事、隨事盡理而無不有當用之易，此易所以為中庸之德而利用出入莫有外焉者也。古今言易者多矣，自田何以逮費直，由焦、京以迄馬、鄭，皆主象而不言理，有「象繁而易荒」之譏。王輔嗣始言理，韓康伯、孔仲誠佐之，其書遂放學宮，而議者

又病其懸虛。宋儒潛心易學者，胡安定開其先，而元公之《圖》、正公之《傳》、明公之《解》、共城之《經世》、建安之《本義》皆卓然成家，而易道始昭然若揭日月而行。然尚共城者以占驗為神，尚建安者以象數為末，究則理外無數、象外無理，所以程子不言象而象自昭，朱子專言筮而理與象並顯，《傳》《義》二書誠易學之綱領也。嗣後確守伊川者為龜山楊氏、平菴項氏，確守建安者為雙湖、雲峯兩胡子；幼清吳氏雖間出己意，要皆《傳》《義》之功臣。若夫易而禪者，慈湖也；易而史者，誠齋也。而考鏡古今得失，俾易可見諸實用，則吾于誠齋有取焉。明儒論易，薛文清為最醇，而蔡虛齋、林次崖、徐伯魯三家鼎立，實為易之正宗。若夫來瞿塘具靈通之妙解，何玄子彙全易之巨觀，以至呂涇野、高忠憲、劉念臺、張湛虛之簡要，唐凝菴、錢啟新、郝京山、鄒四山、李雪園之超異，余為是編間有採集，則取其同乎程朱者，去其不同乎程朱者，或程朱之所互異，則深研之以求其一是。又或程朱之所未及而其說有確當而不可易者，亦並甄焉。若夫私說紛囂，支離穿鑿，寧峻防之，正昔儒所云「讀易者當為易居守，而不當為易蠹害」，蓋有乖于理而無適于用，不得不致懼也。書成，顏之曰《身易實義》，謂以心言易未若以身體易之為實，以身體易，又必以易見諸用之為實也。夫一卦有一卦之用，一爻有一爻之用，六十四卦既有《大象》闡發卦意以著其用矣，若夫三百八十四爻之用，則尚缺焉。余用是及《小象》之意，倣《大象》之例以補之，以附于箋註之莫，意欲使人知爻之理加詳于卦，而甚切于日用。一目其標舉而全爻之旨遂可豁然，誠亦便于學者之事也。吾人誠能爻爻體驗於身，毋以境遇之憂虞為悔吝，而以吾身之迷錯為悔吝；毋以外物之得失為吉凶，而以吾身之違合為吉凶，庶幾小過可寡、大過可無，斯誠身之切要而為學易之實義乎？余一生精力殫注此書，稿凡七易，自恧白頭，無關至理，敬俟賢人鉅儒是正云爾。時康熙二十二年歲次癸亥王正穀旦，嘉興沈廷勱克齋氏題于洗心樓。

　　◎序：予與沈子克齋，俱少而習易，作舉業文，大都從朱子之說，求易理於辭。《程傳》以觀會通，行典禮，辭無所不備，故特重之，此朱子之所本也。予竊嘗疑之，聖人作易前民，卜筮之為功惟在于占，占必期其驗，驗尤服其神。漢世學多專門，焦、京以下如梁丘賀、許曼、段翳等，以驗著者多人，雖雜于風角及諸讖緯，為有識所譏，然當時荀爽之傳獨據爻象承應之義，解說經書，于占驗無聞。若魏之管、晉之郭、宋之邵，皆驗幾于神，仍多取之象若數，常不合于辭。何歟？沈子曰：「吾惟衷之以理而已矣。」夫有理而後有

象，有象而後有數，象數固一理也。因象數而繫之辭，辭所發明即象數之理也。理之寓于象數者微，而著于辭者顯。微者難知，或致于奇而雜；顯者易見，得求其正而純。沈子說易，必主程朱，意誠慎之也。然而名之曰《身易》何也？夫理之在易，猶之在乎人之身也。卦之盛衰非身所值之時乎？爻之得失非身所處之位乎？吉無咎為身之安，凶悔吝為身之危，利為身勸，不利為身阻。謀之有行，動而觀變玩占也；體之平時，居而觀象玩辭也。易之切于人身無須臾離，其理然也。昔之言理者有人矣，輔嗣近于老，慈湖近于禪。沈子既綜百家之繁賾，復徹二氏之淵徵，欲以詮洗心退藏之旨，不無嫌于他所近者，因稿數易，務盡去之。蓋以窮此理之原，于盡性至命非上哲無以幾達此理之用于修身，固大賢以下百姓與能之業。沈子之為易學閑者至矣，于言理之家為盡善矣，此尤予意之所同也。年家同學弟王庭具草。

　　◎孫鍾瑞序：古云：畫前原有易，焚後豈無書？則知朕兆未萌以前胸有全書，即六經皆我註腳，何有于易？雖然，即春尋花者，春不在花，舍花無由識春風之面；因指得月者，月不在指，非指無以見皓魄之明。得意忘言，而忘言者善，抑惟善者能言耳。若徒取悅心而無以垂教，則是天不言而息行生之化聖默識而絕學誨之功矣。夫易有數，康節得之而學不傳，推測士遑遑託之而諉之定數，竟無補救之功；易有象，伯陽作《契》而傳，失與耽玄者往往尚之，而金歸性初，未識還丹之要；易有理，程朱傳之以垂教，炳若日星不易，立其體，虛而不絀，動而愈出，淪空者失之，而無中含有之象亡。變易達其用，渝不失貞，用不離體，滯迹者昧而一以貫萬之旨晦；互易明其化，陰陽參伍，爻象錯綜，而執中無權者泥之，將為道屢遷、周流六虛之說謂何。凡若此者皆燭理不明，猶瞽者無與玄黃之色，聾者不聞絲竹之音，又何論象與數哉？吾友沈克齋先生，以身為易者，初以雋才具文明之離，繼以筮仕體羣龍之德，後識進退利牝馬之貞。其人也，易也；其易也，人也。爰著易疏，其說百家，其義竊取繁者約之，幽者顯之，殫精抉微，令讀之者若覩日于川、索形于鑑，非識先乎作、疑先乎經，烏能述之傳之若是哉？觀花識無邊之春，忘指照圓滿之月，豈非所謂善者能言也歟？愚竊有說焉。堯舜去羲皇未遠，傳中不及易；《孟子》七篇不言易，說者謂善易莫若孟子，管公明曰：「善易者不論易」，豈非易貴體諸身而不徒見諸言乎？神而明之，存乎其人。敢與玩易之君子交勉之。康熙壬戌上元，檇李同學弟孫鍾瑞拜書。

　　◎四庫提要：是書一以程朱為宗，凡宋明諸儒稱引程朱之說者摭拾無

遺，其別有發明者概屏勿錄。前有《自序》云：「以心言易，未若以身體易之為實；以身體易，又必以易見諸用之為實。」故名其書為《身易實義》云。

◎沈廷勷，字克齋。浙江嘉興人。康熙副貢生，授新寧縣令。康熙十三年（1674）授知欒城縣，尋改商州知州，以疾歸。

沈賢仰 易經直解 二卷 佚

◎同治《六安州志》卷三十二《儒林》：生平尤精於易，融會先儒箋疏，洞察古今物理，著有《易經直解》二卷。

◎光緒《霍山縣志》卷九《人物志》上：生平精於易，融會先儒箋疏，洞察古今物理，為《易經直解》二卷。

◎沈賢仰，字翹甫。安徽霍山人。增生。讀書先重躬行實踐後文詞。為諸生數十年不求進取，裁成後進。晚年為居敬窮理之學。

沈胤芳 易箋 一卷 佚

◎吳蕃昌《祇欠庵集》卷二《易箋後序》：年家世父希園沈先生箋易一編既竣業，則以授小子蕃也，曰：「宜有一詞以贊其成。」蕃汗下逮踖，謝不敢。已而命之固，固辭弗可，乃拜手稽首而識於簡終曰：嗚呼！聖人之為易，博矣大矣！先生窮二十一史及本朝之文為一書，既閱千有餘卷，進而研於經，履本朝之休明顯晦至七十年避亂者，又十載退而發於箋，其指邃矣、精矣。蕃小子庸劣，烏足以知之，無已，則請誦先生自敘之文曰：「當戊子之春，日讀易一卦焉，終則復始，凡以見吾聖人同憂共患難之心而止。」富哉言乎！斯先生所以箋易之大較也。而千古讀易之法，其必歸於是矣。夫《易》，憂患之書也，《書》之憂患述於商周，《詩》之憂患肆於《小雅》，《春秋》之憂患寓於定哀，而《易》乃異甚。乾之一畫潛龍也，坤之一畫履霜也，則三百八十四畫之繇皆謂之憂患可也。故吉一而已，凶悔吝者三之，是以貴通夫時義也。時者，孔子二十篇之第一旨也；義者，《孟子》七篇之第一旨也。孔子之時，義之時也；孟子之義，時之義也。然而有其時非其義，不可以為義也；有其義非其時，亦不可以為義也。故大易之詞合言之，時義不可兼是以憂患作，憂患作而後時義之故無不該，然則憂患之時豈中古而已乎？自包羲氏其啟之矣。處憂患之義豈九卦而已乎？自乾坤而括之矣。嗚呼！以憂患言易，而其無方無體有如此，況乎其概於憂患之餘者乎？古之人以象數言易者，邵夫子也；以義理言易者，程夫子也；以卜筮言易者，朱夫子也。粵若三夫子其旨

淵、其文烈，而憂患之故若有所遲而未盡發，則先生之箋於是乎出。夫先生之學易非有殊於三夫子，而以其時當天命訖錄、人運湮微之久，卒奉身以歸林壑，戒愒臨之者，去三夫子之事遠甚。時之異，義之所以異也。以先生之義、歷先生之時，宜乎通憂患之深，獨有協乎元聖而非爽、揆諸前哲而無憝矣。由今以往，學易者其稟承於先生之教無窮哉。不肖蕃嘗奉遺令於先君子矣：讀書者明義理而已，通世務而已。夫觀象玩辭者，居之事；觀變玩占者，動之圖。義理之切孰有近於易者乎？世務之變孰有深於憂患者乎？蕃竊不自料，竭否困之餘年，求損益之要務，謹奉几杖而從就先生之書，驗之處憂患之實，先生必有以擊我蒙矣。若夫鉤深探賾、幽贊宏推，鑒博大之中而理邃精之極，非小子童窺之所知，必有遇乎善讀《易箋》者。

◎沈胤芳，字隆生，號希園、菁莪。浙江海鹽人。萬曆四十六年（1618）舉人，崇禎元年（1628）進士，官至山東副使。又著有《古今快事》二十八卷。

沈豫 讀易寡過 一卷 存

北大藏道光十八年（1838）刻蛾術堂集本

道光二十七年（1847）蕭山沈豫漢讀齋刻本

上海蟫隱廬 1931 年影印蛾術堂集本

馬念祖 1932 年傳鈔原稿本

◎馬念祖傳鈔原稿本卷末題：民國二十二年歲次癸酉小陽之月馬念祖依原稿本錄。

◎民國《蕭山縣志稿》卷十八《人物》五：所著有《皇清經解淵源錄》一卷、《皇清經解提要》二卷、《羣書提要》一卷、《讀經如面》一卷、《讀易寡過》一卷、《周官識小》一卷、《左官異禮略》一卷、《羣書雜議》一卷、《讀史札記》一卷、《袁浦雜記》一卷、《讀史雜記》一卷、《秋陰雜記》一卷、《仿今言》一卷、《芙邨文鈔》二卷、《芙邨學吟》一卷，凡一十四種，總名曰《蛾術堂集》，晚年門人為刊行。

◎民國《蕭山縣志稿》卷三十《藝文》：《讀易寡過》一卷（清沈豫撰）。

◎尚秉和《尚氏易學存稿校理・易說評議》：平生好學，攻研經史。所著有《皇清經解淵源錄》一卷《提要》二卷，《讀易寡過》一卷，《周官識小》一卷，《左官異禮略》一卷，《羣書雜議》一卷，《讀史札記》一卷，《秋陰雜記》

一卷，《芙村文鈔》二卷《詩鈔》一卷，總名為《蛾術堂集》。其易說所采多漢魏人，宋儒甚少。然不言象，亦不言訓詁，偶於諸卦取一二句釋之，並多證以人事。然於易理所入甚淺，故其說往往歧誤不合，或俚而且陋。如說乾道變化云：「朱子曰：『伏羲有伏羲之易、文周有文周之易』，晦翁此說深得惟變所適之義。」夫乾道變化乃說天時，惟變所適乃論卦爻上下變化，義絕不同，豈可並論？又說蒙卦見金夫云：「初二四五上皆言蒙，而三變其文曰女，女為陰類，近小人，猶滕更、曹交之紈絝，願列門牆，而不屑教誨，終不得與于蒙之列，故曰見金夫不有躬。」以金夫為聖賢，是直不解易辭為何義而妄言。其說之陋者，如飲食必有訟云：「自古莫大之禍每起於燕衎，沛公之鴻門、吳王之魚腹，易早垂戒。」夫訟者爭也，謂有飲食即有爭端，彼沛公之鴻門會、吳王僚之被刺，乃爭天下國家者，與飲食何涉？尤可笑者，謂：「《說卦》以乾為天坤為地，下六子分列，見一陰一陽之謂道，無獨有偶。夫盈天地間人不知幾京垓，而男不聞有皓首而鰥、女不聞至老而處者，男女雖參差不齊，而終能各如其配，以是知乾坤之妙。」則說俚而識陋。全書類是者甚多，不惟無創獲之解，且少精實之論，於寡過之義渺不相關。蓋沈氏困於科舉，久不得售，欲借著述以自顯，而經學淺甚，故所著皆庸俗無足觀，易其尤甚者耳。

　　◎蛾術堂集序：補堂沈君，幼擅詞華，長耽經術。久客江淮，通知時事，聞見日擴，學問益深，恥蹈隨俗詭遇之習。課讀多暇，鍵戶探賾，成《皇清經解淵源錄》一卷、《皇清經解提要》二卷、《羣書提要》一卷、《讀經如面》一卷、《讀易寡過》一卷、《周官識小》一卷、《左官異禮略》一卷、《羣書雜義》一卷、《袁浦劄記》一卷、《讀史雜記》一卷、《秋陰雜記》一卷、《仿今言》一卷、《芙村文鈔》二卷、《芙村學吟》一卷，凡一十四種，總名曰《蛾術堂集》。分而言之，乃閻百詩《潛邱劄記》、姜西溟《湛園劄記》之流亞；合而言之，實陸儼山《外集》、王弇州《四部稿》之體例也。儀徵阮芸臺相國，嘗言「為才人易，為學人難」，端履謂以才人而為學人尤難。往往工詩文者或疎於考證，窮經義者每窘於詞章。聖朝稽古右文，名流輩出。論者獨推吾浙朱竹垞、毛西河二先生為能兼擅其勝。然竹垞之學遜於西河，西河之才亦亞於竹垞，則甚矣才人而為學人之難也。補堂生長是邦，追蹤曩哲。其於經義也，沿流討源，實事求是，不必墨守成說，而妙論解頤，奇而不詭於正；其於詩文也，不屑步趨古人，而醖釀深厚，流露自然，故能錯彩鏤金，而無雕琢痕跡，合詞華、經術而為一員，令才人、學人一齊頫首矣。原補堂

著述之意，本欲規仿王伯厚《困學記聞》、顧亭林《日知錄》體例，薈萃羣言，部次先後，勒成一書，以信今而垂後。顧衰病侵尋，心力不給，門弟子懼其久而遂散失也，亟付剞劂以廣其傳。端履受而讀之，體大思精，閎通淹貫，才大而心細，學博而說約。其專門說經之書未脫稿者，尚以尺計，方將次第寫定，傳之其人。則讀是集也，雖未獲仰窺全豹，而管中所及，亦可謂略見一斑矣。因不辭而為之序。道光十有八年歲次戊戌六月朔日，同邑王端履識於老當益壯齋。

◎沈補堂傳：越中在先漢兩晉時，雅多傳經巨儒。自趙宋以後，章句行而治古經者日少。國朝初，河右毛氏作，與一時博學相競。然毛氏以辨勝，其學實不及朱、閻、顧、惠之精。嘉慶初年，儀真阮文達與江左明經之士，纂詁訓於西湖之上，郡士知漢學者三數人預校訂，風尚為變，老學說經之書寖出。顧如茹氏《易》、范氏《詩》、邵氏《爾雅》，此外無聞焉。文達輯我朝經解，越人得預者寥寥矣。迄三十年來，科舉文率虛衍，士鮮窮經。惟樊氏疏《孟子》未成〔註8〕；高氏家有經學，門人秘之，其書未見於世；章氏、杜氏雖淹貫，志在文史，不專於經；王氏、錢氏稍志於此，又早沒。余在都，得一陶在一者，見其所集《論語鄭注》，以為難。引之見文達，文達將導之門徑，而在一遽喪於旅。自此怫鬱於中，望其人不可得蓋久之，而南歸始得見沈補堂君也。

◎沈豫（1781～1851），字小勇，號補堂，一號芙村。浙江蕭山人。道光諸生。家貧借讀。少學於同里陳家騄，經學文辭咸得其傳。一遊江淮間，旋教授鄉里，工四六文，精於《春秋》之學。又著有《皇清經解淵源錄》、《皇清經解輯說》、《春秋左傳服注存》、《群書提要》、《周官識小》、《讀史雜記》、《秋陰雜記》、《芙村文鈔》等。

沈兆澐 易義輯聞 二卷 附錄一卷 存

國圖、湖北、天津藏同治二年（1863）刻本

◎民國《天津縣新志》卷二十一之二《人物》二：著有《蓬窗錄》《義利錄》《實心編》《仰止編》《易義輯聞》《尚論編》《發聲錄》《唐文拾遺》《織簾書屋詩文鈔》《詠史詩鈔》。

〔註8〕孫殿起撰《販書偶記續編》卷三：《孟子注疏解經》六卷，清山陰樊廷簡撰，嘉慶十三年戊辰海涵堂刊。起《梁惠王》，止《滕文公》，以下未刊。

◎民國《天津縣新志》卷二十三之一《藝文》一著錄刻本存：是書為其晚年所訂。其凡例云仿逯中立《周易劄記》、陳念祖《易用》例，不載經文；又云就程《傳》、朱《本義》觸類引伸；又云引史證經，切於修齊治平之道。以此觀之，蓋易學家義理之書，與查彬之《周易經史彙參》同旨。其體例雖近於《衍義》，而引史證易，宋人《讀易詳說》實開其先。然則理驗天人、意存勸戒，固是羲經本旨也。

◎沈兆澐（1783～1886），字雲巢，號拙安，卒諡文和。天津人。嘉慶十五年舉人（1810）、二十二年（1817）進士，先後任蘇州、江寧知府，咸豐間任河南、浙江按察使、布政使。咸豐十年（1861）召還京師，遂告歸。晚主講輔仁書院。著有《易義輯聞》《尚論編》《發聲錄》《蓬窗隨錄》《蓬窗吟》《義利錄》（一名《義利法戒錄》）《實心編》《仰止編》《唐文拾遺》《織簾書屋詩文鈔》《詠史詩鈔》《戒訟說》《敬止述聞》《捕蝗備要》等書。

沈鎮 易象探微 二卷 佚

◎民國《宿松縣志》卷三十二上《藝文志》一：《易象探微》，沈鎮著（同治《志稿》本傳。石編《書目》闕載）。鎮列《文苑傳》。書宗虞翻易，推究精微，觀象玩占，多剏獲之解。知幾其神，有燭照之微。每以易道驗諸人事，輒先言後應焉，談漢易者罕能及之。

◎民國《宿松縣志》卷三十九《文苑》：於學無所不窺，尤名於象數，數往知來。生嘉慶朝，預知道光歷年水災、咸豐一紀兵燹。生平實頗陋術數，亦不喜緯書，獨邃漢易，宗虞翻說，觀象玩占，用以斷天下之吉凶。著有《易象探微》二卷。詳《藝文》。

◎沈鎮，字洪度，晚自號耐村遺老。安徽宿松人。諸生。盛年馳騁名場，老境彌堅，薦秋闈。制行方正。

沈仲濤 華英易經 存

南開大學藏世界書局 1935 年排印本

◎英譯：The Text Of Yi King。

◎沈仲濤（1892～1980），號研易樓主人。浙江山陰（今紹興）人。早年經商，後任職商務印書館、啟明書局，與王雲五交善。復經商。1949 年遷居臺北。酷嗜藏書，後皆捐入臺灣故宮博物院。著有《華英易經》、《易卦與科學》等。

沈仲濤　易卦與科學　存

世界書局 1934 年排印本

沈仲濤　易卦與代數之定律　存

浙江藏 1932 年上海中華新教育社鉛印本

沈祖緜　答邢璞山問易三事　一卷　存

制言 1937 年第 43 期本

◎沈祖緜（1878～1969），字尗民、迪民，流亡日本時化名高山獨立郎。浙江錢塘（今杭州）人。沈紹勳子。幼承家學，長入浙江大學堂，畢業後留校任教。後留學日本。與孫中山、章太炎籌組光復會，入同盟會，數亡命東瀛及海外。晚歲定居蘇州富郎中巷德壽坊。精易學堪輿，兼通訓詁、史地。著述甚豐，惜多散佚。又著有《八風考略》《天台紀勝》《楚辭述注》《屈原賦證辨》《玄空古義四種通釋》《地理疑義答問》等。

沈祖緜　讀易臆斷　一卷　存

制言 1935 年第 3～14 期、1936 第 9 期本

沈祖緜　變象互體辨　一卷　存

制言 1939 年第 48 期本
武陵出版社 2010 年陳雪濤堪輿道本

沈祖緜　卦變釋例　一卷　存

制言 1939 年第 51 期本
武陵出版社 2010 年陳雪濤堪輿道本

沈祖緜　漢魏費氏易考　一卷　存

制言 1937 年第 41 期本
武陵出版社 2010 年陳雪濤堪輿道本
◎「言必有宗，理無旁騖」。

沈祖緜　九宮撰　佚

◎沈祖緜《九宮撰略・序意》：今纂《九宮撰》一書，撰之為言纂也，原

文冗長，刪去十之八九，得十八章。更名略者，撮其精要而已。然已上探淵源、辨其同異，繼闡眾說，究正訛舛。說有不當，乃詳為發揮。若訂正生成之誤，使五行之說有緒之可尋，九宮與八卦之列亦列圖敘明。古今異說一旦廓清，知我罪我聽之已爾。文王囚羑，乃演《周易》。身處憂危，然後能發憤忘食，以名後世。今茲大亂，就避荒邨，乃有以此相擬者。夫抗頤前聖，則余豈敢？傳述往哲，判析詳明，以啟後學，則庶幾近之矣。

沈祖緜 九宮撰略 不分卷 存

制言月刊第 53 期本

香港心一堂 2007 年心一堂術數古籍珍本叢刊影印本

◎蔣竹莊《九宮撰略題辭》：吾友沈君瓞民，曩校《漢書・律例／五行》兩志，欲極其義，蓋有年矣。歲丁丑，蘇州淪陷，避地泰縣，相隔年餘，戊寅復會於上海，詢校兩志事。謂兩志皆誤解《洪範》「一曰水、二曰火、三曰木、四曰金、五曰土」之說，此則本原已舛，是正無方也。若欲窮究兩志，觀其會通，必治《洪範》與九宮始。蓋洪範九宮之說不明，則兩志校讎多惑，則陰陽五行之學多誣，於是鉤致故籍，撰《九宮撰》，都四卷數十萬言。詳於名物，攷於訓詁，成證確然。恐學者勞慮，茫乎大義，乃刺取其要，成《九宮撰略》十有八篇。其論九宮追溯洛書之卦位，以闢坤無方位之謬。論中十，據通卦驗「八卦變象，皆在乎己」以演易之逆數。論參兩之數，以一三九七之，根為參天之數；二四八六之，根為兩地之數。據此，倚數之學始備。論游宮，謂即洪範之民極，逸詩之九變復貫，論九宮即八卦。取證於劉徽《九章算術序》所謂「九九之術，以合六爻之變」。論古人誤解生成之數，恃參兩倚數，辨《管》《墨》《呂覽》《淮南》及班《志》之譌，以明洪範「一曰水、二曰火」乃言序，非撰數也。此皆前儒所未及思理者，今則備矣。說有未浹，乃列圖以明之，可謂博稽而精思、慎求而能繼者也。中原喪亂，文獻遭水火兵刃者無算，學者著述，闕焉寡聞，而而瓞民滯居窮僻鄉壤。處困阨之境，人不堪其憂，獨能孜孜焉惟恐易道之一日或晦，奮筆成書，豈天之未喪斯文耶？余嘗謂宋晁景迂晚年避兵海陵，乃著《周易太極傳》諸書，世相推尊。今瓞民避地亦海陵也，所著亦易也，其境遇抑何肖耶！景迂諸書，惟《易玄星紀譜》猶存，僅取太玄星紀三者，演繹卦氣而已，於易實無所贊。蓋景迂師承涑水、康節、泰山諸儒，譽之者以為青出於藍。夫卦氣雖為易之一部，若合以星紀，固

不足以言易之大，然由此亦慨晁氏之學矣。景迂之譜，視蟄民之為書固不逮，然其志幾相伉。因縱言及之，以題其耑。民國二十七年孟冬愚弟蔣維喬序於因是齋。

沈祖緜 馬氏易傳述義舉要 一卷 存

光華大學半月刊 1936 年第 5 期本

沈祖緜 孟氏易傳授考 一卷 存

制言 1939 年第 29 期本

山東藏臺北成文出版社 1976 年影印 1936 年鉛印本

香港心一堂 2007 年心一堂易學經典文庫影印本

臺灣文聽閣圖書有限公司 2009 年林慶彰主編民國時期經學叢書本

沈祖緜 三易新論 三卷 存

1964 年油印本

香港心一堂 2007 年心一堂易學經典文庫影印本

◎目錄：三易考原、易名義考、畫卦原始、河洛考源、河洛發微、太極義證、歸藏蠡測、連山蠡測、消息闡微、周易新論、大衍義證、中爻釋疑、虞氏易平議、九宮考辨、制器尚象索隱。

◎沈延發《易學新論》前言：先父蟄民先生（祖綿）早歲亡命日本，與孫中山、黃興、章太炎、陶成章、魯迅諸先生遊，從事舊民主主義革命，為光復會創辦人之一，顛沛流離，囹圄之厄，不忘研《易》，七十餘載，未嘗中輟，著作一百餘種。解放後，任北京中國科學院歷史研究所特約研究員，以八十餘高齡，猶發奮成《三易新論》一百萬言，精冶卓絕，為世所重。為近代易學大師之一。

◎沈延發又著有《三易新論十八章解釋：易理氣功篇》，可參。

沈祖緜 先後天釋疑 一卷 存

光華大學半月刊 1936 年第 8 期本

沈祖緜 周易馬氏傳輯證 一卷 存

制言 1937 年第 33～36 期本

沈祖緜 周易孟氏學 一卷 存

制言 1939 年第 29 期本

山東藏臺北成文出版社 1976 年影印 1936 年鉛印本

香港心一堂 2007 年心一堂易學經典文庫影印本

臺灣文聽閣圖書有限公司 2009 年林慶彰主編民國時期經學叢書本

沈祖緜 周易孟氏學補遺 一卷 存

制言 1939 年第 29 期本

香港心一堂 2007 年心一堂易學經典文庫影印本

盛如林 古今易學象義 佚

◎民國《丹陽縣志補遺》卷二十《書籍》：盛如林《古今易學象義》若干卷。

◎盛如林，字壽山。江蘇丹陽人。通音韻之學。又著有《昔韻辨正》、《太乙大成》十二卷。

盛如林 易林元籤十測 一卷 存

山東藏清味經齋刻本

清鈔本

四庫未收書輯刊影印舊鈔本

◎卷首題：明延陵盛如林纂著，鹿城顧錫疇、婁東張溥鑑定，男頤、燦參閱。

◎序：《周禮》太卜掌三易，一《連山》，一《歸藏》，一《周易》。列山氏之書為《連山》，夏因之，卦首艮。軒轅氏之書為《歸藏》，商因之，卦首坤。伏羲氏作小成《易》，有畫無文，迨文王繫彖、周公繫爻、孔子作翼，其卦首乾而終於既未濟，為《周易》。自太卜失其官，人各為易，卜筮之法幾不傳。漢焦延壽好學，得幸梁王、京房，其說長於災變，分六十卦更直日用事，以風雨寒溫為候，各以其日觀善惡，每一爻主一日，六十卦為三百六十日，餘四卦震離兌坎為方內監司之官。所以用震離兌坎者，是二至二分用事之日，又是四時各專主之氣也。原本久逸爻象，變法占法皆殘缺無次。今人鮮能用《易林》者，余友茂卿盛君特為編註，附以十測，加以卦之直日用爻，蓋本其說於方圓二圖，參其變於七十二卦，合之得二十五萬九千八百四十之數，古今之

易無餘韻矣。若云後世有延壽者能知延壽，則吾豈敢？！東越句章馮元颺題于京口舟次。

◎吳焯《繡谷亭薰習錄·經部》：《易林元籤十則》，右鈔本。明常州盛如林茂卿纂。不分卷帙，題曰「十測」。一易籤淵源，二九六用變，三占法異同，四卦按四時八分，五京房分爻直日，六卦氣消長，七象氣合一，八起卦捷法，九八卦各屬卦爻分直二十四氣，十節氣盈虛起卦圖式。各有小引以申明之，大概以《焦氏易林》原本久逸，爻象變法、占法皆殘闕失次，因廣為編註，附以十測，加以卦之直日用爻，合之得二十五萬九千八百四十之數。句章馮元颺為之序。按《焦氏易林》每卦不變者一而變者六十有三。有一爻變者，有二爻俱變者，有三爻變者，有四爻俱變者，有五爻變者，有六爻俱變者。一爻與五爻變者各六，二爻與四爻變者各十有五，三爻與變者二十，六爻變者一。皆自下而上，逐爻相推。故每卦可變為六十四卦，合之得四千九十六卦。似亦理數之自然，毋庸損益于其間也。若自此而加之，何所底止乎？至焦氏占法，以初變為直日之用爻，于所變之爻起甲子數，至當年太歲干支為太歲之用爻；又從太歲用爻起甲子數，至本月干支為月；將又從直日用爻起甲子數，至筮時為時神。于此推究五行之生剋，以定吉凶。而諸所變與不變之爻，皆自為繇詞。其辭正詭離合多在可解不可解之間，恐更非末學淺見者所能竊取其意以補之也。

施世瑚 參訂陳紫峰易經淺說 佚

◎道光《晉江縣志》卷七十《典籍志》：施世瑚《四書宗貫》《崟谷嶺雲四書文》《參訂陳紫峰易經淺說》。

◎施世瑚，福建晉江人。乾隆二十五年舉人。乾隆四十年任光澤教諭、邵武訓導。又著有《四書宗貫》《崙谷嶺雲四書文》。

施相 周易大象集解粹言 佚

◎自序謂夫子《大象》見其言簡、其旨深，取之有從，推之有用，假彼象辭為我儀則，不待列卦布筮而兩體之象明，為人之道盡誠。玩而體之，服而習之，則言有據而動有法，措之事業，自身心家國天下，隨地即效，真可坐而言、起而行者也。且由此而推，凡盈天地間之物，目之所覯皆吾人進德修業之資。故列諸儒之說于前，而附己見頌之，使學者由辭得象，而後無虛懸說理之病。

　　◎吳舒鳧序〔註9〕：閒居施先生述虞子兼山之說，以易之《大象》為《集解粹言》一書，猶考亭朱子取程子之意以《禮》之《中庸》《大學》各為章句也。憶癸未夏五，予將適粵，與先生敘別卓觀草堂，始告予從事此書，屬以見聞助之。予躍然起曰：「易教其自此益興乎？周先王未嘗以易教人，教易自孔子始。孔子之繫十翼，惟六十四卦大象專明用易之事，言簡義該，教術莫備焉，此易教所興也。」先生曰：「《傳》稱『絜靜精微而不賊，深于易者也』，子以為先王無易教有所徵乎？」予曰：「《王制》樂正崇四術立四教，順先王《詩》《書》《禮》《樂》以造士，而《周易》則藏之太史，掌之太卜。韓起至魯，始見《易象》《春秋》，是當時無易教也。即孔子亦惟言《詩》《書》、執《禮》，又曰『成于樂』而已，不及易《春秋》。善學易者通神明之德類萬物之情，不善學者素隱行怪，流為異端，如周史老聃衍《道德》五千言，至絕仁棄義去禮，原壤之流從之，孔子之所謂賊也。然則易之為教殆自孔子繫易與修《春秋》之後，游、夏之徒相與傳習，述為經解，教行列國，而後世遂以六經並列學宮也乎？夫教人者教以人事，不教以天事也，是故易兼三才而孔子謂道不虛行，以天地之陰陽柔剛責備于人道之仁義。易有辭變象占，而謂君子居而安者易之序，樂而翫者爻之辭，不待于占也。《大象》不為占而設，故曰易教興于《大象》也。」先生樂予言，引觴酣飲倍他日。乙酉夏，予自粵歸，以遊旅之餘所錄先儒解《大象》者一編復至草堂尋先生，則先生書已成矣，予之所錄皆已流覽采輯者，無所助也。先生謂予曰：「子曩云教備于《大象》，亦有說乎？」曰：「有。《中庸》之道可一言而盡，至誠無息也。非乾之象乎？《大學》之道，明德新民而已，非晉之象與蠱之象乎？豫渙兩象之薦祖享帝，非《中庸》之極致乎？孔門善學者莫如顏子，其為仁即大壯象之非禮勿履也，其為學也不遷怒不貳過，即損象之懲忿窒欲、益象之見善則遷有過則改也，且自飲食晏息以至禮樂兵刑厚生正德，凡先王之所為教者，靡不具備，推之竭人之才，可贊天地，故《經解》因之以為教也。」先生益樂予言，授是書，命為序，更把酒賦詩，勉以行邁。廼予復之江右吳楚之交，歷燕山，汎甌江，數年甫息遊，而先生墓草宿矣。始克披書卒業，其所集諸解，仁知各見，不必從同。傳以己見作頌，折衷壹是，其言藹如，洵乎粹矣。昔文王、周公作易示人趨避之方，而吉凶言乎失得，悔吝言乎小疵，無咎者善補過也，猶待于占也。孔子言學易可無大過，無所用占也。若夫《大象》之用，有得而無失，有

─────────────

〔註 9〕吳舒鳧《易大象說錄》卷首附錄。

吉而無凶者也。學者能取是書觀而玩之，心識而躬行之，則左宜右有，人人可以寡過；不遠之復，不讓顏氏子。庶幾也所謂絜靜精微、不失之賊者，其在斯乎？嗟夫！自愧負先生教勉，悔吝雜生，何敢言易，亦何能序先生之書？況哲人云亡，間有彼說，無從質正，以為歉恨。聊即昔與先生論答之語，並記歲時，略為序次，用報夙命。予知天壤有此書，必與朱子《大學／中庸章句》並立不朽，自此益教益興，異端之賊可息也。彼莊周者尊尚老子，徒謂易以道陰陽。夫豈知易者哉？戊子冬暮，吳山人逸題。

◎丁立中《西溪懷古詩》卷下《闇居懷施石農》（著有《周易大象集解粹言》、《闇居詩》、《歙遊雜詠》《移居詠》）：潛裔作記著新篇，施子闇居十七年。竹廡彈琴歌奏雅，茅廬把盞會稱賢。賓筵友得如兄樂，翁訓孫能代母傳。易象精參言集粹，等身著述自磨研。

◎乾隆《杭州府志》卷五十七《藝文》一：《周易大象集解粹言》（國朝仁和施相贊伯撰）。

◎施相，字贊伯，別號石農。浙江仁和（今杭州）人。崇禎乙卯，年十七補縣（一說錢塘）諸生，明亡，棄舉子業隱居錢塘河渚之張園，卜築數椽，顏曰闇居，人稱闇居先生。嘗采古人嘉言懿行撰為《人錄》《女範》《幼學錄》以教人。晚年研極性命之學，于宋明諸儒無分同異，惟善是從。著《操心圖說》，漫成《詩／易大象頌》以證其所得。善病，不能多讀書，自《周易》《四書》外，几上所列惟周程語錄及陶、邵詩數種而已。與仁和涤溪里徐介〔註10〕同為吳舒鳧忘年交。卒年八十五。又著有《闇居》四種，今不傳。生平參《清史列傳》卷六十六《施相傳》。

石承謹　周易卦爻取象求似　七卷　未見

◎光緒《湘潭縣志》卷十《藝文》：《周易卦爻取象求似》七卷（石承謹撰）。

◎石承謹，湖南湘潭人。

石承謹　周易卦爻取象求似註解　六卷　首一卷末一卷　存

雲南大學藏清鈔本

湖南藏清鈔本

〔註10〕字堅石，別號狷菴。初名孝直，字孝先。卒年七十二。

石丁壬 周易管見 七卷 存

雲南大學藏同治稿本

◎石丁壬，生平不詳。

石丕烈 讀易初稿 四冊 佚

◎光緒《嘉定縣志》卷二十四《藝文志》一：《讀易初稿》四冊（石丕烈著，李思中序略曰：有輯註，有集說，有附錄，有折中，有總論。輯註以《本義》為宗，兼收《程傳》，間採他說；集說多集先儒微言；附錄專取蘇氏《新義》；折中則謹遵御案；而舊說之通論一卦一傳者，則以總論別之）。

◎石丕烈，嘉定（今屬上海）人。著有《讀易初稿》。

石思琳 易微 佚

◎民國《宿松縣志》卷三十二上《藝文志》一：《易微》，石思琳著（《通志》）。琳見《忠節傳》。學邃於易，避亂建德時，與大司寇鄭三俊商搉時務，陳兵寇大署，又入說皖撫營兵可疑狀，言皆中。斯其治易有得處也？！是編長於用變，知微之顯，學者宗之。

◎石思琳，安徽宿松人。

石希恕 周易本義旁參 佚

◎民國《宿松縣志》卷三十二上《藝文志》一：《周易本義旁參》，石希恕著（《通志》）。恕見《儒林傳》。學宗漢儒而折衷程朱義理，見功令專用朱子《本義》取士，注疏之學寖微，因著是書，取王弼以上鄭（漢鄭康成）、陸（吳陸績）諸儒之說參攷之，於《本義》多所裨益。已刊行世。

◎民國《宿松縣志》卷三十六下《列傳》一下《儒林》：著有《周易本義旁參》行世、《慎齋劄記》待梓，並詳《藝文》。

◎石希恕，字雲舫。安徽宿松人。廩貢生。沉靜沖穆，數困鄉科，遂棄帖括學，博覽羣籍，鍵戶下帷，究心漢儒訓故名物制度，纖曲靡遺，而折衷以程朱之義理。嘗謂學海堂刻《經解》而不守桐城一字，非當也。

石昕 周易摘略 佚

◎民國《宿松縣志》卷三十二上《藝文志》一：《周易摘略》，石昕著（同治《志稿》本傳）。昕列《文苑傳》。書待剞劂，未知係摘略卦辭、爻辭、彖象

屬，抑係纂取諸家傳注之言。然同治《志》傳稱其潛沉經術，時有真儒之目，應免割裂破碎之陋習也。

◎民國《宿松縣志》卷三十九《文苑》：著有《周易摘略》《春秋四傳合編》，儼然二經大師。

◎石昕，字東瑞。安徽宿松人。增廣生。幼穎異，操觚立就。至性耿耿。沉潛經義，深入閫奧。五膺房薦未售。邑令顧鳴鸞以真儒目之。

石元吉 易經遵聖 佚

◎光緒《黃州府志》卷三十二《藝文志》：《易經遵聖》，黃梅石元吉撰（《縣志》）。

◎石元吉，湖北黃梅人。著有《易經遵聖》。

時炳 周易解 佚

◎光緒《嘉定縣志》卷二十四《藝文志》一：《周易解》（時炳著）。

◎時炳，嘉定（今屬上海）人。著有《周易解》。

史襃 周易補義 六卷 存

國圖藏道光刻本

國圖藏光緒十三年（1887）刻本

國圖、上海、南京、山東、湖北、遼寧藏光緒十七年（1891）河城趙氏聚星堂刻本

◎史襃，又著有《學杜集》不分卷。

史積璟 樵陽卦圖 一卷 佚

◎乾隆《紹興府志》卷七十七《經籍志》：《樵陽卦圖》一卷（會稽史積璟撰）。

◎乾隆《紹興府志》卷五十四《人物志》十四《文苑》、道光《會稽縣志槀》卷十九《人物志》三：潛心易學，為《樵陽卦圖》十一，於先後天之學冥索旁搜，有前人推闡所未及者。

◎史積璟，字德純，號潤齋。浙江會稽人。乾隆丁卯舉人。任仙居教諭。

史興 圖說指南 六卷 佚

◎民國《懷寧縣志》補卷二十一《道藝》：著有《圖說指南》六卷藏邑丁

鑑堂家。

◎史興，字厚培。國學生。性誠慤，精青鳥術。宣統己酉遊合肥，周內翰崶陔一見異其術，乃館興於家。越四月嬰瘧疾，馳歸卒。

史虞　續安溪易象　佚

◎同治《鄱陽縣志》卷十一《人物》二、同治《鄱陽縣志》卷二十四《經籍書目》：所著《長嘯齋詩文》及《續安溪易象》諸書皆於任所散佚。

◎光緒《江西通志》卷九十九《藝文略》一《國朝》：《續安溪易象》，史虞撰（《鄱陽縣志》）。

◎史虞，字孝升。江西鄱陽人。嗜古力學，以選貢任東鄉教諭，升南昌教授。嗣以異等升山東蒲台知縣，卒於任。

史周沅　易說　佚

◎吳德旋《初月樓聞見錄》卷八：南瀾所著有《留與集》十卷、《易說》、《書說》並《制義》藏於家。

◎史周沅（1677～1733），字芬遠，號南瀾。江蘇宜興人。以為自周、孔而後，能成其德行其教者莫若洛、閩，能達其材行其道者莫若諸葛忠武，能文其言以明聖人之道者莫若韓吏部、歐陽少師，故為文一以達意為主而磨礪礧錯，期可見之施行。然卒困於諸生以老。荊溪許少來，溧陽潘鐵廬先生弟子也，鐵廬歿後，欲以所事鐵廬者事南瀾，南瀾不肯受，然與之往復議論恆切深。少來德之，終身執弟子禮惟謹。鄉里以狂目之，而文章慷慨勃鬱，磊落動人。

史尊朱　太極圖說解　一卷　佚

◎乾隆《溫州府志》卷二十七《經籍》：《太極圖說解》（史尊朱撰）。

◎史尊朱，浙江樂清人。著有《孝經刊誤淺解》一卷、《讀書淺解》四卷、《史論》、《太極圖說解》、《學則圖說》。

史尊朱　周易淺解　一卷　存

溫州藏樂清鄭耀庭刻本

◎光緒《樂清縣志》卷十一：《讀易淺解》（府志）。國朝史尊朱著（鄭耀廷刊本。增孫氏《溫州經籍志》案：《讀易淺解》一卷，附刻於《讀書淺解》之後，首

論乾坤二卦，次論六爻義例，則綜諸卦參互求之，持論篤實，視宋元以來推衍圖書者 夐乎遠矣）。

釋淡然　周易注

◎俞樾《春在堂襍文五編》卷六：《易》之為書廣大悉備，其无思无為、感而遂通，尤深得西來大意。宋楊簡之《慈湖易解》、王宗傳《童溪易傳》皆高談心性，與禪理通明。蘇濬解潛龍勿用為心之寂然不動、解大明終始為心之靈明不爽，易理也，即禪理也。釋澹然幼讀儒書，有聲庠序間。中年投筆從戎，金戈鐵馬中頗箸勞績，皆唾棄勿顧，歸於空門。禪誦之外，仍鑽掔易理，箸《周易注》若干卷。甲午之春，余來杭州西湖，而澹然適駐錫於杭，承不鄙棄，以所注見示。余讀其書，雖以言理為主，而言理仍由象數而來，其殆於漢學宋學一以貫之者乎！國朝周漁《加年堂講易》亦頗具禪理，然其解見羣龍元首云「見性而實無所見」，故增此以掃六爻名象之迹，則未免遁於虛無。澹然所見，過此遠矣。余伏讀一過，合十讚歎。而僭書其端，或不嫌著糞佛頭乎！

釋海印　周易說　佚

◎乾隆《泉州府志》卷六十五《方外》、民國《南安縣志》卷三十八九《仙釋》：晚年與太史林之濬、李光墺遊，皆成妙契。年八十一坐化。海印博學能文，尤深於易，得懷遠廖先生真傳，所著有《周易說》、《明德解》、《羅經集解》、《愧軒語錄》、詩文集若干卷、《和雪關六言詩》一卷、《雪峯誌》四卷。

◎釋海印，字端（一作瑞）章，號愧菴。德化張氏子。年二十投開元寺為僧。

釋妙復　周易觀象　佚

◎光緒《無錫金匱縣志》卷三十九：《周易觀象》，釋妙復。

◎釋妙復，江蘇金匱（今無錫）人。著有《周易觀象》。

釋智旭　周易禪解　十卷　存

山東藏 1915 年金陵刻經處刻本

臺北成文出版社 1976 年無求備齋易經集成據 1915 年金陵刻經處刻本影

印本

　　◎釋智旭（1599～1655），字蕅益。俗姓鍾。江蘇省吳縣木瀆鎮人。

舒繼英　乾元秘旨　一卷　存

　　山東藏嘉慶四年（1799）桐川顧氏刻讀畫齋叢書本

　　◎摘錄卷首：《楚詞》言：「圜則九重，孰營度之？」則天有九重，古昔已言之矣。西人之言九重天也，曰：最上為宗動天，無星辰，每日帶各重天自東而西左旋一周。次曰列宿天，次曰鎮星天，次曰歲星天，次曰熒惑天，次曰太陽天，次曰金星天，次曰水星天，最下曰太陰天。自恒星以下，八重天皆隨宗動天左旋，然各天皆有右旋之度，自西而東，與蟻行磨上之喻相符，由是往復迴圈，運行不息，以氤以氳，眾物憑生，而人於其間得氣之吉者則吉，得氣之凶者則凶，細細按之，不爽毫末。有志者所當詳察焉。

　　◎舒繼英，浙江錢塘（今杭州）人。監生。乾隆十三年任金壇主簿。

舒其芳　周易會通　佚

　　◎嘉慶《黟縣志》卷六《人物志·儒行》：其芳嘗著《周易會通》，證明本義。

　　◎道光《徽州府志》卷十一之三《人物志·儒林》：其芳嘗著《周易會通》，證明本義。

　　◎舒其芳，安徽黟縣屏山人。舒度父。

舒卓元　說易　一卷　佚

　　◎民國《懷寧縣志》卷十一《文藝》：舒卓元《說易》一卷。

　　◎民國《懷寧縣志》卷十九《文苑》：著有《說易》一卷、《強恕堂詩》十七卷《駢體文》一卷《散體文》一卷《制藝》若干卷。

　　◎舒卓元，字調笙。安徽懷寧人。道光己酉拔貢，咸豐己未考取八旗漢教習傳，補鑲白旗教習，期滿授知縣。佐彭玉麟幕十餘年，彭氏中年文字多出其手。為人兀傲剛直。累功保加花翎同知銜。晚年改教職，署宣城教諭。旋選含山教諭，卒於官。著有《說易》一卷、《強恕堂詩》十七卷《駢體文》一卷《散體文》一卷《制藝》若干卷。

水碻摯 周易註解 佚

◎民國《陝縣志》卷二十《藝文》:《周易註解》《靖寇管窺》,水碻摯著。

◎水碻摯,河南陝州(今三門峽市陝州區)人。同治監生。官開州州判。告歸。同治元年(1862)倡治團練以抗捻軍賴文光入陝。又著有《靖寇管窺》。

司徒修 周易易讀 六卷 存

陝西藏道光十五年(1835)刻本

◎司徒修(1780~1837),字納德,號則廬。廣東開平人。嘉慶五年(1800)舉人。自道光六年(1826)先後知陝西韓城、永壽、安康、寶雞、平利等縣。道光十七年卒,二十年祀名宦祠。又著有《五經易讀》、《綱鑑擇語》十卷。

嵩泉老人 周易清言 不分卷 存

故宮藏清鈔本

海南出版社 2000 年故宮博物編故宮珍本叢刊影印清鈔本

宋柏 易爻近徵 二卷 佚

◎白玉岱《甘肅出版史略》著錄同治刻本。

◎宋柏,甘肅武威人。

宋邦綏 易讀 四卷 存

山東藏嘉慶九年(1804)宋思仁傳經堂刻本

◎目錄:卷一上經。卷二下經。卷三繫辭上傳、繫辭下傳。卷四說卦傳、序卦傳、雜卦傳。

◎凡例:

一、是書專為課子而成,故以行文之體為之,俾童子易於記誦,非敢與訓詁諸編較量同異。

一、朱子《本義》數引《程傳》,如所云「《程傳》備矣」之類,今《易讀》專宗朱子,兼取《程傳》並旁采諸儒先說,間附鄙意,識者諒之。

一、《大象傳》為孔子學易於文周之外獨具心得,非比《彖傳》《彖象傳》猶為文、周作詮解也。《易讀》於此極力闡發,不敢徒附前人。江西晏中丞一

齋見之稱為同志，惜未及采取其論易諸說。

　　一、易上下經、十翼本十二篇，漢施、孟、梁丘及京房皆同。至費直，徒以《彖／象／繫辭》《文言》十篇解說上下經。陳元、荀爽、虞翻、鄭康成諸儒俱本費氏學。孔穎達謂王弼始以孔子《爻／象傳》各附當爻，惟乾卦尚仍其舊，王弼本相傳誦習已久。愚撰《易讀》依之，以便學者云。易上下二篇，文王、周公繫卦爻詞時所定也，卦詞文王作，爻詞周公述文王意作之，是謂經文。孔子十翼翼明二篇之義：《彖傳上》第一《彖傳下》第二，孔子為文王所繫「乾元亨」云云每卦彖詞作傳也。《象傳上》第三《象傳下》第四，「天行健君子以自強不息，地勢坤君子以厚德載物」、「雲雷屯，君子以經綸」等文，孔子為伏羲重卦，乾下乾上，坤下坤上，震下坎上等，內外卦《大象》名義作傳也。「潛龍勿用，陽在下也」、「履霜堅冰，陰始凝也」等文，為「初九潛龍勿用，初六履霜堅冰至」等爻象詞作傳也。先儒以上為《大象》，謂此為《小象》。《繫辭傳》上第五《繫辭傳》下第六為總論文王、周公卦爻辭之大傳也。《文言傳》第七，孔子更述古說易語推釋乾坤二卦之旨，為文王卦詞，周公述文王意所繫爻詞之大傳也。《說卦傳》第八《序卦傳》第九《雜卦傳》第十。孔子十翼次序本是如此，今書中「彖曰」、「象曰」乃孔子彖傳象傳之文。未明始末，易昧其原。謹述之以昭學者，俾毋惑焉。

　　◎前識：思仁憶童子時，先司農授所著《易讀》，稍能背誦即一一為講解指示。嘗謂思仁曰：易之六爻循環而推八卦，則無往不復，內聖外王之學，不外易知簡能也。韋編三絕，聖人終身學焉，況後之儒者邪？且是經吾家世業，汝其敬守勿墜。乾隆癸巳，詔開四庫館，搜羅載籍，思仁恭繕正本，經江蘇巡撫薩公進呈，荷恩採入《四庫全書》，誠曠典也。追思授讀此經時，閱今五十年矣。原編尚弄舊篋，思仁敬加校錄，分為四卷，爰界剞劂，以廣流傳，俾後之讀易者知所嚮往焉。嘉慶九年歲在甲子孟春元旦，男思仁謹識。

　　◎易讀序：庖犧氏之易也，無文字而止有圖畫，無可讀也。文王、周公之易，因圖畫而有文字，變化無方，其旨奧、其義深，不止用、讀也。孔子曰「五十以學易」，學易者非讀易之謂也。雖然，易自庖犧立象，文周繫辭，孔子作傳，四聖人之論撰而天地萬物之理備。即讀易而盡明夫諸儒訓釋，猶恐難究其廣大精微之意，況未能盡明夫訓釋者乎？商瞿、馯臂子弓受易孔子，傳授至漢田何、楊叔子、丁將軍之屬，後有施讎、孟喜、梁丘賀、京房、費直、高相及荀慈明、鄭康成、虞仲翔諸家，異同互見，學者無所依據。晉有王

輔嗣之學始專以義理言易。宋有程子、邵子之學，理、數各極其精。逮朱子出，乃能兼賅理、數，貫弗諸家。欽定易書以程子、朱子為本，並取諸說加以折中，易道大明，如日中天，學者可以是訓是行，遵厥指歸也。顧操觚家能中窾要以闡發其奧旨者實鮮，學易之人大抵徒騁其辨論，汗漫而無所用，皓首窮經而茫無一得者比比然也。吾鄉前輩宋曉岩先生家世治易，深於易學，躬行心得，於易不止用讀。今年曉岩奉諱里居，昨買舟來靈岩，信宿荒舍，出所著《易讀》授余。余讀而嘆曰：「茲編也，其有功於易乎？其有功於讀易者乎？會通《折中》《本義》諸家之說，斟酌立言，理明而辭達，氣暢而意融，使已讀易者讀之如開其新，未讀易者讀之如逢其故，不惟啟牖童蒙，將從事帖括者必以此為先資，藉此通夫《折中》《本義》諸家之說，誠易學之嚆矢也。」曉岩曰：「《易讀》恐無當於帖括也。」余曰：「《易讀》固非祇為帖括而作，然從事帖括者不可不讀《易讀》。」曉岩曰：「止可使弟子輩讀之，不可使他人皆讀之也。」余曰：「此心此理同，千百人讀之也可，千百年讀之也可，作訓釋易義讀之也可，為從事帖括讀之也可。學者因從事帖括而先明乎訓釋，訓釋既明，潛心研究探討乎易蘊，讀其文而明夫訓釋者，學易中之一事也。學易之道要不止用、讀，更可悟文周繫辭、孔子作傳本不止用，讀以溯其初庖犧立象之無可讀也，亦無不可。」曉岩謂余過稱其美，余以為稱之皆當其實，非過美也。曉岩返，余次所語為之序。時乾隆十有六年辛未夏五月，館侍沈德潛拜手序。

◎易讀序：《易讀》者，宋況梅少司農課子之書也。夫易之為道深矣廣矣，而其實不外乎人倫日用之常、此心存亡得失之過，聖人所為假年以學者惟在於是。至其所以為學，特示其意於象傳之文，其言君子者，即夫子之自道也。自漢以來諸儒言易者過而求之，往往流於讖緯術數，其高者又或依托老、莊，徒尚名言而不知自反。吾夫子所以示人之旨，遂日以晦塞。至有宋程朱二子出，乃能深究夫聖人學易之旨，反求之心而自得之，故其為言皆切于學者修己治人之方，而支辭繁說悉屏而不錄，蓋易之道至是而始明也。我聖祖仁皇帝定《周易折中》，表章程朱以昭明孔氏心法，如日中天，于是承學之士皆知所向方，不復為諸子百家所淆亂。後有作者，何以加焉？《易讀》一書，大要本乎程朱而雜采近儒之說，其言明白易曉，無有新奇可喜之論，是誠知所決擇而不詭於正者。學者循是而究心《折中》之書，以盡程朱之蘊而上窺孔氏心法，於學易之道其庶幾乎？予老矣，欲寡過而未能，竊願與讀易者共勉之

也。是為序。乾隆壬辰春仲，姻家同學弟莪溪彭啟豐序。

◎易讀自序：易非章句之學所能盡也，章句中能闡發大義者惟朱子《本義》為得其要。顧人以童時所授大概習而不察居多。陳大士《五經讀》其於易也祇大署言之；近見方潛夫《時論》，其書采取甚富，闡發易義較大士為備，然潛夫不免以楊武陵水火之故，每藉易發洩其憤懣，而其子密之晚年歸心禪學，於易論中大半雜以釋氏語。夫乾惕自省，聖人處憂患之道也，讀易者非寧神靜氣探厥指歸，豈能神而明之乎？余家故積世治易，少時聞父兄之教熟矣，今於校士餘暇，博綜儒先舊說，因見兒子輩年就外傅，輒融會羣言，卦爻象象各為文以著之，詞取明達，義歸簡要，俾童子易于成誦，名之曰《易讀》，以存諸家塾，非敢傳示他人也。書什二三采之方氏，間附己意。謹識簡端，不敢隱其所自云。乾隆十有五年太歲庚午孟秋，長洲宋邦綏識于楚北學使署之遜業軒。

◎提要（題無卷數）：是編用《注疏》之本，其凡例云專為課子而成，故以行文之體為講書，使孺子易於記誦，又云是書專奉朱注，自序又稱取之方氏《時論》者十之二三，不敢隱其所自，其大旨盡是數言矣。

◎宋邦綏（？～1779），字逸才，號況梅。江蘇長洲（今蘇州）人。乾隆二年（1737）進士，改庶吉士，歷散館授翰林院編修、河南鄉試正考官、翰林院侍讀、湖北學政、山西學政、侍講、日講起居注官、四川川東道、河南按察使、廣東布政使、山西布政使、山西巡撫、湖北巡撫、兵部右侍郎、都察院右副都御史署湖南巡撫、陝西布政使、廣西巡撫署廣西學政、兵部右侍郎署倉場侍郎、知武舉、戶部右侍郎。

宋昌玹 松潭易說 佚

◎紀大奎《雙桂堂稿續編》卷二《松潭易說序》：易之道原於天而備於人，人得天地陰陽之氣，其本於元善之體者無不同，而及其用之之異。正則為健順五常之德以措諸身以處之家國天下，不正則遂有過剛陰柔不中之失，吉凶所以生，悔吝所以著。程子曰：「聖人之憂天下來世其至矣。先天下而開其物，後天下而成其務」，又曰：「易所以定吉凶而生大業，是故學易者求其所以用之而已矣」。吾鄉雩都宋韻泉先生素嗜易，寢而食之，體而行之，見於政事之際，運乎軍旅之間，剛柔協而樞機當，非深於易之用烏若是。余固嘗以未得見其人讀其書為憾，一日得其所註易上經一編，伏而讀之，而後知先生之果

深於易之用，而宜其立身行政之無不善有若是也。先生之說易，不為穿鑿汎濫之言，而一以人事之得失、治道之盛衰實而驗之於卦爻陰陽善不善之所由異，而其大要必以乾坤健順為體用之大原，歸之於四德之貞。在陽則以用陰為貞，在陰則以體陽為貞，此其達於陰陽體用之原，合乎天道人道之正，蓋與程子之傳易不必其說之盡同，而其殷然於聖人憂天下來世之意者一焉而已。於戲！使學易胥得其用若此，其為效於身心家國天下之際者曷有窮哉！余時方宰什邡，先生嗣君青隄大使泰相距數百里，雖守官不獲一晤，要當乞全書讀之，而特先序其大畧如此，以致反復流連之意。先生別號松潭，書未有名，宜名之曰《松潭易說》，並以質諸嗣君云。

　　◎同治《贛州府志》卷五十《人物志》：著《松潭易說》《几山詩文稿》行世。

　　◎同治《雩都縣志》卷十《人物志》：年二十，沉潛易學，獨具會心，刻有《松潭易說》《几山制藝》《几山詩稿》行世。

　　◎光緒《江西通志》卷九十九《藝文畧》一《國朝》：《松潭易說》，宋昌琤撰（《雩都縣志》）。

　　◎宋昌琤，字韻泉，號几山，又號松潭。江西寧都縣賴村鎮賴村人。幼負殊質，為文超邁，其父課之極嚴，命從名師遊，年二十沉潛於學，獨具會心。年二十五中舉人。乾隆三十一年丙戌得成進士，敕贈文林郎，知雲南河西縣，擢雲州知州，後補陝西葭州知州，以軍功擢直隸州知州加知府銜。歷署興安、漢中、鳳翔知府，題補直隸商州知州。精六壬，占響如神。卒於官。又著有《几山文稿》、《几山詩稿》、《几山制藝》。

宋朝聘　易經詳旨　三卷　佚

　　◎同治《峽江縣志》卷九：《易經詳旨》（三卷。吉安教授宋朝聘虜尹撰）。

　　◎光緒《江西通志》卷九十九《藝文畧》一《國朝》：《易經詳旨》三卷，宋朝聘撰（《峽江縣志》）。

　　◎宋朝聘，字虜尹。江西峽江縣石陂人。崇禎己卯舉人。順治十年任信豐教諭。升吉安教授。

宋鎬　易經全解　佚

　　◎民國《樂安縣志》卷之十《人物志》上、民國《續修廣饒縣志》卷十九《人物志》：著有《易經全解》《四書詳解》。

◎宋鎬，山東樂安邑城西北十二里之大相村莊人。雍正丙午以選貢中順天舉人。官廣東瓊州府同知。又著有《寸心齊詩集》。

宋嘉德 周易凝粹 佚

◎民國《濟寧直隸州續志》卷十八《藝文》：嘉德撰《周易凝粹》未竟而歿。首闕十一卦，由弟子張學謙續成之。

◎道光《濟寧直隸州志》卷九之一《藝文志》一：見孫芝《周禮凝粹序》。又張學謙有《續周易凝粹》，序曰：會廷夫子撰《周易凝粹》，未竟而歿。前闕乾坤二卦，後闕歸妹十一卦。同學諸子咸以繼述屬余。余遜弗敢當，然竊有志也。道光戊戌冬，乃涵泳易旨，謹續而補之，歷冬及春而畢，距夫子易簀之日蓋四十四年焉。

◎宋嘉德，字會廷。山東濟寧人。諸生。

宋嘉德 周易演義 佚

◎孫葆田《山東通志》卷百二十七《藝文志》第十：《州志》載其《周易演義》，注云：「見孫芝《周禮凝粹序》。」又張學謙有《續周易凝粹》，序稱嘉德撰是書未竟而歿，前缺乾坤二卦，後闕歸妹十一卦。乃涵泳易旨，謹敘而補之。案：《演義》、《凝粹》疑即一書，書未成，名亦未定耳。今從注說，存《凝粹》之名，而刪《演義》弗錄。

宋鑒 易見 二卷 存

北大、天津藏乾隆三十三年（1768）安邑宋氏刻本

南京藏乾隆四十五年（1780）刻本（一卷）

山西大學藏嘉慶二十年（1815）刻本

◎宋鑒（1727～1790），字元衡，號半塘。山西安邑（今鹽湖區）人。乾隆九年（1744）舉人，十三年（1748）梁國治榜進士。歷官浙江常山、鄞縣知縣，廣東南雄府通判、連州知州、澳門同知、潮陽知縣。告歸，囊無長物，攜書數千卷而已。歿於河南確山。所著《尚書考辨》四卷，實為重輯閻若璩《古文尚書疏證》之作，孫星衍謂「與閻君較，簡樸過之。」又精研小學，以為經義不明由於小學不講，乃採經史、《方言》、《釋名》、《玉篇》、《廣韻》、《水經注》諸書，成《說文解字疏》三十卷，益以附、借、備三門，詳贍辨博，甚有條理。又著有《易見》二卷、《尚書匯鈔》、《漢書地理考》及詩文等集。

宋逵升 四聖心法 不分卷 存

　　山東藏 1935 年濰縣和記印刷局鉛印本

　　◎宋逵升，字道九。山東昌邑人。光緒庚子辛丑並科舉人。

宋書升 孟氏易攷證 未見

　　◎宋書升《周易要義》首冊封面黏貼書升致高鴻裁手札略云：此書升所著《周易》，凡五易稿，此末次本也。雖未謄清，而字體清楚，易鈔定本也。謹呈尊覽，幸賜存之。可傳與否，並商良友梧生也。書升所著尚有《尚書要義》、《詩略說》、《孝經義》、《夏小正釋義》、《五穀考》、《孟氏易攷證》，其《古韻微》本合《詩略說》為一種，餘有《旭齋說經賸稿》若干本無卷數，並付存女夫高淑性。

　　◎宋書升，字晉之，一字貞階，號旭齋，又號初簹。山東濰縣（今濰坊）人。光緒十八年（1892）進士，欽點翰林院庶吉士。精於樂律、甲子。曾掌教山東。懼以仕廢學，遂不出。袁世凱徵召再三，托病不赴。又著有《尚書要義》、《禹貢說義》一卷、《夏小正釋義》二卷、《周禮明堂考》、《禮記大旨》、《春秋長曆》一卷、《春秋分類考》、《讀春秋隨筆》一卷、《續春秋三界考》一卷、《詩略說》四卷、《孝經大旨》一卷、《論語義證》、《爾雅拾雅》、《小爾雅廣韻校》、《古韻微》一卷、《二十四史正偽》、《校正三元甲子編年》一卷、《山左金石約錄》二卷、《旭齋文鈔》一卷、《旭齋詩鈔》二卷、《旭齋零稿》一卷、《燈商隨筆》一卷。

宋書升 周易要義 十卷 存

　　山東省博物館藏稿本

　　齊魯書社 1988 年鉛印標點本

　　山東友誼出版社 1989 年孔子文化大全影印本

　　山東文獻集成第四輯影印山東省博物館藏稿本

　　◎民國《濰縣志稿》卷三十七《藝文》作《周易宋氏要義》十二卷，注云：已刻未印，板存琉璃廠龍文齋。

　　◎卷目：卷一上經。卷二下經。卷三卦象傳。卷四彖象傳。卷五爻象傳。卷六文言傳。卷七繫辭傳。卷八說卦篇。卷九卷十《周易附說》。附二十六圖。

宋澍 易圖彙纂 佚

◎民國《臨沂縣志》卷十《人物》二：著有《易圖彙纂》、詩文稿藏於家。

◎宋澍（1751～1807），字沛青，號小坡。山東臨沂蒼山縣車輞鎮車輞村人。乾隆四十六年（1781）進士，由翰林院庶吉士改任吏部主事，擢升郎中，又歷任刑科給事中和江南道、京畿道、監察御史，乾隆六十年（1795）充任湖南鄉試正考官，後任陝甘學政。又著有《愛日堂集》。

宋咸熙 古周易音訓 二卷 存

上海藏嘉慶七年（1802）刻本（陳其榮錄陳鱣校）

同治光緒刻金華叢書本

光緒刻槐廬叢書本

光緒刻校經山房叢書本

光緒十二年（1886）吳縣朱氏槐廬刻孫溪朱氏經學叢書初編本

湖北藏光緒十六年（1890）慎自愛軒刻美譽田輯清芬堂叢書本

南京藏光緒二十九年（1903）古不夜孫氏刻本

日本國會存日本江戶寫本

光緒刻仰視千七百二十九鶴齋叢書本

光緒會稽章氏編刻式訓堂叢書本

◎一名《古易音訓》。宋呂祖謙原撰。

◎刻呂氏古易音訓序：《文獻通考》：「呂伯恭《古易音訓》共十四卷」，《宋史·藝文志》：「《古易音訓》二卷」，蓋《古易》十二卷《音訓》二卷，為十四卷也。朱子之孫子明取《音訓》附刊《本義》後，今原書失傳，散見元董季真《周易會通》中，而分並失次。戊午冬月，依呂氏篇第，手自綴錄上下經一卷十翼一卷。呂氏本陸德明《釋文》、晁以道《古周易》著此編，《易釋文》有明監注疏本及汲古閣、通志堂、雅雨堂、抱經堂諸本而多誤，惟此所載與葉石君影宋鈔本合。晁氏生當北宋，猶見鄭易四篇及唐沙門一行、陰閎道、陸希聲等說。今嵩山之書久亡，亦藉此以存其梗槩。屯六二「屯如邅如」與葉鈔本及《漢書》《集韻》合，知今本作邅之為臆改也。蒙「苞蒙」、泰「苞荒」與葉鈔本及唐石經、《石經正誤》合，知今本作包或苞、包倒置之為竄改也。泰「苞荒」晁氏曰：「鄭讀為康，大也。」按《爾雅》某氏本及《詩·召旻》箋皆云：「荒，虛也。」《易》晉康侯鄭云：「康，尊也，廣也。」廣大義同，

《爾雅‧釋器》康瓠謂之甈。李巡曰：「康謂大；瓠，瓢也。」知康有大義，荒即訓虛，不必讀康，而今本作讀為康、訓為荒者誤也。復「頻復」鄭作𩓥，案《說文》顰字從頻卑聲，然則古經顰字借聲作卑，而今本作顰之為妄加也。離「出涕沱𣶒」，與《集韻》所載古字合，今本作若，則與陸氏自云「古文若皆如此」者不相應矣。明夷「用承」，馬音拯救之拯，與艮「不承其隨」音拯救之拯正同，今明夷承改拯，與艮卦異，且陸氏之音為贅矣。睽下引《說文》云：「目不相聽也」，與葉鈔本及今《說文》《集韻》合，盧學士云：「聽者順從之意，今作視乃妄人所改。」或又據《玉篇》改為耳不相聽，則益失其真矣。豐「豐其沛」，子夏作芾，傳云：「小也」；鄭干作芾，云：「祭祀之蔽膝」。與葉鈔本及錢求赤影宋注疏本合。今本作鄭干、作韋，以區別乎子夏傳，而不知沛施芾同一市聲，作韋為失其義矣。既濟「繻有衣袽」，《說文》作絮，與本書合。案《說文》：「絮，敝緜也。從糸，如聲。絮，縕也，一曰敝絮，從糸奴聲。《易》需有衣絮。」今作絮，則為敝緜字而非敝絮字矣。《象下傳》：「其文蔚也」，《廣雅》云：「蔚，數也」，與葉鈔本合。案《廣韻》三《釋詁》：「蔚縟㪍驛數也。」《一切經音義》卷七云：「《廣雅》：蔚，數也，文采繁數也。」今本作敷也，是不得其辭而妄改，與《廣雅》不合矣。《繫辭》下「成天下之亹亹者」，鄭云：「亹亹，沒沒也」，與葉鈔本合。案《爾雅‧釋詁》：「亹亹、蠠沒，勉也。」郭注：「蠠沒，猶黽勉。」鄭注本此，而今本改作「汲汲也」，為謬矣。茲疏其足以訂正《釋文》者於簡端，以質世之學易者云。咸熙嘗有志合栞呂氏《古易音訓》、宋氏《國語補音》、孫氏《孟子音義》、殷氏《列子釋文》、蕭氏《漢書音義》、何氏《晉書音義》、釋元應《一切經音義》、慧苑《華嚴經音義》等書，彙為一編，力有未暇，今先託端於是焉。嘉慶七年歲次壬戌春三月，仁和宋咸熙謹識。

◎卷下末：壬戌冬日為小茗重挍一過，又正數字，洵乎如掃葉之難盡也。時寓西湖弟一樓。杰記。

◎後序：朱子說經皆出獨斷，《中庸》《大學》更定章句，不屑拘拘譾譾，就先儒之成說。而於《周易》獨栞王、韓之誤，離析經傳，以還孔氏之舊。其所據依，乃呂成公所編定者。成公於《易》但編定之，未嘗有訓釋。朱子因其本而譔《本義》，是宋易之本於古，雖大定於朱子，實發端於成公，功亦偉矣。明人修《大全》，乃取《本義》附於《程傳》，而《程傳》用王弼本，與《本義》經傳不相合。乃遂割裂《本義》卷次，以強同於程。後來坊刻，栞程存朱，以

《程傳》次第為《本義》次第，相承至今。《本義》僅有內府重彫宋本，然通行誦習者皆沿俗本之譌，而成公書則久佚。《音訓》一篇采陸氏、晁氏兩家之說而成者，朱子因之，故於《本義》不復譔音。朱鑑刻《音訓》於《本義》之後，今亦亡矣，僅存於董真卿《周易會通》。仁和宋君德輝嗜古學，惜學者不獲復見成公書也。采輯成裘，完然可讀。案《音訓》經文大書，皆從陸氏《釋文》。《釋文》有通志堂、抱經堂兩刻，皆據宋本。抱經先生校栞頗多，糾正舊誤，然尚有一二未盡，藉此書以正之者。如屯如邅如《釋文》作亶，亶古文也。云亦作邅，今本大書作邅而刪去「亦作邅」三字。武進臧在東嘗據以校正，而先生之書已刻成，不可復改，遂筆之《拜經日記》。又晁氏書亦久佚，藉此以存梗槩。晁所引有陰宏道說，考《唐書‧藝文志》陰宏道《周易新傳疏》十卷，陰唐初人，晁猶及見其書，故得引之。此亦在東告我云爾。宋君此輯，不僅存成公書也，因是而晁書亦存，因晁書而陰說之僅存者亦存，豈不懿哉？苟能付諸剞劂，附《本義》原書而行，庶幾朱、呂二子復古之功不沒乎！嘉慶四年四月，歸安嚴元照。

◎跋：呂成公《古周易音訓》，所引《經典釋文》勝於今通志堂、抱經堂所刻者。吾友宋子德輝既臚舉示學者矣，抑予耩讀之，疑晁以道所據又勝成公所據。如徵忿窒欲，呂引云：「徵蜀才作澄」，晁則云：「蜀作登。」呂引云：「欲，孟作浴。」晁則云：「孟作谷。」皆古文叚借字。《老子》谷神，河上作浴神，其證也。又若莧陸，呂引云：「虞云：莧，莧也；陸，商也。」晁則云：「虞云：莞說也。虞、蜀作：睦，和也。」以李鼎祚所引虞說訂之，則晁與相合。然則《釋文》一書，自成公所見已譌舛特甚，何況今日耶？才如宋子，庶能一一諟正，予之所深望也。嘉慶壬戌九月廿九日，金壇段玉裁。

◎錢泰吉《甘泉鄉人稿》卷七《曝書雜記》上《古周易音訓》：余欲求善本呂氏《古周易音訓》，梅里李香子丈告予仁和宋小茗咸熙嘗校刊此書，小茗下世後印本漸希。丁酉春日晤朱少郭以泰，為小茗同里人，因贈一冊，蓋嘉慶戌午冬月從元董季真《周易會通》中采出，因依呂氏篇第鈔錄者也。小茗嘗欲合刊呂氏《古易音訓》、宋氏《國語補音》、孫氏《孟子音義》、殷氏《列子釋文》、蕭氏《漢書音義》等書，而《易音訓》獨成，自為序，歸安嚴氏元照為後序。

◎宋咸熙（1766～1834後），字德恢（輝），號小茗。浙江仁和（今杭州）塘棲鎮人。嘉慶十二年（1807）舉人。官縉雲縣訓導、桐鄉縣教諭。罷歸後設

帳周氏拳石山房。精小學經義，家學淵源〔註11〕，又潛修力學，從錢大昕、段玉裁諸人遊。喜藏書，建思茗齋貯書，嘗作《借書詩》：「金石之物亦易泐，況且柔翰歷多年？能鈔副本亟流傳，劫火來時庶不湮。」嘉慶初與撰《經籍纂詁》，任教桐鄉時編《桐溪詩述》二十四卷。又著有《惜陰日記》、《詩本音補正》、《夏小正箋》、《耐冷譚詩話》十六卷附題辭一卷、《思茗齋集》十二卷，多散佚不傳。

宋翔鳳 讀易札記 一卷 存

咸豐三年（1853）刻過庭錄本

無求備齋易經集成本

◎宋翔鳳（1779～1860），字於庭（虞廷）。江蘇長洲（今蘇州）人。嘉慶舉人。知湖南新寧縣。先從其舅莊述祖治西漢今文經學，得其真傳，主微言大義，精通訓詁。後入段玉裁門，兼治東漢許鄭之學。又著有《論語說義》十卷、《論語鄭注》十卷、《孟子趙注補正》六卷、《小爾雅訓纂》六卷、《大學古義說》二卷、《四書釋地辨證》二卷，《孟子劉熙注》一卷、《卦氣解》一卷、《尚書說》（《尚書略說》）一卷、《尚書譜》一卷、《爾雅釋服》一卷、《五經要義》一卷，《五經通義》一卷、《憶山堂詩錄》八卷、《洞簫樓詩紀》十八卷、《樸學齋文錄》三卷、《洞簫詞》一卷、《碧雲盦詞》二卷、《香草詞》二卷、《樂府餘論》一卷、《浮谿艸堂叢書四種》，撰著多編入《溪谿精舍叢書十九種》。

宋翔鳳 卦氣解 一卷 存

道光浮溪精舍刻本

宋翔鳳 過庭錄周易 三卷 存

山東藏 1930 年北平富晉書社刻本

臺北成文出版社 1976 年影印咸豐三年（1853）刻本

宋翔鳳 周易考異 二卷 存

咸豐三年（1853）刻過庭錄本

〔註11〕父大樽，字茗香，乾隆丁酉舉人，工校讎，富藏弆。

山東藏光緒十四年（1888）南菁書院刻皇清經解續編本

山東藏 1930 年北平富晉書社刻過庭錄本

廣文書局 1974 年易學叢書續編本

山東藏臺北成文出版社 1976 年無求備齋易經集成影印咸豐刻過庭錄本

山東藏臺灣新文豐出版公司 1983 年大易類聚初集影印光緒十四年（1888）刻皇清經解續編本

續四庫影光緒十四年（1888）南菁書院刻皇清經解續編本

宋修　易經口義　佚

◎同治《蒲圻縣志》卷八《藝文志》著錄。

◎宋修，字客山。湖北蒲圻人。乾隆五十七年（1792）拔貢，官羅田教諭。講學龍門書院，造就多人。

宋祖駿　周易卦變圖說　一卷　存

國圖藏咸豐刻樸學樓叢刻本

上海藏咸豐十年（1860）刻會稽徐氏述史樓叢書五種本

國圖、山東藏咸豐十年（1860）武林沈映鈐刻本

天津藏咸豐十七年（1867）刻本

光緒刻會稽徐氏鑄學齋叢書本

◎一名《易卦變圖說》。

◎桂文燦《經學博采錄》卷六：《易卦變圖說》一卷，不著撰人名氏。第一漢魏諸儒卦變圖、第二虞仲翔卦變圖（原注：明黃宗羲定）、第三干令升卦變圖、第四李挺之卦變反對圖及六十四卦相生圖、第五程伊川變圖（原注：明何楷定）、第六沈守約八宮卦變圖、第七朱子本義卦變圖及本義兩爻互易卦變圖、第八方涼山易卦變合圖、第九朱楓林十辟卦變圖及六子卦變圖、第十來梁山錯綜圖、第十一黃梨洲卦變論、第十二毛西河推易圖、第十三歷代諸儒非卦變說、第十四反覆九卦圖說。其自序云：「卦變之說不始于孔子也，泰否之象辭曰：『大往小來、小往大來』，是文王已言之矣。損六三之爻辭曰：『三人行則損一人，一人行則得其友』，是周公已言之矣。是以漢儒自京、鄭、荀、虞以至陸績、蜀才、崔憬之徒，皆以卦變解經，為易中一大節目。顧當時三聖人卦變之旨必有一定體例，而後世不得其傳，乃不得已各以其說求合於經，或以正變，或以反對，或以旁通，或以乾坤為主，或以兩爻互移，或兼采六

子，或專主十辟，或以一爻至六爻遞變為次序，或以一陽至六陽相生為推易。各守師承，則此然彼否；均多謬戾，則左支右吾。而卦變之法於是大壞，因之有憤其說者，謂得意忘言、得意忘象，彌縫多缺，不如盡廢之為得。然而何可廢也？聖人以卜筮作易，象數義理一時俱到，倘謂專主義理而象數在所不論，聖人不若是之偏。今象數之不見于經，斥之可也；既質之經而確有明文，而以後儒失傳之故，欲廢其說，是毀經也，其可哉？予觀漢晉諸儒著疏，凡後儒諸說，蓋無一非先得者。後儒特因其說而推衍之，惜乎其書不盡傳，而蛛絲馬跡存什一於千百，僅有李氏《集解》一書。近儒董守諭著《卦變考略》、毛奇齡著《推易始末》，皆賴是書追尋墜緒以為卦變之祖。余因撮其說而列之為圖，使學者有所考見焉。」咸豐庚申沈韶州映鈐刻于粵東而跋其後云：「右《易卦變圖說》一卷為曾王父賚堂先生手鈔本，卷尾注云：『丙辰在京寓借謝山處本鈔。』案謝山全先生舉雍正壬子京兆試，與曾王父為同年生，此蓋丙辰計偕時所借鈔也。編首不著撰人姓氏，或疑即謝山所著。然考《經史問答》於易變頗斥瞿塘來氏，以為繁溷；而是編謂來氏錯綜之法最有綱要。則非全氏之書也。其別白諸家，本之梨洲黃氏。甬東之學皆宗南雷，則似為鄞人所著。然余向時往來浙東，舉以質窮經家，尟知之者。是書于卦變一門，源流正變，粲然畢備，是以孤行，惜世傳之者少也。因為鋟板以廣其傳。世或有知作者姓氏，或已梓行而余未及見，固陋之誚，又安敢辭？！刻既畢工，謹誌數語于卷末。咸豐十年八月武林沈映鈐退庵跋。」韶州於先人手澤，四世流傳，不致散佚，亦可謂賢子孫矣。

　　◎宋祖駿（？～1877），字偉度。江蘇長洲（今蘇州）人。1865年入曾國藩幕。官至東平州知州。以詩聞名。又著有《補五代史藝文志》一卷、《樸學廬詩鈔》五卷、《樸學廬外集鈔文》一卷《律陶》一卷《律杜》一卷《詩鈔》一卷、《樸學廬詩初鈔》五卷、《樸學廬文初鈔詩初鈔》五卷。

宋祖駿　周易卦圖說　一卷　存

　　國圖藏清刻本

蘇秉國　周易通義　二十二卷　首一卷　存

　　北大、上海、山東、遼寧、中央黨校藏嘉慶二十一年（1816）清河蘇秉國蘇州家刻本（徐用儀批）

　　遼寧藏嘉慶二十一年（1816）清河蘇氏蘇秉國蘇州刻本（丁晏跋）

北大藏嘉慶二十三年（1814）修訂本

四庫未收書輯刊影印嘉慶二十一年（1816）清河蘇秉國蘇州刻本

◎首一卷為揭要，凡十五條。黨校本有徐用儀批。

◎目錄：卷首揭要。卷第一上經乾至訟。卷第二師至大有。卷第三謙至賁。卷第四剝至離。卷第五下經咸至解。卷第六損至井。卷第七革至旅，卷第八巽至未濟。卷第九象上傳。卷第十象下傳。卷第十一象上傳。卷第十二象下傳。卷第十三繫辭上傳。卷第十四繫辭下傳。卷第十五文言傳。卷第十六說卦傳。卷第十七序卦傳、雜卦傳。卷第十八附編第一。卷第十九附編第二。卷第二十附編第三。卷第二十一附編第四。卷第二十五附編第五。

◎周易通義敘：易者象也，文王本理而立象，孔子即象以名理。秦火而後典籍散亡，立象之義無以究其實矣。自漢迄今，諸儒言易蓋有三變：荀、虞、京、鄭主象者也，王氏而後舍象言理，迄乎宋世圖學興焉。竊嘗論之，九師之說原本緯書，施、孟以來具有師授，第升降旁通，引伸之徑既繁；納甲、爻辰，推附之說彌甚。其究也，小術行而大道隱，其失也鑿。輔嗣《易註》盡掃榛蕪，妙諦微言，時會名理，然而義不空存，藉象以著，筌蹄既棄，魚兔亦亡。其究也，清談勝而實象廢，其失也虛。至於河圖洛書之數、乾一兌二之序，斯固大儒所取當世所傳。顧九宮詳於《鑿度》，先天本於《參同》，考之《大傳》，未有明文，承學之士恆致疑焉。約而言之，三千年來除雜流依託名易而實非易者無庸綜計。我朝文淵閣所藏經部諸儒說易之書著錄凡一百五十八種，近人所述，僕所及見者又數十家，其間或自抒心得，或傳述舊文，或備論全經，或獨明一義，雖所得有深淺、所見有精粗，而求諸宏綱巨目之間、訓詁文字之際，類此通而彼閡，或似是而非，尋條者失其枝，察物者昧於睫，雖探賾索隱頗亦造微，而觀象玩辭未能盡意，知類通達曼乎艱哉！予友嵩坪蘇子，篤古之士，究心是經垂三十年，沉潛反覆，著為《通義》一書。書疏往來，屢相磨錯，易稿者數矣。今者自念齒暮，恐不復有進，思以其書就正當世，而先以示僕。僕發而讀之，其言象也一本之本經、十翼，參以《洪範》貞悔、《左氏》內外傳之說，而漢儒諸家附會之象不及焉。其言理也一本之卦德、卦象、卦體、本爻、變爻、比爻、應爻、互爻，而王氏以後空虛之理不及焉。文字準乎古訓，名物證以羣經，章句審乎義理，解義衷諸類例，其於前人之說，是者雖當世所習傳，而不敢苟異；其非者，雖先儒所尊信，而不敢苟同。或舊說糾紛，必宜剖析者，別為附錄一編以記其平日辯論棄取之意，並及存

疑可備參考之說，以示後之學者，俾無惑於歧路，無狃於咫聞。惟期上符至理，下愜羣心，辭簡而義昭，語質而理洽，雖於古聖作述之旨未知何如，而後世之有志於聖人之經而求通其義者，吾知其必有取也，是以樂為敘之。嘉慶十有九年歲次甲戌季夏月吉，同學愚弟汪廷珍。

◎讀周易通義後言：原夫蒼牙通靈，能發揮者蓋寡；玉門演策，相祖述者絕倫。閱河內之陳編，未發屋而女子奚得？啟江東之元理，僅在牀而名士何知。四序其不行乎，尚營營於一畫萬有；其該括矣，曷夢夢於三爻。楊政鏗鏗，究係一家之說；充宗嶽嶽，猶攖五鹿之鋒。以及松下負芩，邛閒賣醬，雪庵落髮，龍潭荷蕢。或治絲而多棼，或還珠而買櫝，凡此蹈一偏之零雜，要皆惜數載之鑽研者也。吾友蘇蒿坪先生，心希三古，道契十言；致遠鉤深，說心研慮。才鋒倚劍，辭非月露風雲；學海架濤，味比植梨橘柚。腸浣西江之水，沙石成文；夢生彩筆之花，琳瑯滿幅。繼勳閥韜鈐之後（蒿坪先世本徽人，以武功顯），克變文明；齠髫齠頭角之奇，咸推夙慧。家傳北學（受經於尊先人振紀公），早芟枝葉之煩；名列饔宮，晚悟儒冠之悞。屯盤困酒，艱難之味都嘗；履虎頤龜，憂患之場最切。用是摩挲鐵摘，檢點緯編。如地如天，縱冥搜於特見；觀雷觀火，體實撰於遺經。九師五子之書，咸歸吐納；三起四終之說，盡入陶鎔。處沖三十秋，病中不輟；晦翁九六畫，沙際分明。數墨尋梅，每發不傳之祕；懷鉛握槧，能抒盡意之言。對漢相之道基，允符仁義；視晉臣之明象，獨得筌蹄。翠媯去而通乾流坤，赤烏來而包河統洛。如斯不舍，既著《取斯》（附編初名《取斯》）；惟變則通，乃名《通義》。紫文玉笄，追青邱元老之傳；金板銀編，檢赤帝明神之誥。銅山與靈鐘交應；樵夫共漁父匡談，未足方其變動矣。他如訓詁名物，剖析源流，乾坤為門，陰陽作馬，莫不殫其旨趣，貫彼幽微。若先生者，可不謂易聖之大經、儒宗之子玉也乎？僕三尺微命，下里巴人，知遯非嘉名，已作捧著之泣，惜賣為無色，未能舍車而徒手著羣經。疇知悅道疏成，三式莫問；君平命卜，如斯憂何能已。乃先生則神交有素，數見益鮮。結香火之因緣，數皆前定；幸斯文之作合，事豈偶然。天授服膺，舊推郭彖；兼山師事，只有伊川（謂瑟莽先生）。既嘗感夢吞蓮，期上交於彎殿；抑復鬻田走蜀，終卒業於龜山矣。然而高誼如雲，虛衷若渴。會稽竹劍，探窮獨示孔融；荊楚驪淵，文學猶懷王粲。心欽大義，斥京、田、丁、孟之機祥；快覿鴻篇，絕馬、鄭、王、韓之空鑿。子駿錄淮南之傳，重定者一十八家；晉陵點輔嗣之文，發難者四十餘則。眼前妙悟，不遺賣

兔之儔；局外閑觀，親飫烹魚之美。君坐虎皮席上，時許參同；我來龍白山頭，不勝驚異。從此芸窗展卷，申王與黈顧胥忘；所望文苑同登，末學與鴻才並薦。邇日西湖嘉話，先呼羲皇上人；他年東觀珍藏，遠勝江湖術士。同里愚弟汪椿拜跋。

◎董士錫《齊物論齋文集》卷二《書蘇秉國周易通義後》：《繫辭》曰：「易有聖人之道四焉：以言者尚其辭，以動者尚其變，以制器者尚其象，以卜筮者尚其占。」蓋四者不備不足以說易。十翼言卜筮惟大衍一章，言制器亦惟十二，蓋取章爻。《說卦傳》詳述卦象，其《彖》《象》《文言》《繫辭》所反復推明者言與動而已，蓋象者辭、變之原，占者辭、變之委，惟辭與變則相表裏而為言易者所不可離。漢以來易家，馬、鄭，至程、朱皆長于辭，後儒多宗之；荀、虞則長于變與象，惟京氏工占。朱子亦重占，然而亦未嘗徒以占言易也。清河蘇秉國箸《周易通義》，力排卦變、爻位之說，而釋用九用六為占，破利貞之貞為貞悔之貞，又破悔亡之悔以曲就之，而三百八十四爻皆卜筮之繇辭矣。泥于朱子之一說而廢其全，于聖人以動尚變之道尤為剌謬。雖博采舊聞縱橫論辯，棐不可制，而大恉既失，殊無足觀。夫易為聖人治世之書，古之帝王必因時而為治，六十四卦猶之六十四時。時也者象所生也，時必有所承之于前而有所善之于後，于是推消息之序以求其變來，按六爻之得失，使不正者變而之正，因箸之于辭，俾可觀焉。而猶欲事事攷覽以衷諸道，則占事興焉。是故觀天文察地理、近取諸身遠取諸物者，象也；究其形則法度見，元亨利貞、用九用六者，變也；觀其情則經權明，吉凶悔吝、無咎者，辭也；審其宜則是非判，蓍策卦扐、四營十八變者，占也。習其數則從違沒，四者相承，未聞可以偏舉也。今之學者多好立異以求名，故舍其大者遠者，每以一節相矜，雖言之有文，能成一家之箸述，于道亦奚所當？烏虖，是獨是書也乎哉？

◎摘錄：

卷首末云：漢易諸家並立，至唐則專取王氏註本，溯其由來，王本即費直所傳之本也。程《傳》朱《義》篇第不同，文字並仍王本。我朝御纂《折中》經文篇第皆從《本義》，以示畫一，海內遵之。國遊寓之江，見文瀾閣所藏易部漢魏以來諸本並存，自御纂《折中》頒行以後，儒臣易註採入者又數十家，乃知盛朝大道為公，廣為搜採，苟有一得，俱不忍棄如此。竊覽漢易經文，諸本互異，斷無皆是之理。今輯《通義》，謹遵《折中》定本，遇諸家經

文可採者，或載入註中以廣發揮。間有私心窺測疑有羨誤者，亦僅識之，以俟採擇。其或義當存疑及他書可與經文相參者，不欲淆亂學者心目，悉載入附編中。

孔子贊易詳矣，《繫辭傳》推明乾坤之德而歸之於易簡，此易所以為潔靜精微之教也。《通義》推測經旨，大約懸此二字為的。又孔子論易，謂其道甚大，百物不廢，而約言之則曰「懼以終始，其要無咎」。鄙人解易頗多更張舊說，極知僭妄無所逃罪，然皆出於戒懼之心，非得已也。但義理無窮，微明有限，惟願海內好學深思之士加以是正，刊其謬誤，庶有以益闡斯道爾。

右十五條第一論元，第二論貞悔，第三論大小，第四論往來內外，第五論九六，第六第七論易辭取象，第八論象傳，第九論大象，第十論小象，第十一論繫辭，第十二論文言、說卦，第十三論序卦、雜卦，第十四十五自明拙著大意。凡此皆《通義》中解經之要，非謂易之要義盡在此也。抑揚子雲謂「經莫大於易」，學者恆苦探之茫茫，畏難而止，不知道若大路，易知易從，不可不學，故揭其要於此，署為有志之士導夫先路云。嘉慶丙子六月既望蒿坪蘇秉國識。

◎摘錄：

卷十八附編第一首云：余既成《周易通義》，因取平日討論所及棄取酌訂之說及可與《通義》相參者，輯附於後，以併遺初學。此編撮舉經義，皆補《揭要》中所未備，故首及之也。

卷十九、卷二十論經中疑義，卷十九首云：此論經中疑義，凡《通義》中已明者則不復及。其有可備參考者並識之。

卷二十一首云：此論漢學及卦象。

卷二十一末云：元，首也，如人之首所以形容其為善之長也。亨與享獻之享其義本通，所以形容其為嘉之會也。二字雖虛擬，而可因以得其意中之象，此即先儒所謂意象也。又易中多言大小，蓋亦即物類之大小，以明陰陽之體段，使人有所依據以求其德，矣意象也。至於貞悔，乃卦爻內外動靜之成格，吉與凶、吝、利不利、用勿用之類，乃卜筮占度之斷辭，雖各因其卦爻之臧否用之，而皆無實象也。按以上諸條蓋因舊說之未當者辨之，或於其所未及者補之，易中之象固不盡於此，然學者皆可以隅反而得之。至於《翼傳》十卷，《大象》文體相類，比附卦象，並取互體意，其本自為一篇。《象傳》釋經雖根據卦象，然其意在於標明大指，提要析義，內如日月四時、王公聖賢、

百穀草木之類，多連類及之，不必盡取本卦之象。《小象》亦然。至於《文言》、《繫辭》皆聖門所紀錄，其文皆泛言易義，又非《彖》《象》可比。荀、虞諸家，必字字求象同於釋經，穿鑿瑣碎，殊失傳文之意，故《通義》芟除其說，亦不復節舉而條辨之也。

卷二十二首云：此論蓍策變占，因朱子《啟蒙》之舊，更取後人之說參之，并附鄙見以備一說云。

◎丁晏《頤志齋文鈔・制科孝廉方正蘇徵君傳》：入縣庠補增廣生，屢應省試不售，遂發憤窮經，闡明易學。太夫人知其有志，欣然曰：「爾能通經，勝科名多矣，勉為之！」自是君篤志學易，深明立象之恉，窮極理要，歸於的實。薈萃漢魏諸儒下及宋元明箸錄之書凡百有餘家，究心三十餘年，博考精思，自抒心得，成《周易通義》二十二卷，依古易本經傳別行。討論所及，又為坿編實於後，以明棄取之意。稿凡數易，猶未敢寫定也。君少與汪文端公同學，甫削草，持以示文端公。文端稱其上符至理下愜羣心，辭簡而義明，語質而理洽。又嘗稱《通義》之文淡不可及，服膺至矣。時文端視學浙江，延君至試院，關借文瀾閣易院，君得盡讀秘書，所學益進。重加改乙，然後自繕定本，鏤板行世。時河督黎襄勤公好易，見君所箸，大歎服，乃折節下交，常延至署，或欵留信宿。襄勤箸《河上易注》，方注鼎震二卦，君語之曰：「公注此慎無近煙火氣」，又曰：「公此注有偏霸手段」，言甚戇直，而襄勤不以為忤也。每相見，自論易外，必痛陳民生疾苦，音動左右……自知壽命將終，猶時時勘定易注，為《周易舉正》，寫定未就。屬續前數日口授其子改定大衍數章注義，自輓聯曰：「向平之願今方畢，子木之傳死不休」。易簀時已昏眩，移至正寢，語嘖嘖不可辨，審聽之皆說易也，無一語及家事……君長余卅有二歲，引余為忘年友。初與余訂交，《通義》已梓行，余語曰：「『君師之執言』即《詩》執訊，證之雅故皆合；『井之无禽』即《易林》云『舊井无魚』，魚統稱禽，有《國語》川禽可證。」君欣然從之，剜補版本，改用余說。

◎丁晏《頤志齋感舊詩・蘇蒿坪徵君》：

邃於易學，徧覽漢宋易解，擇精語詳，箸《周易通義》，又有《論語求是錄》。常主余家，余時箸《周易解故》，草皆細書，君目眊不能閱，令學徒重寫讀之，其好學如此。

學易蘇仲子，質直古人風。漢宋屏門戶，韋編究始終。盱衡感時事，流涕悲人窮。世途太行險，坦夷思此翁。三老不可作，欲往將安從？！

◎蘇秉國，字均甫，號夢韓，晚更號蒿坪。其先徽人，後遷南清河（今屬上海崇明）。少受經於父振紀，發憤窮經以闡明天人之旨，根極理要。道光元年舉孝廉方正，賜六品頂戴。為學尊崇朱子。年近七十，家貧多逋負。

蘇繼韓 周易集說 佚

◎《中州藝文錄》《河南通志藝文志稿》著錄。

◎蘇繼韓，字文元，一字道原。河南林縣（今體州）人。恩貢生。

蘇敬生 周易啟蒙 佚

◎孫葆田《山東通志》卷百二十七《藝文志》第十：是書見《縣志》。

◎蘇敬生，字子雍。山東日照人。康熙庚午舉人。

蘇汝霖 周易自得解 佚

◎同治《金谿縣志》卷三十二《藝文志》一：《大學中庸解》《四書自得解》《周易自得解》《梅芳集》（蘇汝霖撰）。

◎光緒《撫州府志》卷七十六《藝文志》：《大學中庸解》《四書自得解》《周易自得解》（蘇汝霖撰）。

◎光緒《江西通志》卷九十九《藝文略》一《國朝》：《周易自得解》，蘇汝霖撰（《金谿縣志》）。

◎蘇汝霖，字雲生，號鶴州。江西金溪北市人。順治九年進士。任山西潞安推官。

蘇士樞 易義參 一卷 存

管庭芬編花近樓叢書本（稿本）

湖北藏海昌管庭芬經說四種鈔本

◎蘇士樞，號花農。浙江海昌（今海寧）人。舉人。嘉慶二十一年任湖州訓導。

蘇懿諧 大易掌鏡 不分卷 存

故宮藏鈔本樂閑齋全集本

◎蘇懿諧，字籍圃。廣西鬱林人。歲貢生。以孫玉霖貴，晉贈中憲大夫。又著有《樂閒齋文集》十六卷。

蘇淵雷 易通 卷 存

重慶黃中出版社 1944 年鉛印本

臺灣文聽閣圖書有限公司 2009 年林慶彰主編民國時期經學叢書本

◎蘇淵雷（1908～1995），原名中常，字仲翔，晚署缽翁，又號遁圓。浙江平陽人。又著有《名理新論》《玄奘》《佛教與中國傳統文化》等。

蘇淵雷 易學會通 二卷 存

山東藏 1935 年上海世界書局鉛印本

山東藏 1985 年中州古籍出版社鉛印本

臺灣文聽閣圖書有限公司 2009 年林慶彰主編民國時期經學叢書本

蘇質民 易學釋象 一冊 佚

◎民國《濟寧直隸州續志》卷十八《藝文》：蘇質民《易學釋象》一冊（張齊賢序略云：上自天地日月之大，下及鳥獸草木之微，分門別類，注釋精明，不必深為探索，而即在卦爻之中紬繹而得，庶於文周取象之旨若合符節，而理乃因之矣，其嘉惠後學豈鮮哉。按是編冊首為圖說各十、淺說八：曰衍河圖洛書、曰訂員周方斜、曰周天元一、曰訂古周法背差、曰衍河圖徑周弦矢弧、曰衍河圖弦矢弧正變相生、曰員周逐積合卦盡著策、曰衍洛書斜弦。其《衍河圖洛書淺說》前冠以河圖舊式、洛書舊式、繹河圖、繹洛書。蓋河圖洛書舊式皆方質民所繹，洛書方而河圖則圓。《衍洛書句股總圖》後附載逐周弦矢弧及句股斜弦各法《類求》凡二十二條。其於全易取象，分門別類，搜採無遺）、《易學語萃》一冊。

◎蘇質民，字靜觀，號迂仙。山東濟寧人。同治八年（1869）歲貢。諸子百家多所研究，又精疇人學，工書法，兼擅丹青。

蘇質民 易學象粹合編 佚

◎民國《濟寧直隸州續志》卷十八《藝文》：王星奎《易學象萃合編序》略云：其《釋象》者義精而切、語簡而明，《語萃》則以經注經，能發人所未發。以上二書係抄本，現藏其甥孫遵西家（據本書）。

◎民國《濟寧直隸州續志》本傳：《周易》一書尤有心得，探賾索隱，幾二十載。與郡人孫寶忠、李仁榮兩明經齊名。晚年頗耽禪悅，語多玄妙。著有《槃鐘錄九種》、《易學象粹合編》諸書。

蘇質民 易學語萃 一冊 佚

◎自序〔註12〕：蓋聞《書》兼三昧，《易》重一斤，說《詩》以解頤為盡善，而講《易》至濡首為終窮。誠以道開犧畫，祕啟龍圖，月窟而探諸始過，天心則見於復初。通象數之微者，洵足盡性命之源也。余也潛心爻象，妄希編韋之功，竊效研朱之道。坐誦經年，中宏孚於望月；觀玩數載，小亦畜乎密雲。裒集成冊，顏曰《易萃》。縱未足闡發精蘊，以聊以課我芸窗焉耳。

◎民國《濟寧直隸州續志》卷十八《藝文》：蘇質民《易學釋象》一冊、《易學語萃》一冊。

◎民國《濟寧直隸州續志》卷十八《藝文》：按是編每說一卦，皆旁通諸卦以盡其義，語簡而擇精，與《困學紀聞》諸說為近。

眭思永 殆編讀周易臆 二卷 存

國圖藏清鈔本

◎乾隆《丹陽縣志》：生平好古，潛心理學，所著有《三禮輯義》四十九卷、《尚書參義》六卷、《春秋參義慎考》、《公穀彙義》三十八卷、《孝經本義》一卷、《爾雅參義》六卷、《詩／易述蘊》各四卷、《家語正義》十卷、《孔叢訂義》五卷行世。又《周易通考》《三禮通考》《古今喪服考》《大戴禮刪翼》等書藏於家。

◎光緒《重修丹陽縣志》卷三十五《書籍》：《鬱麓齋詩文集》（舊志作詩文集二十一卷）、《易經疏註補義》（一作《易臆》）。

◎眭思永，字修年，一字更壹，號身壹。兄明永殉難華亭後隱居句曲山中，自號鬱麓樵。江蘇丹陽人。工詩善畫，博雅多才，尤用力於格致之功。詔修三禮。大學士張廷玉、鄂爾泰薦之，詔纂修，書成敘優等。又著有《殆編》三十餘卷、《鬱麓樵詩文集》。

眭思永 易經疏註補義 佚

◎光緒《重修丹陽縣志》卷三十五《書籍》：《鬱麓齋詩文集》（舊志作詩文集二十一卷）、《易經疏註補義》（一作《易臆》）。

〔註12〕錄自民國《濟寧直隸州續志》卷十八《藝文》。

眭思永 易述蘊 四卷 佚

◎乾隆《丹陽縣志》：生平好古，潛心理學，所著有《三禮輯義》四十九卷、《尚書參義》六卷、《春秋參義慎考》、《公穀彙義》三十八卷、《孝經本義》一卷、《爾雅參義》六卷、《詩／易述蘊》各四卷、《家語正義》十卷、《孔叢訂義》五卷行世。又《周易通考》《三禮通考》《古今喪服考》《大戴禮刪翼》等書藏於家。

眭思永 周易通考 佚

◎乾隆《丹陽縣志》：生平好古，潛心理學，所著有《三禮輯義》四十九卷、《尚書參義》六卷、《春秋參義慎考》、《公穀彙義》三十八卷、《孝經本義》一卷、《爾雅參義》六卷、《詩／易述蘊》各四卷、《家語正義》十卷、《孔叢訂義》五卷行世。又《周易通考》《三禮通考》《古今喪服考》《大戴禮刪翼》等書藏於家。

孫葆田 周易音訓 二卷 存

湖北藏光緒二十九年（1903）刻本

◎孫葆田（1840～1911），字佩南。祖籍榮成埠柳鎮不夜村，少隨父遷濰縣（今濰坊）籍。少從桐城名家張裕釗習古文，遂盡窺歸、方堂奧。又從濼源書院單伯平習經史之學，因文見道，蔚為儒者焉。同治九年（1870）舉人、十三年（1874）進士，授刑部主事。光緒八年（1883）授安徽宿松知縣，以經術為治行，翕然稱循良。光緒十一年（1885）分校河南鄉試，未幾調合肥知縣。賞加五品卿銜。引疾辭官後寄居濰縣。嘗受山東巡撫張曜聘為濟南濼源書院主講，又嘗主講國文大學堂（河南大梁書院），為大學堂監督。又著有《孟志編略》六卷、《漢儒傳經記》一卷、《國朝京師漢學石成金記》、《漢人經解輯存序目》一卷、《宋人經義約鈔》三卷、《刪定馬氏所輯漢儒經解》。嘗總纂《山東通志》。

孫葆田輯 周易古本 存

湖北藏光緒二十九年（1903）刻本

◎計十二篇。

◎孫葆田《校經室文集補遺》：昔朱子守臨漳日，有四經四子之刻。四子即今所謂《四子書》也，四經則《易》《書》《詩》《春秋》。而《易》用呂氏考

定古文，兼附《音訓》，蓋欲使學者玩心全經，涵泳白文，而勿泥於象數訓詁，其意善矣。顧原本今不可見，予嘗得一明刻本，為武昌朱廷立校刊。其篇章分析如右，今輒為繙刻以貽學者。又附刻《音訓》於後，以符朱子之舊云。按古《周易》十二篇見《漢書藝文志》，顏師古注云：「上下經及十翼，故十二篇。」班氏以為宓戲氏始作八卦，文王重易六爻作上下篇，孔氏為之《彖》《象》《繫辭》《文言》《序卦》之屬十篇。又曰：「孔子晚而學易，讀之韋編三絕而為之傳。傳即十翼也。故周易有經有傳，其來舊矣。先儒謂以《彖》《象》《文言》雜入卦中自漢費直始，漢末鄭康成之徒始合經傳為一。至王輔嗣注易，乃悉分象傳、象傳以附經，故曰古經始亂於費氏而卒大亂於王弼。唐人為《周易》作《正義》，用王、韓注本，而十二篇之易遂亡。夫經遭秦火，《易》以卜筮獨存。不幸更為漢儒所亂，致後世學者不獲見商瞿以來相傳舊文，有宋大儒始起而釐正之。乃近日言經學者，動欲尊漢抑宋，於宋儒所訂雖是而亦幾沒其考證之功。人心之陷蔽若此，可勝歎哉！明刻《繫辭上傳》移天一至地十與天數五地數五一節於大衍章首，雖本《漢書律厤志》，與《音訓》本同，然非《繫辭傳》舊文次第。今則仍從古本，非敢擅改經文也。其他經傳正文，悉依內府仿宋槧《周易本義》校正，亦間與新刻《音訓》不符。如屯六二屯如邅如今仍作邅，謙上六利用行師征國今本仍有邑字，與唐石經合。此類頗多，讀者當自能辨之。

孫寶忠 讀易知新 八卷 存

山東藏稿本（題桐蔭堂讀易知新未定本）

◎自序略云〔註13〕：愚潛心於易，於《程傳》《朱義》株守之，惟獨不敢移易隻字。如是者七八年，於先後天之奧、四聖人經傳之義，有以通其大旨。復博取旁搜，自漢唐以迄國朝，凡以一經名家者，不廢採索，然後知《傳》《義》之說皆有自來。至其探本窮源，旁通曲暢，質之四聖人之旨，足以補《傳》《義》之所未備者，亦復非鮮，則以四聖人為經，以漢唐以下迄國朝諸大儒為緯，酌衷之際，間附管蠡，彙為一編，名曰《知新》。更錄先賢精粹，冠於簡端，蓋亦先河後海，不敢忘其所自也云爾。

◎民國《濟寧直隸州續志》卷十八《藝文》：州人李仁榮襄校。是書大旨本於《程傳》《易本義》，而會通諸家之說，自抒心義，謂義例有有定者有

〔註13〕錄自民國《濟寧直隸州續志》卷十八《藝文》。

無定者，推闡朱子《本義》，有背乎例者有泥乎例者；即《程傳》亦有說理可通，而合之經義不能相信者。又謂承乘比應皆雖有常例，要當以卦義為重，故有得比應而吉者，有得比應而凶者，因以歷體各爻，多能匡前人而闡所未發。

　　◎民國《濟寧直隸州續志》卷十八《藝文》：按是書第三卷圖說為圖二十有三：一太極圖、二太極生兩儀圖、三太極生四象圖、四太極生八卦圖、五先天八卦方位圖、六太極生兩儀四象生八卦圖、七十二辟卦消息圖、八先天八卦圖、九後天八卦圖、十河圖圖、十一洛書圖、十二太極合符河圖圖、十三太極合符洛書圖、十四河圖二氣順行圖、十五洛書二氣逆行圖、十六河圖合符先天卦位圖、十七河圖合符後天卦位圖、十八洛書合符先天卦位圖、十九洛書合符後天卦位圖、二十六十四卦方位大員圖、二十一大方圖、二十二直圖、二十三說卦末節略圖，圖各有說，錯綜變化，多所發明。別有膡義，書於書眉。於承乘比應、達例變例言之極詳，開後人讀易法門不少，蓋《知新》一書，窮三十年之力而始告成書，亦幾幾乎韋編三絕也。若其膡義，猶餘事耳。是書係抄本，其曾孫參照家藏（據本書）。

　　◎民國《濟寧直隸州續志》本傳：著有《讀易知新》，中多新義，《集粹》一卷，尤能集漢宋諸家之大成而折衷之。門下高第均得其緒餘以去。族姪如僅親炙之，遂為天下冠冕。

　　◎孫寶忠，字蓋堂，號虛舟。山東濟寧人。道光十五年（1835）舉人。官臨朐縣教諭。學邃於易，三十年不少倦。

孫承澤 孔易 七卷 存

　　美國會、中科院藏康熙六年（1667）孫氏家塾刻本

　　四庫未收書輯刊影印中科院藏康熙六年（1667）孫氏家塾刻本

　　◎一名《孔易釋文》《孔易傳義合闡》。

　　◎目錄：卷之一乾、坤、屯、蒙、需、訟、師、比、小畜、履、泰、否。卷之二同人、大有、謙、豫、隨、蠱、臨、觀、噬嗑、賁、剝、復、無妄、大畜、頤、大過、坎、離。卷之三咸、恒、遯、大壯、晉、明夷、家人、睽、蹇、解、損、益、夬、姤、萃、升、困。卷之四井、革、鼎、震、艮、漸、歸妹、豐、旅、巽、兌、渙、節、中孚、小過、既濟、未濟。卷之五繫詞上傳。卷之六繫詞下傳。卷之七說卦傳、序卦傳、雜卦傳。

◎孔易序：讀書不求甚解，向以為鹵莽之見，今乃知最精細之言也。何則？大道本徑，而人迂求之。求解則章句之紛紜，求甚解則必意見之穿鑿，而易尤甚。漢魏以來，諸儒或畸理或畸數或兼理數，或切象或離象，或審位或參位，時非不各矜珠探赤水，霧披青天，乃引繩傳翼，未免羊亡多岐，則亦求甚解之過也。孔子不云乎：「書不盡言言不盡意」，子輿氏亦云：「引而不發，躍如也」，以甚求解與不求甚解之解，其得失如何乎？北海孫先生以易學名世，自隱退谷十年，著述充棟。至所編《易宗》綜宋儒之長，發先聖之蘊，學者靡不著蔡奉之。先生一旦廢卷而起曰：「是猶之乎以甚解求易也。絕韋之論次具在，如之何其別搆競長？」於是盡刪陳詮，條析傳系，以《大象》疏卦畫，《彖傳》附彖，《爻傳》附爻，名曰《孔易》。惟于傳中關鍵，如內外往來之宜、承乘比應之義間一拈及，而其喫緊指歸，開卷了然。如所云乾之一畫其萬有一千五百二十之策所自出，乾之彖其六十四卦之彖歟？抑何其辭簡旨該，豈僅正費、王之割裂完經哉？余從先生質易有年，今得沉研此書，不覺疑聞殆見灑然冰釋。始知余《秀巖易編》終未免眷眷筆墨，緣思以甚解求易，能無辭費之譏與？西蜀秀巖隱史胡世安撰。

◎孔易序：夫《易》，四聖人之書也，胡獨曰《孔易》也？蓋《易》創於羲皇，演於文、周，成於孔子者也。何以言之？八卦初列，有畫無文，《彖》《爻》既作，意主占卜。故《周易》與《連山》《歸藏》俱掌太卜，不列學宮。當時干戈羽籥在東序，絃頌與禮在瞽宗，《書》在上庠而《易》不與焉。非有大故決大疑，無過太卜而問焉者。迨孔子十翼出，則《易》始為窮理盡性至命之書，門弟子轉相授受，學士專門習之，尊之曰經，實自孔子始也。然孔子豈易得此哉？孔子自敘其學曰「好古敏求」，於古無不好也，於求無不敏也，而於《易》特甚。假年學易，《論語》以為五十，漢儒考正以為時七十也。七十之年猶冀假我，則是生平無一時不學易，所謂韋編之絕，寧獨玩詞玩占而已哉？神而明之，蓋與三聖渾而為一矣。余束髮受易，幸借起家，沉研其中，歷有歲年。然株守師說謂伏羲有伏羲之易，文周有文周之易，孔子有孔子之易，不必求合。何歟？曰：易不可以為典要也。初以為讀易之法固如是矣，然而疑焉。夫不可為典要者，易之時也位也。至於理，先後一揆，寧有不合者乎？自居退谷，日抱大易讀於荒崖寂寞之濱，一旦有省，謂讀易而求解於三聖，不如求解於孔子。蓋孔子於易，固無一字不解者也：十翼中以《大象》解羲之畫，以《彖傳》解文之彖，以《小象》解周之爻，其所解或即三聖之意而解

之，或推三聖之意而解之，或一解不已再四以解之，或畧加虛字詠嘆以解之，冥心體會，大義了然，覺孔子之易與三聖之易靡一不合也。於是詮註《孔易》，藏之巾笥。西川胡公世安攜所著《秀巖易編》過相訂正，余出《孔易》以示，胡躍然興起，擊節不置，慨欲捐貲為之付梓。余謂伊川先生七十二而《易傳》成，祕不示人，曰：「尚冀少有所進。」余何人斯？敢以自足？復遲六年，余年七十有五，感胡公之先逝，重加哀益，刻之家塾。夫余師法朱子者也，朱子之言曰：「某作《本義》，初欲將文王卦辭只大綱畧說其所以然之故，卻於孔子《彖傳》中發之，《爻》《象》亦然，但未暇整頓耳。」此朱子晚年註易之法也。余以經還經，以聖證聖，正朱子所欲整頓者也，或於易為千慮之一得乎？康熙六年丁未秋七月，退谷孫承澤識於城南書舍。

◎孫葆田《山東通志》卷百二十七《藝文志》第十：《經義考》載其《孔易》自序云：初集朱子之說，著《易宗》。今觀夫子十翼，以《大象》釋羲皇之卦畫，以《彖傳》釋文王之卦辭，以《小象》釋周公之爻辭。其所釋，或即三聖之意而釋之，或推三聖之意而釋之，或一釋不已，再四以釋之，或畧加虛字詠歎以釋之。易固無不盡之旨，於是專取夫子之易，以求三聖之旨。夫子之旨有難明者，細為詮釋，因成《孔易》一書。

◎《大清畿輔書徵》引《順天府志》云：是書以《大象》疏卦畫，《彖傳》附彖，《爻傳》附爻，名曰《孔易傳義合闡》。卷首有胡世安序。

◎方東樹《書林揚觶》卷下：孫北海《消夏錄序》自言其注易云云，甚可笑。流俗無識者眾，附益高名，漸染惡薄，祖述名士風流，破壞昔賢讀書成法（李穆堂與陳彥瑜一書與此同），不可不辨。況注易尤極深研幾之學，孔子韋編三絕，邵子三年不爐不扇，歷觀古人為學，無不要於沉潛精專，未有作為消遣清興、魯莽滅裂如彼者也。朱子所謂「浮華之習，徇名飾外，其弊乃至於此」。後讀范史《延篤傳》，乃知退谷此序文勢機局全取於此。然延篤自是佳人，此段要不可為法。如篤之敏固有過人之質，然其習氣實開夸詡，亦本於東方曼倩也（愚後見盧抱經跋桂未谷所藏何義門評《庚子消夏錄》云：「余後至都門，於黃崑圃先生處見退谷改定本，於卷首所云『隨意讀陶、韋、李、杜詩及韓、歐、曾、王文』者易之以『宋儒之書』，其大指可知也。近年又從楊文定公處見一本，與黃氏本畧同。」余按，觀退谷所改、義門所記與鄙見闇合，然退谷以為門面取名耳，非但不能讀宋儒書，亦並不能讀陶、韋、韓、歐也。蓋以其浮虛失讀書之法，非謂陶、韋、韓、歐不可讀也。其改之之意，同一失而再取名矣）。

◎孫承澤（1593～1676），字耳北（伯），號北海，又號退谷（逸叟／老人）、退翁、退道人。山東益都人，世隸順天府上林苑（今河北大興）。崇禎四年（1631）進士。官至刑科給事中。順治元年（1644）後歷吏科給事中、太常寺卿、大理寺卿、兵部侍郎、吏部右侍郎等職。富藏弆，精鑒別，其故寓研山堂內有「萬卷樓」。又著有《尚書集解》《禹貢考》《詩經朱翼》《春秋程傳補》《儀禮經傳合解》《歷代史翼》《水利考》《治河記》《春明夢餘錄》《天府廣記》《庚子消夏記》《畿輔人物考》《元朝典故編年考》《寰宇志略》《典制紀略》《九州山水考》《溯洄集》《山居小箋》《研山齋集》《硯山齋集考》《山石》《道統明辨》《諸儒集鈔》《考正晚年定論》《閒者軒貼考》等四十餘種。

孫承澤　易翼　二卷　存

南京藏清鈔本

孫出肇　卦義考　佚

◎民國《濰縣志稿》卷三十七《藝文》著錄。

◎民國《濰縣志稿》本傳：吾鄉之以高節著者，新城徐東癡、萊陽董樵谷、益都薛儀甫、樂安李織齋與振鐸孫先生。名不甚著，以時無大力者表揚之也。

◎孫出肇，字振鐸。山東濰縣（今濰坊）人。廩生。明亡隱居不出。

孫道恕　周易集解　五卷　未見

◎中州文獻徵輯處《第二期徵輯書目》著錄鈔本（五冊）

◎自序略曰〔註14〕：此編之集，不拘一書，亦不沾沾於文字之末。若易會、若萇氏易、若李氏易類，皆錄其原文，總期共明易理，免致來者入歧。

◎孫友信《艮齋孫先生傳》略謂：先生之學以盡心為主，躬行實踐為歸。宿外家居，總不外一厚字。孔門之傳，道本一貫，宋明以來，陸王不無異議。蓋慈湖以傳子靜者失子靜，龍溪以傳陽明者失陽明也。先生學通陸王，而一言一動悉遵程朱規模，斯兩得之。

◎孫道恕，字子忠，號艮齋。河南鞏縣（今鞏義）人。光緒元年（1875）舉人。又著有《四書合輯》十二卷、《樸麗子正續集注》。

〔註14〕錄自民國《鞏縣志》卷十五《藝文志》。

孫登年 映雪堂易解 佚

◎光緒《重修安徽通志》卷二百二十七《人物志・文苑》六：廉靜嗜學，尤精漢儒易說，著《映雪堂易解》。

◎民國《當塗縣志・人物志・文學》：於書無所不讀，六經惟漢儒易說尤精。晚年著有《映雪堂易解》，吳學林為之傳。

◎民國《當塗縣志・藝文志》：《映雪堂易解》（清孫登年著。見《通志・藝文志》。佚。登年事蹟詳《通志・文學》）。

◎孫登年，字寄鶴，號永之。安徽當塗人。舉人。性渾噩豪邁，道光戊子領鄉薦。官東流訓導。咸豐二年選江西某縣令，未任先歿。

孫爾周 易經體要 四卷 存

◎孫葆田《山東通志》卷百二十七《藝文志》第十：是書見採訪冊。

◎孫爾周（1740～？），字懷東，號景谿。山東昌邑孫家道昭村人。乾元子，九齡孫。嘉慶十年（1805）〔註15〕進士。歷知直隸慶雲、吳橋、內邱及河南永城、浙江秀水諸縣，所至有政聲。遷四川寧遠府知府。又著有《琴問》二卷、《敬業堂文集》、《宜園詩草》。

孫爾周 周易注 四卷 存

山東藏清容忍堂鈔本

孫芳 易論 佚

◎民國《濟寧直隸州志續志》卷之十八《藝文》：專心易象，好來知德易，又得安溪李光地《易解》一書，手錄之，學益進，乃著此書。

◎孫芳，字企源，號松雪。山東濟寧人。康熙二十六年（1687）舉人。專精易學，多有成就。又著有《悟雲詩存》一卷。

孫馮翼 易義考逸 一卷 存

嘉慶十年（1805）刻問經堂叢書本

山東藏臺北成文出版社 1976 年無求備齋易經集成影印嘉慶十二年（1807）刻問經堂叢書本

〔註15〕或作乾隆十年（1745），誤。

◎周按：此書採李氏《集解》所據漢魏以來三十五家之外諸家易注，以補孫星衍《孫氏周易集解》之未備。

◎孫馮翼，一名孫彤，字鳳卿，號鳳埔。奉天承德（今瀋陽）人。孫星衍姪。以蔭生官至通判、候補郎中。性嗜藏書，好輯佚。又著有《禹貢地理古注》《江寧金石待訪錄》《許慎淮南子注輯本》《明堂考補正》《春秋三傳異同測義》等。編有《問經堂書目》、《四庫全書輯永樂大典本書目》。又輯有《問經堂叢書》三十一卷。

孫馮翼 子夏易傳 一卷 存

嘉慶十年（1805）刻問經堂叢書·孫氏五種本

臺北成文出版社 1976 年無求備齋易經集成據嘉慶十年（1805）刻本影印本

◎春秋卜商原撰。臧庸輯校。

◎周按：此書以《子夏易傳》為漢韓嬰所作，當以《錄》《略》《七志》為據，漢晉六朝人所言為不謬。

孫和 周易輯訓 三卷 佚

◎光緒《重修嘉善縣志》卷三十《藝文志》一：《周易輯訓》（《萬》志。國朝孫和輯。三卷。周既濟序）。

◎孫和，浙江嘉善（今嘉興）人。著有《周易輯訓》三卷。

孫潢 易經簡括錄 三卷 佚

◎自敘〔註16〕：我先君雪堂公幼即刻苦續學，甫冠後以五經治舉業，屢薦屢躓而功力益深。迄乾隆丁卯科終以五經魁，其房主司評試卷有「經義二十篇貼切不浮」之語。由於用功既久，於經旨實能抉其奧，匪僅剽竊弋取科名也已。尤於易理融會朱子、《大全》，著有《周易管測》。潢自幼侍左右，凡經傳俱口授解義，易理亦頗得大要。作秀才歲科兩度即赴試禮部，經四薦而點額。從茲漸近世網，平日所授讀者，幾如敲門瓦矣。憶先君宰山左，每愀然向潢曰：「我平生心血，其若存若亡乎？」亟棄官歸里，視先王母寢膳，即諄諄教授兩孫子之柱、之棟，尤以講解易理為急務。其意義艱深者，輒為文以

〔註16〕錄自同治《新化縣志》卷三十三《藝文志》一。

示，期書旨昭雪而後已。惟是柱、棟二子時甫弱齡耳，初識文義，未及卒業，遭家不造，能督子弟向善如我蘭亭弟者，溘焉早逝，先君亦相繼捐館。潢復浮沉世路，一經舊德，不絕如縷，後有作者，從何問道！潢自被放塞下，日惟閉門思過，追念先君所以陶鑄期望於潢者，輒太息隕涕。即制藝一道，凡各題體如某，當如何佈局，當如何纏合體製，今兒姪輩有如潢之面承指授，最為親切者乎！自愧為世所棄，於濟人利物豪無所似。復以世傳之業，自我而斁，大地茫茫，安所著此七尺軀也，爰慨焉！思以竊聞於庭訓者，撰《五經要旨》以貽示後人，即以慰先靈於地下。顧行篋無所考訂，只成《易經簡括》，裝錄成帙。至字畫欹斜、墨跡濃淡，緣寢息蒙古包內，如甕底坐視甕口漏光一線。錄成此本，我後人當惻然念所由來云。

◎同治《新化縣志》卷第三十三《藝文志》一：《易經簡括錄》三卷，新化孫潢撰。潢字翊天，官山西洪洞縣知縣，以事讁戍軍臺。是書乃其居塞下時所手編者。

◎孫潢，字翊天。湖南新化人。乾隆三十三年（1768）舉人。官山西臨縣／平遙、貴州龍泉等縣知縣。著有《易經簡括錄》三卷。

孫績 周易參疑 佚

◎同治《新化縣志》卷第三十三《藝文志》一：《周易參疑》（邑人孫績撰）。

◎孫績，湖南新化人。著有《周易參疑》。

孫嘉淦 易解 佚

◎陳兆崙《紫竹山房文集》卷十三《吏部尚書協辦大學士諡文定孫公別傳》：上復命作《易解》，垂成而病。十一月六日卒於位，年七十有一。

◎陳兆崙《紫竹山房文集》卷十六《光祿大夫吏部尚書協辦大學士諡文定孫公神道碑》：著有《近思錄輯要》《春秋義》等書，餘多不存。近有《詩經補註》若干卷。《易解》垂就而卒。

◎彭紹升《二林居集》卷十七《故光祿大夫吏部尚書協辦大學士孫文定公事狀》：康熙五十二年成進士，授翰林院檢討，游于朱文端、張清恪兩公門，得與聞正學。由是覃思遺經，紬繹聖緒，充然沛然達于上下，一以仁義為本……公先為司業時，上言學校之教，宜以經術為先，請令天下學臣選拔諸生貢太學，九卿舉經明行修者任助教，一以經術造之，三年攷其成，舉以待用。時方

急西事,未行也。至是復申前請,竝請廣學舍,增諸生餼廩。世宗從之,令戶部歲給六千緡,置房屋三百餘間,別為南學。公嚴立課程,五日一會講,一時人材偶盛焉……乾隆元年充江南鄉試主考官,尋遷刑部尚書。時上方加意太學,入監肄業者至數千人。乃以二年三月詔公總理監事。公奏仿胡安定遺法,經義治事,分條教授,于是人知實學,興起者眾矣。

◎孫嘉淦(1683~1753),字錫公,號懿齋、靜軒。山西太原興縣臨河里人。康熙癸巳進士,歷官國子祭酒、河東鹽政至吏部尚書、刑部尚書、協辦大學士,諡文定。又著有《近思錄輯要》。又嘗著書述《春秋》義,自以為不足,毀之。張清林、張貴榮點校有《孫嘉淦文集》。

孫蘭 周易集萃 佚

◎雍正《嘉善縣志》著錄。

孫瑯 易經緒言 佚

◎道光《徽州府志》卷十一之三《人物志・儒林》:精究理解,集《四書》諸家論說,著為《緒言》。後著《易經/春秋緒言》,未就而卒。

◎孫瑯,字詒仲。安徽休寧城北人。郡庠生。

孫勒 周易解象 四卷 存

山東藏道光二十八年(1848)夢易堂刻本(王尚志校輯)

◎光緒《曹縣志》卷十四《人物志》:積學窮經,尤專於易,研窮易理,輒有感悟。著有《周易解象》行世。

◎孫葆田《山東通志》卷百二十七《藝文志》第十:是書見《採訪冊》。

◎孫勒,字擎轡。山東定陶南隅里人。庠生。

孫聯珠 太極圈子 佚

◎光緒《壽州志》卷二十三《人物志》:著有《君遷館詩文集》《聊復爾爾齋詞》《地學易簡錄》《星運秘旨》《太極圈子》等書。

◎光緒《壽州志》卷三十《藝文志》:孫聯珠《君遷館詩文集》《聊復爾爾齋詞》《地學易簡錄》《星運秘旨》《太極圖圈子》。

◎孫聯珠,字星五,號榆亭。壽州(今安徽壽縣)人。邑優廩生。

孫廉 讀易質疑錄 一卷 存

紅格稿本（周易集解附）

◎孫廉，生平不詳。

孫廉 周易集解 不分卷 存

紅格稿本

孫濂 易理三種初稿 一卷 存

國圖藏同治二年（1863）半耕山莊刻本

◎子目：孔卦九德總解、易理濟險總解、易理體用一源卦圖總見錄。

◎熊家彥序：吾楚竟陵周東山明經維魯，邃於經學，著有《十三經經解》，板行於世。猶憶嘉慶庚辰春，明經游江漢間，先叔石城公曾執贄門下，從之受易，躓窟探根，別有心得，不墮漢儒主數、宋儒主理窠臼。余兒時未能望其門牆，每聽石城公偶舉所傳一二，莫不石破天驚，心曠神怡，深以不獲親接緒論為生平憾事也。今得貴筑孫霽聖先生《易理三種初稿》讀之，而知此理天壤間自有解人。賒其望於早歲，償其願於暮年，兼以涉歷仕途，正鑿池問劫之地，艱難險阻，無不備嘗。雖一身幸脫虎口，而民生之凋瘵、邊隅之糜爛，至斯已極！所謂扶陽抑陰，化險為夷，無其權未始不參其議。于役戎城，適得是書，焚香莊誦，如獲奇珍。考先生之書，在督辦軍儲時而作，故三種於《濟險圖解》特詳。蓋自羲畫開天而後，文、周、孔三聖人所值皆險時也、所履皆險地也。一部書中，吉一而凶悔吝居其三。經生家類能言之，而獨取本官之坎、大象之坎為險，構其形；更取中交互得之坎、各爻錯得之坎為濟，宏其用，則實發前人所未發。先之以《九應圖》為從入之門，舉述聖《中庸》、周子《性理通書》咸包孕其中。終之以《體用一源卦圖管見錄》。會河洛之通，抉生成之要，極盈虛消長之妙，示挽回補救之方，作者之苦心見矣！其曰：「唐虞至商，險在天運；周至漢唐，險在人心。今人心之險，較漢唐殆尤過之。」論事則目光如炬，感時則心事如焚。有心世道者，得是說而存之，中流砥柱，力挽狂瀾，韓子之功不在禹下，先生之功亦豈在韓下哉！余非知易，惟就《三種》中所推闡，合之往古，驗之當今，返之及身，字字蓍蔡，可以處憂患，可以平怨尤，因不避寸莛撞鐘之誚，承命弁言簡端。若鄉先輩周東山見之，彼于此道曾三折肱，其針芥之合，諮嗟嘆賞，更不知何如也？噫！

◎民國《貴州通志・人物志》：著有《周易三種》刊版行世。其詩文集未梓。

◎孫殿起《販書偶記續編》：《易理三種初稿》一卷，清貴筑孫濂撰，同治二年半耕山莊刊。

◎周按：此書國圖收錄，著錄孫霽驪撰。譚德興《近代貴州的儒學與文化》著錄佚，誤。

◎孫濂，字霽驪。貴州貴陽人。道光辛丑（1841）進士，官至四川按察使，為官廉平。

孫蒙 易韻 一卷 佚

◎同治《黟縣三志》卷六下《儒行傳》：有《易韻》一卷、《元音》兩卷。

◎同治《黟縣三志》卷十二上《雜志・書籍・現在採訪書目・經部》：孫蒙《周易外傳》十五卷、《易韻》一卷。

◎同治《黟縣四志》卷十二《藝文志》上《經部》：孫蒙《周易外傳》十五卷、《易韻》一卷。

◎孫蒙，字養正。安徽黟縣古築人。精易學、音學。

孫蒙 周易外傳 十五卷 佚

◎同治《黟縣三志》卷十二上《雜志・書籍・現在採訪書目・經部》：孫蒙《周易外傳》十五卷、《易韻》一卷。

◎同治《黟縣四志》卷十二《藝文志》上《經部》：孫蒙《周易外傳》十五卷、《易韻》一卷。

孫夢逵 周易讀翼舉要 一卷 存

哈佛藏乾隆二十三年（1758）宗古堂刻本

◎子目：周易字義說、八卦本義說、序卦說、十翼原第說、大衍說、易圖尊卑定位之義。附參同契六卦合十二辟卦之圖義。

◎孫殿起《販書偶記》卷一：《周易讀翼揆方》十卷《舉要》一卷，常熟孫夢逵撰。無刻書年月，約嘉慶間宗古堂刊。

◎道光《蘇州府志》卷一百一《人物》二十八：待次家居，研精易蘊。

◎孫夢逵，字莊九，號中伯。江蘇常熟人。乾隆七年進士，以副榜補宗學教習，受業陶正靖，器識日充。乾隆十六年巡撫莊有恭薦舉辭賦，召試行

在，授中書舍人、軍機處行走，以勤慎著稱，尋除宗人府主事。

孫夢逵 周易讀翼揆方 十卷 存

哈佛藏乾隆二十三年（1758）記宗古堂刻本

◎卷目：卷之一：彖上傳第一之上（自乾至蒙四卦）。卷之二：彖上傳第一之中（自需至豫十二卦）。卷之三：彖上傳第一之下（自隨至離四卦）。卷之四：彖下傳第二之上（自咸至解十卦）。卷之五：彖下傳第二之中（自損至鼎十卦）。卷之六：彖下傳第二之下（自震至未濟十四卦）。卷之七：繫辭上傳第三。卷之八：繫辭下傳第四。卷之九：象上傳第五、象下傳第六。卷之十：說卦傳第七、序卦傳第八、雜卦傳第九、文言傳第十。

◎錢大昕序：海虞孫中伯氏，今之經師也〔註17〕。於六經無不研覃而尤邃於易，撰《讀翼揆方》若干卷，閱五寒暑，三四易稿而後定。予受而讀之曰：悉乎哉，中伯氏之善言易也！易之道肇於羲皇〔註18〕，演於文王、周公而大備於孔子。孔子讀易韋編三絕，序《彖》《繫》《象》《說卦》《文言》。以三聖人為之經，宣尼為之傳，此心此理，先後同揆，故舍十翼以言易，非易也。後之儒者，不以傳求經，而以意泊之，始疑經與傳不合。於是分為伏羲之易、文王之易、孔子之易，甚且謂孔子之易不必合於羲、文之易。嗚呼，何其支離而害理與！中伯氏有憂之，潛心十翼，融洽貫串，因其各指所之之辭，揆其變動不居之方，其詮解大義，直而有要，簡而不支，而互體、飛伏、世應、納甲之術俱無取焉。其論世〔註19〕所傳《小象》者乃爻傳，非象傳，當附《彖傳》之後。又論揲蓍左扐得一得三為奇、得四得二〔註20〕為耦，皆獨有所得，不苟同乎先儒。竊謂先儒復生，未能易其言也。說易之書莫盛於南宋紹興、乾道、淳熙之間，以易經義進〔註21〕者，率令〔註22〕祕書看詳下〔註23〕所司給筆札繕寫，上者除直館閣，次者伸一官或差充文學教授。今其

〔註17〕錢大昕《潛研堂文集》卷二十四《周易讀翼揆方序》「今之經師也」作「默而好深沉之思」。

〔註18〕錢大昕《潛研堂文集》卷二十四《周易讀翼揆方序》「羲皇」作「皇羲」。

〔註19〕錢大昕《潛研堂文集》卷二十四《周易讀翼揆方序》「今世」作「世」。

〔註20〕錢大昕《潛研堂文集》卷二十四《周易讀翼揆方序》「得四得二」作「得四」。

〔註21〕錢大昕《潛研堂文集》卷二十四《周易讀翼揆方序》「易經義進」作「易義經進」。

〔註22〕錢大昕《潛研堂文集》卷二十四《周易讀翼揆方序》「率令」作「令」。

〔註23〕錢大昕《潛研堂文集》卷二十四《周易讀翼揆方序》「下令」作「敕」。

書多不傳，蓋其中未必無空疏雷同、希世以求知者，班孟堅所謂祿利之途〔註24〕然也。中伯氏之說易，自擴所學，不汲汲求當世之名，雖漢魏唐宋諸儒之言，不欲曲〔註25〕為附會。持以示〔註26〕株守局趣〔註27〕之士，方且大〔註28〕怪之，然當世豈乏知子雲者？且信其必傳于後〔註29〕，於以知必傳之久，可執左券也。大昕淺學樗昧，何足以知易〔註30〕，竊嘗聞中伯氏之緒論而知〔註31〕其大略，庸敢述其意為序，冀得〔註32〕附以不朽云。嘉定年眷弟錢大昕拜撰〔註33〕。

◎摘錄《經傳字例》末：夢逵年近四十，始念易書最古，歷數聖而後備。向者獵取字句以供帖括，文義寡稽，是用疚心。恭讀御纂《折中》，朗然懸象著明，得發蒙焉。且海嶽崇深，不遺涓壤，漢唐以來諸儒得備採錄，詎不幸歟？意其書亦必有異，購而讀之，得數十家，乃粹者既歸鎔冶，外所遺餘則言人人殊，无能別白。三復《大傳》「率辭揆方」之語，爰自覃思，其有不合，雖片辭隻字，上下求索，晨暝相繼，不敢憚勞，將不可得，則姑置之以俟異日。時注想焉，有觸而通，始釋然也。因筆之書，積五歲而成帙。隨自翻閱，仍多未安。屢經點竄，不可識別，乃更抄錄。庚午迄今，錄者凡五。當其困瘁，友或謂之：易无所不通，安用執一？為瞿然應曰：「六經皆无不通，不通安得謂之經？獨易乎哉？但辭以繫象，翼以述經，未得辭與象通、翼與經通，遽別求通，夫何敢！戊寅六月常熟孫夢逵謹記于蘄春之麟山講舍。

◎焦循《雕菰集》卷十八《書潛研堂文集後二》：《潛研堂文集》載《周易讀易揆方序》一篇，極稱其善言易，論揲蓍左扐得一得三為奇、得四為偶，皆獨有所得，不苟同乎先儒。余甚疑其但言左扐不言右，甚欲求見其書。夫得

〔註24〕錢大昕《潛研堂文集》卷二十四《周易讀翼揆方序》「途」作「路」。
〔註25〕錢大昕《潛研堂文集》卷二十四《周易讀翼揆方序》「曲」作「強」。
〔註26〕錢大昕《潛研堂文集》卷二十四《周易讀翼揆方序》「持以示」作「以示」。
〔註27〕錢大昕《潛研堂文集》卷二十四《周易讀翼揆方序》「趣」作「促」。
〔註28〕錢大昕《潛研堂文集》卷二十四《周易讀翼揆方序》「方且大」作「未必不」。
〔註29〕錢大昕《潛研堂文集》卷二十四《周易讀翼揆方序》「且信其必傳于後」作「於以知必傳之久」。
〔註30〕錢大昕《潛研堂文集》卷二十四《周易讀翼揆方序》「大昕淺學樗昧，何足以知易」作「予於易素非專家」。
〔註31〕錢大昕《潛研堂文集》卷二十四《周易讀翼揆方序》「知」作「得」。
〔註32〕錢大昕《潛研堂文集》卷二十四《周易讀翼揆方序》「得附」作「附」。
〔註33〕錢大昕《潛研堂文集》卷二十四《周易讀翼揆方序》無此句。

一得三為奇、得四為偶無以見其不苟同於先儒也。歲甲戌冬方購得此書，內說揲蓍謂所得六七八九多寡不齊，改為左扐得三得一皆為陽，合右扐之一與三而並為陽；左扐得四得二皆陰，則右扐當以四從四、以六從二而並為陰，如是則太陽八，太陰八，少陽象：震八象、坎八象、艮八，少陰象：巽八象、離八象、兌八象。依張轅二變三變不用掛一，於是乃知錢氏之微辭矣。按以四四數之，所扐止有一二三四，不得有六，此以右手得六，於數為謬，顧得六則必留一四數不揲，以合奇二為六。夫奇者奇於母數也，母為四而子為六，子大於母，何以為奇？揆之日法餘分以九十四為日法，未有以九十五為餘分者也。作《讀易揆方》者於是說為非矣。錢氏此序但舉左手所得，不言右手，但又言左手得一得三得四而不言得二，正以左手得二則右手必不容得六。以不言右手明右之非，以不言左手得二明右得六之非。此錢氏之微辭也。然則稱其「善言易，不苟同於先儒」者，泛為譽耳。錢氏文外似和平而可否寓於內如此類，閱者審焉。

◎四庫提要：是編不取陳摶先天諸圖，深有考證。惟謂孔子作《彖傳》以釋《彖辭》，作《爻傳》以釋《爻辭》，世所稱《小象傳》乃《爻傳》非《象傳》，當附《彖傳》之後，而《大象》則另歸《繫辭》之後，用吳仁傑本而變之，於歷來諸本之外自為一例。謂經文經孔子作傳，後人豈能加毫末，故但釋傳而不釋經，於諸家易解之外亦自為一例。其論揲蓍左扐得一得三為奇，得四得二為偶，亦不同於舊解，皆自我作古之說也。

◎周按：是書前有《經傳字例》，發明元吉、無咎、無不利、悔亡、無攸利、命、食、朋、交、我、躬、行、婚媾、往、居、庭、家、邑、國、郊、東北西南、往來、道、恆、光明、有功、有慶、有喜、時、義、類、應、比諸字義。

孫謐 周易觀玩隨筆 二卷 存

　　國圖藏嘉慶四年（1799）刻本

　　上海藏道光五年（1825）四教堂刻本

　　◎附周易繫辭一卷、文言傳、說卦傳、序卦傳、雜卦傳一卷。

　　◎光緒《京山縣志》卷十三《儒林列傳》：著有《周易觀玩隨筆》。

　　◎孫謐，字若泉，號月溪。湖北京山人。乾隆四十二年解元。官蒲圻縣教諭。

孫廼琨　讀易緒論　二卷　補遺　一卷　存

山東藏 1928 年石熙祚刻本

◎孫廼琨（1861～1940），字仲玉，世稱靈泉先生。山東省淄博市淄川區董家莊人。為賀瑞麟高足，人稱賀門曾子。曾講學於陝中三原正誼書院、山東周村存古書舍，又創明復精舍。著有《周易輯說講義》八卷、《讀易緒論》二卷、《清麓文集約鈔》二十一卷、《春秋集義》十二卷、《靈泉文集》八卷、《靈泉著述摘要》一卷、《大學講義》、《中庸集說講義》、《中庸全篇講義》、《太極通書答問》、《通書集義並說略》、《通書說略集義》、《賀清麓先生年譜》、《淄川孫氏族譜》、《篤倫隨筆》、《易經繫辭》三卷、《論語集義》十卷、《孟子集解》七卷、《周易答問》四卷、《靈泉詩稿》、《答門弟子崔芳華問》。

孫廼琨　易經答問　四卷　存

孫氏家藏稿本

孫廼琨　易經繫辭　三卷　存

孫氏家藏稿本

孫廼琨　周易輯說講義　八卷　存

山東藏 1928 年韓嘉會等刻本

臺灣文聽閣圖書有限公司 2009 年林慶彰主編民國時期經學叢書本

孫奇逢　讀易大旨　五卷　存

新鄉藏稿本（馬時芳、李對跋）

四庫本（無後傳）

國圖、山東、遼寧、天津、南京藏康熙二十七年（1688）刻本（二卷）

道光重刻孫夏峯全集本（二卷）

同治刻本（二卷）

國圖藏清末民國初鈔本（二卷）

◎孔廣陶《三十有三萬卷堂書目畧》經部易類著錄作者為「孫奇逢、李光地等」。

◎目錄：卷首有總論。卷一上經，卷二下經，卷三繫詞上下傳，卷四說卦傳、序卦傳、雜卦傳、雜卦大象合解，卷五《兼山堂答問易》、《與三無道人

論易》、跋。

◎跋：《易》之為書也，原於太極，分之為兩，殽之為四，列之為八，摩盪之為六十四，則內外之體備焉已，體既備而用彌宏。上古聖人以其蘊蓄者無窮，雖天地古今人情物理不能盡其奧，非辭說之所可傳也，故立象以盡意。象者，太極、兩儀、四象、八卦以及重卦者，是太極無象而萬象函焉。為兩、為四、為八、為六十四，而陰陽之消息運焉，進退具焉，變化成焉，而情偽淆於中，吉凶定於中，悔吝生於中，趨避見於中，而神化宜民之道於是乎出，豈辭說之所可罄也？然而非神明者不能與於斯也，故中古之聖人觀象而繫之辭，彖辭繫而全體之意見，爻辭繫而一節之意顯。聖人非好為辭說以泥後世也，使達者悟於辭之外，即未達者亦不惑於辭之中，亦期於神化宜民而已矣，曷先後天之有殊乎？雖然，猶有說焉。无文之易，誠明之道也；有文之易明誠之道也，苟能因辭以會夫无辭之奧，是借後天之學返乎先天之理，所謂復也。復則无妄而消息在我，造化生心矣。用易而至於造化生心，則坤變為乾、否轉為泰、小人可化為君子，安在辭說不足與於神化之道乎？故夫子韋編絕後而極贊無窮也，蓋贊其理通於性命而用恊於神明也。夫通性命而恊神明，則亦在象外，亦在辭中，所以欲假年學之而不厭也。秦火後或散為技，或流為術，而用亦不以技術廢。有宋興而伊川言理、康節言數、晦翁言占，各得聖人之一體。近鍾元孫先生避地蘇門，蓋有取於變通趨時之道也，每取其書觀之，久而有得，著《讀易大旨》。夫仲尼觀夫一卦之材而括之象傳之一言，鍾元因象傳而潛通夫一卦之意，且以默契夫六十四卦之旨，是能不滯於辭者也，更能旁通夫象者也，所謂神明默成，斯其人歟？

◎阮元《儒林傳稿》卷一：著《讀易大旨》五卷。奇逢學易於雄縣李對，至蘇門年老，乃撮其體要以示門人子弟，發明義理，切近人事，以《象傳》通一卦之旨，由一卦通六十四卦之義。其生平之學主於實用，故其所言皆關法戒（《四庫提要》）。

◎顧炎武《亭林詩集》卷四《贈孫徵君奇逢》：海內人師少，中原世運屯。微言垂舊學，懿德本先民。早歲多良友，同時盡諍臣。蒼黃悲詔獄，慷慨急交親（天啟中，左光斗魏大中周順昌三君被逮至京，君為周旋營救，不辟禍患）。黨錮時方解，儒林氣始申。明廷來尺一，空轂賁蒲輪。未改幽棲志，聊存不辱身。名高懸白日，道大屈黃巾。衛國容尼父，燕山住子春。門人持笈滿，郡守式廬頻。竹柏心彌勁，陶鎔化益醇。登年幾上壽，樂道即長貧。尚有傳經日，

非無拜老辰。伏生終入漢，綺裏只辭秦。自媿材能劣，深承意誼真。惟應從卜
築，長與講堂鄰。

◎魏裔介《孫徵君先生傳》：自之衛後，有《日譜》，卷帙浩繁。《宗傳》
外有《四書近指》二十卷，孔學使刻于大梁，余為之序。《四禮酌》一卷，李
居易刻於密縣。張元樞刻《答問》於覃懷。魏一鰲、常大忠刻《答問》、《文
集》於上谷，余為之序。公歿後，趙刺史刻《書經近指》於滏陽。《取節錄》
六卷、《孝友堂家乘》八卷舊刻於上谷。《讀易大旨》、《聖學錄》、《兩大案錄》、
《畿輔／中州人物考》、《甲申大難錄》、《歲寒居全集》尚未授梓。康熙乙卯
四月二十一日終於夏峰，享年九十有二。

◎孫奇逢《夏峯先生集》卷十一《讀易與三無道人》：三無道人幼而讀易，
予老矣，未嘗學易。庚寅之秋抵蘇門，同居聞嘯樓，始習句讀。今七年所未有
窺也。程正叔之言曰：「《易》之為書廣大悉備，將以順性命之理，通幽明之
故，盡事物之情，而示開物成務之道。」然而前儒本意以傳言，後學誦言而忘
味，蓋憚斯文之湮晦，自秦而下無傳矣。此《傳》所以作也。朱子《本義》全
以《程傳》為主，而宗旨所持在卦變一圖，以佐程子所未及。孔子以後又千有
餘年始得此兩大儒以發明之，四聖人之精微妙祕庶幾昭示於遠近身物之間，
無一刻非易之所流行也，無一人非易之所搏挖也。而褊衷淺見者反謂伊川以
三百八十四事盡全經之用，先去《傳》而存義。又有謂考亭以陰陽比應影響
疑似之說，不切民生之常，弁髦其說而廣為新奇，說益繁而易易晦矣。予不
知易，烏能衡諸家之言易者？第覺《程傳》為近，餘疑信參焉者不妨表其瑕
而取其瑜，要不可執己見，據一不可奪不可加之意。易之蘊，羲、文、周、孔
而後，亦各就其所見以為言。即起夫子於今日而再贊之，仍是辭不盡言言不
盡意耳。後之君子，安得傲然遂以為詣極乎？內丘喬氏《說易》一編間亦有
快論，敬以就正有道，當掇取其所長與天下共見聞之。

◎吳偉業《吳詩集覽》卷五上《題蘇門高士圖贈孫徵君鍾元》：微言妙旨
如貫珠，考鐘擊磬吹笙竽。古文屋壁闞禹謨，異人手授先天圖。談仁講義追
堯夫，後來姚許開榛蕪。斯文不墜須吾徒（此段補出徵君理學。《後漢書鮑永傳》
注：謂不著冠但幅巾束首也）。

◎《清史稿》卷四百八十《儒林》一：著《讀易大旨》五卷。奇逢學易於
雄縣李篔，至年老，乃撮其體要以示門人。發明義理，切近人事。以象、傳通
一卦之旨，由一卦通六十四卦之義。

◎何焝彥《易經遵孔八晢類稿》卷十二《集晢》：孫氏奇逢《讀易大旨》皆其讀易有得，錄示門人之語。其說不顯攻圖書，亦無一字及圖書，惟以象傳通一卦之旨，以一卦通六十四卦之義，皆切近人事，發明義理。末附《兼山堂問答》與李葑論易之語，蓋葑即奇逢所從受易者也。

◎四庫提要：是書乃其入國朝後流寓河南時所作。前有自序云：「至蘇門始學易，年老才盡，偶據見之所及，撮其體要以示門人、子弟。原非逐句逐字作解，故曰《大旨》。」其門人耿極為之校訂。末附《兼山堂問答》，及與三無道人李葑論易之語，別為一卷。葑，雄縣人。奇逢所從學易者也。後奇逢曾孫用正復取其論易之語散見他著述者五條，匯冠卷首，題曰「義例」。跋稱「原本序文、凡例皆闕，故以是補亡」。案奇逢說易，不顯攻圖書，亦無一字及圖書。大意發明義理切近人事，以《象傳》通一卦之旨，由一卦通六十四卦之義。凡所訓釋皆先列己說後附舊訓。其平生之學主於實用，故所言皆關法戒，有足取焉。

◎孫奇逢（1584～1675），字啟泰，號鐘元，世稱夏峰先生。河北容城人。明萬曆庚子舉人。又著有《四書近指》、《書經近指》、《孫文正公年譜》、《蘇門紀事》、《理學宗傳》二十六卷、《日譜》、《答問》三卷、《夏峯先生集》十四卷首一卷補遺二卷、《孝友堂家規》一卷、《孝友堂家訓》一卷、《歲寒居全集》、《取節錄》、《甲申大難錄》、《聖學錄》、《北學編》、《洛學編》、《兩大案錄》、《畿輔人物考》、《中州人物考》等。

孫奇逢 讀易大旨後傳 一卷 存

　　新鄉藏稿本

孫奇逢 周易十卦解 一卷 存

　　臺灣藏手稿本
　　臺北文海出版社 1974 年清代稿本百種匯刊據著者手稿本影印本
　　◎專解大壯、晉、明夷、家人、暌、蹇、解、損、益、夬十卦。

孫鏘鳴 易說 存

　　溫州藏鈔本
　　◎《溫州市圖書館館藏地方文獻目錄》：《易說》（擬名）殘稿，清（瑞安）孫鏘鳴撰，抄本，二冊。

◎蘇廷魁《守柔齋詩鈔續集》卷四《雪中讀易興至輒書寄蔣編修（達）孫學士（鏘鳴）》：

易象表元氣，龍行與天周。墮地身即危，故為君子謀。乾乾以終日，向夕猶懷憂。乃知孔門學，跬步防悔尤。乘時澤四海，潛躍志無求。諸葛人中龍，謹慎垂千秋。

鶡冠道家雄，王鈇善言政。信為國之寶，法亦天所命。舍信而棄法，太阿失其柄。同人割私繫，水流不反令。棟隆得良輔，連雲翼然正。工師日求材，未聞空谷詠。

廣庭突峰巒，積雪俄以為。崇高在人意，富貴安知危。兒童一相斮，踞地雄狻猊。手墨上顏面，冠玉呼蒙俱。方寸山海藏，變態神莫窺。敬共百邪懾，君子慎其儀。

天馬飢不鳴，努投避羣騷。化爭率以讓，旅處亦安節。嵩嶽載坤腹，卑之一邱埋。邑國治其私，四鄰望無缺。抑戒老逾厲，容客躬自閱。振鷺舞蹁躚，雛童掃行雪。

微禽乏六翮，性適桑柘宜。牛羊蠢兩角，臧獲能驅之。逸才慕豹隱，騷士從鳳嬉。鴻鈞一毛裏，保合齋庸奇。吾愛無名公，神化天與幾。寓形安樂地，如在羲皇時。

當暑欲招涼，苦寒卻思熱。人心起叢幻，惟皇受謗缺。健行率常軌，萬古猶一瞥。歲晏高陽里，坐玩三日雪。靈府豁昏翳，竹柏並怡悅。復禮天下歸，何資虛白說。

◎孫鏘鳴（1817～1901），字韶甫，號蘖田，晚號止庵。孫衣言弟。浙江瑞安（今浙江省溫州市瑞安）人。道光十五年（1835）舉人、二十一年（1841）進士，二十四年散館授編修，二十七年充會試同考官。二十九年，主試廣西，留督學政。官翰林院侍讀學士，以重宴鹿鳴加侍郎銜。工書。著有《止庵讀書記》、《東甌大事記》、《海日樓遺集》。咸豐元年（1851），疏請續行日講。六年遷侍講，續轉侍讀，擢左右庶子、侍講學士，留原籍辦團。同治元年（1862）擢侍讀學士，三年江蘇巡撫李鴻章延請留主蘇州正誼書院。光緒四年（1878）兩江總督沈葆楨延請主講鐘山書院。五年復主金陵惜陰書院。十三年主講上海龍門書院。續兼任上海求志書院史學、掌故二齋閱卷，十五年起，因年逾古稀，不再外出。歷任瑞安玉尺，平陽龍湖、永嘉東山等書院講席。

孫慎一 周易解 佚

◎道光《濟寧直隸州志》卷九之一《藝文志》一：孫慎一（善子）《周易解》。

◎孫葆田《山東通志》卷百二十七《藝文志》第十：是書見《濟寧直隸州志・藝文》。

◎孫慎一，山東濟寧人。孫善子。

孫堂輯 漢魏二十一家易注 三十二卷 存

國圖、陝西藏嘉慶四年（1799）平湖孫堂映雪草堂刻版重修本（侯康、陳澧批點）

臺北成文出版社 1976 年無求備齋易經集成影印嘉慶四年（1799）孫氏映雪草堂刻本

◎子目：子夏易傳一卷，（春秋）卜商撰。孟喜周易章句一卷，漢孟喜撰。京房周易章句一卷，漢京房撰。馬融周易傳一卷，漢馬融撰。荀爽周易注一卷，漢荀爽撰。鄭康成周易注三卷補遺一卷，漢鄭玄撰，（宋）王應麟輯，（清）惠棟增補，（清）孫堂校並補遺。劉表周易章句一卷，漢劉表撰。宋衷周易注一卷，漢宋衷撰。陸績周易述一卷，吳陸績撰，明姚士麟輯，（清）孫堂增補。董遇周易章句一卷，魏董遇撰。虞翻周易注十卷附錄一卷，三國吳虞翻撰。王肅周易注一卷，（三國魏）王肅撰。姚信周易注一卷，三國吳姚信撰。王廙周易注一卷，晉王廙撰。張璠周易集解一卷，晉張璠撰；向秀周易義一卷，晉向秀撰。干寶周易注一卷，晉干寶撰，（元）屠曾輯，（清）孫堂補。蜀才周易注一卷，蜀范長生撰。九家周易集注一卷，（？）佚名輯。翟元周易義一卷，（？）翟元撰。劉瓛周易義疏一卷，（南朝齊）劉瓛撰。

◎陶方琦《漢孳室文鈔補遺・跋孫步升輯京氏易章句後》：京氏長於飛伏世應之學，故其書不純，所傳《易傳》三卷疑即錯卦逆剌占災異之書也。漢《藝文志》京易凡三種八十九篇，隋《經籍志》有《京氏章句》十卷，略見於僧一行、李鼎祚諸書。然散佚已久，單詞子義，存者希寥。陸氏《釋文》所載盍潛剌簋瑞頤大經諸訓皆與易文互異，師承緜延，各收顓室，言易家所不廢也。朱氏《經義考》亦採《釋文》言京易者數十則，茲步升先生輯為一卷，纖屑不遺，扶微匡墜，有裨易學。所採《釋文》外晁氏說居多。琦謂《釋文》所採皆係京氏《章句》舊本，蓋《隋志》獨載此書，故元朗猶及見之。惟京易以八宮為序，蓋以八純卦變六十四卦者也。今《釋文》於每卦下引某宮某卦，如

屯下曰坎宮三世卦、蒙下曰離宮四世卦、需下曰坤宮游魂卦之類，必是京易《章句》舊本，陸氏特引其說耳，似當補入於每卦下，以存京易《章句》之舊，兼以快好古者之嗜爾。

　　◎孫堂（1736～1801），字步升。浙江平湖人。嘉慶六年（1801）舉人。官翰林院典薄。

孫堂輯　董遇周易章句　一卷　存

　　嘉慶四年（1799）平湖孫堂映雪草堂刻版重修漢魏二十一家易注本
　　◎魏董遇原撰。

孫堂輯　干寶周易注　一卷　存

　　嘉慶四年（1799）平湖孫堂映雪草堂刻版重修漢魏二十一家易注本
　　◎晉干寶原撰，元屠曾輯，孫堂補。

孫堂輯　京房周易章句　一卷　存

　　嘉慶四年（1799）平湖孫堂映雪草堂刻版重修漢魏二十一家易注本
　　◎漢京房原撰。

孫堂輯　九家周易集注　一卷　存

　　嘉慶四年（1799）平湖孫堂映雪草堂刻版重修漢魏二十一家易注本
　　◎（？）佚名原輯。

孫堂輯　孟喜周易章句　一卷　存

　　嘉慶四年（1799）平湖孫堂映雪草堂刻版重修漢魏二十一家易注本
　　◎漢孟喜原撰。

孫堂輯　劉表周易章句　一卷　存

　　嘉慶四年（1799）平湖孫堂映雪草堂刻版重修漢魏二十一家易注本
　　◎漢劉表原撰。

孫堂輯　劉瓛周易義疏　一卷　存

　　嘉慶四年（1799）平湖孫堂映雪草堂刻版重修漢魏二十一家易注本
　　◎齊劉瓛原撰。

孫堂輯 陸氏周易述 存

嘉慶四年（1799）平湖孫堂映雪草堂刻版重修漢魏二十一家易注本

嘉慶刻書三味樓叢書本

光緒十五年（1889）湘南書局刻古經解匯函本

◎吳陸績原撰，明姚士麟原輯，孫堂增補。

孫堂輯 蜀才周易注 一卷 存

嘉慶四年（1799）平湖孫堂映雪草堂刻版重修漢魏二十一家易注本

◎蜀范長生原撰。

孫堂輯 宋衷周易注 一卷 存

嘉慶四年（1799）平湖孫堂映雪草堂刻版重修漢魏二十一家易注本

◎漢宋衷原撰。

孫堂輯 王肅周易注 一卷 存

嘉慶四年（1799）平湖孫堂映雪草堂刻版重修漢魏二十一家易注本

◎魏王肅原撰。

孫堂輯 王廙周易注 一卷 存

嘉慶四年（1799）平湖孫堂映雪草堂刻版重修漢魏二十一家易注本

◎晉王廙原撰。

孫堂輯 向秀周易義 一卷 存

嘉慶四年（1799）平湖孫堂映雪草堂刻版重修漢魏二十一家易注本

◎晉向秀原撰。

孫堂輯 荀爽周易注 一卷 存

嘉慶四年（1799）平湖孫堂映雪草堂刻版重修漢魏二十一家易注本

◎漢荀爽原撰。

孫堂輯 姚信周易注 一卷 存

嘉慶四年（1799）平湖孫堂映雪草堂刻版重修漢魏二十一家易注本

◎吳姚信原撰。

孫堂輯 虞翻周易注 十卷 附錄一卷 存

嘉慶四年（1799）平湖孫堂映雪草堂刻版重修漢魏二十一家易注本
◎吳虞翻原撰。

孫堂輯 翟元周易義 一卷 存

嘉慶四年（1799）平湖孫堂映雪草堂刻版重修漢魏二十一家易注本
◎（？）翟元原撰。

孫堂輯 張璠周易集解 一卷 存

嘉慶四年（1799）平湖孫堂映雪草堂刻版重修漢魏二十一家易注本
◎晉張璠原撰。

孫堂輯 鄭康成周易注 三卷 補遺一卷 存

嘉慶四年（1799）平湖孫堂映雪草堂刻版重修漢魏二十一家易注本
◎漢鄭玄原撰，宋王應麟輯，惠棟增補，孫堂校並補遺。

孫堂輯 鄭氏周易注補遺 一卷 存

同治十二年（1873）粵東書局鐘謙鈞等輯刻古經解匯函十六種小學匯函
十四種本（書名頁題平湖孫氏廿一家注本）

孫堂輯 周易傳 一卷 存

嘉慶四年（1799）平湖孫堂映雪草堂刻版重修漢魏二十一家易注本
◎漢馬融原撰。

孫堂輯 子夏易傳 一卷 存

山東藏嘉慶四年（1799）平湖孫堂映雪草堂刻版重修漢魏二十一家易
注本
◎春秋卜商原撰。

孫廷鎬 易學管窺 佚

◎劉聲木《桐城文學撰述考》卷一「孫廷鎬撰述」：《周易集義》□卷、
《易學管窺》□卷、《金剛得一錄》□卷、《筆贅》五十七卷、《雜說》二十卷。
◎孫廷鎬，字庚炎（堯），號蓮峯。江蘇無錫人。諸生。師事方苞。又著

有《白紵集》四十三卷。

孫廷鎬 周易集義 佚

　　◎劉聲木《桐城文學撰述考》卷一「孫廷鎬撰述」：《周易集義》□卷、《易學管窺》□卷、《金剛得一錄》□卷、《筆贅》五十七卷、《雜說》二十卷。

孫廷芝 讀易例言 一卷 附錄一卷 存

　　日本東京大學、中科院、山東、山東博物館藏道光十二年（1832）門人濰縣韓逢恩刻膠東孫氏六種本

　　山東文獻集成第三輯影印道光十二年（1832）門人濰縣韓逢恩刻膠東孫氏六種本

　　◎一名《讀易例言圖解》、《讀易例言圖說》。

　　◎目錄：陰陽九六奇偶圖解，交重單拆圖解，老少陰陽圖解，八卦取象圖解，卦象解，卦德解，卦位解，初上本末卦體解，卦貞悔解，承乘應比解，三才解，十翼解，卦變圖解，卦錯圖解，卦綜圖解，之卦圖解，互卦圖解，古河圖解，河圖解，古洛書圖解，洛書圖解，先天八卦圖解，後天八卦圖解，乾坤六子圖解，大橫圖解（分畫），大圓圖解，大方圖解，三十六宮圖解，十二月卦解，祠堂後產異草記（圖）。

　　◎序：天地之間，形形色色，極千變萬化而不知其所終亦莫知其所由始者，造化也。無始而何以造，無終而何以化？則氣為之也。氣有伸有屈，則物隨之而生化，其有不齊，則數為之也；其有一定，則理為之也。是氣為理與數之所生，而非明乎理與數之精者，不能知二氣之始終，亦非深明乎易道之精者，無由深知夫理與數也。膠東孫子尚山，博學也，一切天文星象醫卜之書無不讀。辛卯秋來濰，以易學授其及門。於易之凡例條規，口講指畫，悉繪為圖，使讀者了然知入易之門。名曰《讀易例言》。余素未學易，而未嘗不願人之學易。苟由此而求之，則理與數可以極其精，而陰陽始終之道亦將無不明矣。濰邑愚弟張豐謹序。

　　◎序：尚山孫公廷芝，字銅池，膠東人，長公先生元孫也。長公司鐸嶧山，雅化久著。其曾孫蘭谷先生字文濤，天性孝友，好學不倦，得尚山晚，最穎悟，少即授以經學，故尚山自幼天文地理律呂等書無不精詳，易學尤為淵深。戊子始識於萊，一見訂白首交。少余七歲，即以弟呼之，屢邀赴濰，辛卯秋始至。余諸子受業，從遊日廣，悅服者眾。是尚山來濰，固欲廣其家學，亦

吾邑窮經之津梁焉。濰陽星海劉玉澄拜序。

◎自序：天高地下，萬物散殊，而易道寓焉。伏羲仰觀俯察，近取遠取，畫為六十四卦。六十四卦，天地萬物之傳也。文王作彖辭、周公作爻辭，六十四卦之傳也。孔子作十翼，六十四卦、《彖辭》《爻辭》之傳也。朱子作《本義》，四大聖人之傳也。是知《易》為象數之書，前聖人因理以設象數，後聖人因象數以窮理，理與數一而二二而一者也。後儒不識易學源流，言理者鄙象數為末務，言象數者視理學為迂談，理與數遂岐為兩途。我朝聖聖相承，經學淵深，《周易》理數，折衷尤精。余方八齡，先嚴蘭谷時舉易中象數諸圖提撕諄誨。長讀《折中》《述義》《本義》諸書，始悟理皆由象數而生，不明象數而空言易理，譬如入室而不知由戶、涉川而不知乘舟也，烏乎可！辛卯季秋，傳授易法，因集先儒象數諸圖彙為一冊，按圖詳解，俾學者朝夕觀玩，遂逐一研究，庶不至岐理數為二，而天地萬物之情與四大聖人之心傳，或可窺其萬一云爾。道光十一年歲次辛卯仲冬望日，平度孫廷芝自敘於濰縣敬業堂。

◎安丘劉耀椿跋。

◎民國《平度縣續志》卷八《人物志・文學》：增生。於書無所不窺，著有《天文解經》、《開方易簡》、《律呂指掌》、《讀易例言》一卷、《山左懿行紀略》，俱刊行。

◎周按：孫氏自幼習易，後館於濰縣劉玉澄，以易學授劉氏諸子，乃著是書以為初學階梯。共二十九圖解，解說淺近。末附《祠堂後產異草記》一篇及友人贈古近體詩十五首。尚秉和《尚氏易學存稿校理・易說評議》謂孫氏僻處鄉間，參攷甚少，故淺陋如斯也。

◎孫廷芝，字銅池，號尚山。山東平度州人。諸生。又著有《律呂指掌》一卷、《天文解經》一卷、《同人贈詩》一卷、《開方易簡》一卷、《開方考》一卷，合稱《膠東孫氏六種》。

孫維祺　周易備覽　佚

◎民國《續丹徒縣志》卷十八《藝文》：孫維祺《周易備覽》《書述餘》《詩述餘》（《縣志撮餘》）。

◎孫維祺，字永之。江蘇丹徒人。諸生。幼承家學，潛心經籍，深究六書之指。工篆隸，蒐考金石，輯有《味古軒石林》《石雅》等書藏於家。

孫文昱　周易總義考證　一卷　存

　　民國刻湖南叢書本

　　新文豐叢書集成續編

　　上海書店叢書集成續編本

　　◎摘錄卷首：既合謀請於當事，以府學錢刻其《周禮總義》，復從梅殿香明經假得《周易總義》鈔本，屬校理而刊行之。鈔本頗多奪誤，又無他本可讎對，輒以意定之。或取證于他書，別著之左方，而辨明其出處之大節於此。知人論世者，庶有所考焉。至其書之大旨，則陳序盡之矣。乙丑十月甲辰朔湘潭孫文昱識。

　　◎孫文昱，湖南湘潭人。

孫錫蕃　易經圖說　佚

　　◎光緒《黃州府志》卷三十二《藝文志》：《易經圖說》，黃岡孫錫蕃撰（《縣志》）。

孫星衍　孫氏周易集解　十卷　存

　　山東藏嘉慶三年（1798）刻岱南閣叢書本

　　湖北藏同治刻岱南閣叢書本（陶方琦批校）

　　叢書集成初編據岱南閣叢書本排印本

　　山東藏咸豐五年（1855）南海伍崇曜刻粵雅堂叢書本

　　山東藏 1937 年上海商務印書館鉛印國學基本叢書

　　光緒二年（1876）廣陵雙梧書屋刻本

　　山東藏臺北成文出版社 1976 年無求備齋易經集成影印 1936 年鉛印本影印

　　中華書局 2018 年易學典籍選刊黃冕點校本

　　◎中華書局 2018 年易學典籍選刊黃冕點校本附錄：一孫氏傳略附錄、二著錄版本、三提要序跋、四孫氏易學考辨。

　　◎目錄：卷一上經乾傳第一乾坤。卷二上經屯傳第二屯蒙需訟師比小畜履。卷三上經泰傳第三泰否同人大有謙豫隨蠱臨觀。卷四上經噬嗑傳第四噬嗑賁剝復無妄大畜頤大過坎離。卷五下經咸傳第五咸恒遯大壯晉明夷家人睽蹇解損益。卷六下經夬傳第六夬姤萃升困井革鼎震艮漸歸妹。卷七下經豐傳第七豐旅巽兌渙節中孚小過既濟未濟。卷八繫辭上第八。卷九繫辭下第九。卷十說卦第十序卦第十一雜卦第十二。

◎卷首有孫氏《孫氏周易集解序并注》，末云：《易》者聖人效天法地之書，人與天地參則易與天地準，通天地人之謂儒，天大地大人亦大，故易稱大人亦稱君子。《爾雅・釋詁》：「君，大也。」君子即大人，大人者，合於天地日月四時鬼神，先奉時而後不違，則自天祐之，吉無不利。《大象》必稱君子以先王，以者，以用也。卦有否泰，道有消長，君子用之皆吉，道消斯用儉德也。易不可以占險，是以黃裳元吉，不利小人。《易緯》言易有三名，其在人道，乾為積善坤為積不善，言善則應，言不善則違。言行所以動天地，易知易能所謂易（此易字與上二易字俱讀難易之易）也；進退存亡得喪所謂變易也；知而不失正，所謂不易也。孔子曰「五十學易」，又曰「五十知天命」，又曰「文王既沒，文不在茲」，皆謂易也。古之學者八歲入小學，學六甲、五方、書計之事，於易學蓋近而易明。則孟氏之卦氣，京氏之世應、飛伏，荀氏之升降，漢魏以來象數之學不可訾議也。經師家法既絕於晉，自六朝至唐諸儒悉首古經義，不敢騰其臆說。至宋而人人言易，繁而寡要，直以為卜筮書，豈知言哉？近世惠徵君棟作《周易述》《易例》《易漢學》諸書，實出於唐宋諸儒之上。蒙為此書，無所發明，竊比於信而好古、網羅天下放失舊聞云爾。此書之成，左右採獲，東海畢徵君以田之力為多，東吳周孝廉雋瑕邱、牛徵君鈞及其子廉夫互加校勘，以助予之不及。四君者皆好學深思之士，尤不敢畧其美也。如其疏釋，以待能者。時嘉慶三年六月丁未，書成，序於兗州巡使署中，陽湖孫星衍撰。

◎伍崇曜跋：右《孫氏周易集解》十卷，國朝孫星衍撰。按先生字淵如，號季逑，陽湖人。乾隆五十二年賜進士第二人。改刑部主事，官至山東督糧道，事迹著撰及所刊定各書具見阮文達《揅經室集》所撰神道碑。畢秋帆《吳會英才集》稱其才思敏捷，下筆千言，既壯，折節讀書，習篆籀古文聲音訓故之學。王蘭泉《蒲褐山房詩話》稱其學以漢魏詁訓為宗，鉤深索奧，孫轂、董悅所弗能逮云。放唐李鼎祚撰《周易集解》，流傳至今，而是書乃襲其名，且並李氏之書與王弼之注齊列而錄版焉，便流覽也。竊謂李氏之書與王弼之注孤行之本，世所共知，仍非罕覯，茲特甄錄先生所緝署曰《孫氏周易集解》，庶別於李氏之書，謹付剞劂焉，李氏之書所採至三十五家之多。漢易之亡，賴以不墜。誠可寶之祕籍。先生於千餘年後復緝是書，其搜羅之備、抉擇之精，即不必相輔而行，已覺難能可貴。以視所撰《尚書古今文義疏》，阮文達稱其積二十餘年而後成者，並足流傳不朽矣。咸豐乙卯立秋後二日，南海伍

崇曜謹跋。

◎阮元《揅經室集・二集》卷三《山東糧道淵如孫君傳》：君早年文辭華麗，繼乃沉潛經術，博極羣書。勤於著述，性喜獎借後進，所至之地士爭附之。又好聚書，聞人家藏有善本，借鈔無虛日。金石文字搨本、古鼎彝書畫靡不考其源委。其所為文在漢魏六朝之間，不欲似唐宋八家，海內翕然稱之。君嘗病古文《尚書》為東晉梅賾所亂，官刑曹時即撰集《古文尚書馬鄭王注》十卷及逸文三篇。歸田後又為《尚書今古文義疏》□卷，蓋積二十餘年而後成，其精專如此。其餘撰集有《周易集解》十卷、《夏小正傳校正》三卷、《魏三體石經殘字考》一卷、《倉頡篇》三卷、《孔子集語》若干卷、《史記天官書攷證》十卷、《寰宇訪碑錄》十二卷、《平津館金石萃編》二十卷、《孫氏家藏書目》內編四卷外編三卷、《續古文苑》二十卷、《問字堂文稿》五卷、《岱南閣文稿》五卷、《五松園文稿》一卷、《平津館文稿》二卷、《古今體詩》若干卷。其所校刊者有《周易口訣義》六卷、《尚書攷異》五卷、《春秋釋例》十五卷、《孫子十家注》十三卷、《元和郡縣志》四十卷、《景定建康志》五十卷、《唐律疏議》三十卷，其餘篇簡小者不可勝數。

◎光緒《武陽志餘》卷七《經籍》：《周易集解》十卷，國朝山東督糧道孫星衍淵如撰。是書諸家及前志俱未著錄。《孫氏祠堂書目》：《周易集解》十卷，星衍集佚注並王弼注、李鼎祚解，㭴本。

◎此書各條先列李鼎祚《周易集解》所輯古註或李氏案語；次輯錄王弼《周易註》；末列集解，書傳所載馬融、鄭玄之註，《經典釋文》所記諸家見仁見智之說，及唐人史征《周易口訣義》中古註，悉附於此目。凡《說文解字》、《經典釋文》所引經文異字異音，亦加纂錄，附於經文之下。

◎孫星衍（1753～1818），字淵如，號季逑。江蘇陽湖（今武進）人。少從錢大昕遊。乾隆五十二年（1787）進士，授翰林編修，改刑部主事，官至山東督糧道。又著有《尚書今古文註疏》、《平津館金石萃編》、《問字堂文稿》、《岱南閣文稿》、《五松園文稿》、《平津館文稿》等。

孫星衍 周易集解序注 一卷 存

國圖、南京、山東、湖北藏同治元年（1862）潘泉刻本

孫炎丙 易經淺解 佚

◎一名《易經淺解》。

◎孫葆田《山東通志》卷百二十七《藝文志》第十:《周易淺解》,孫炎丙撰。炎丙字次乙,平度人。是書見《採訪冊》。

◎民國《平度縣續志》卷八《人物志》:著有《素問懸解》《靈樞懸解》《難經懸解》諸書。回籍後耽玩經旨,又著有《增補易經圖考》《易經淺解》。

◎孫炎丙,字次乙,號文峯。山東平度盆里孫家屯人。嘗客京師,同鄉有疾乞為診治輒愈,其鄉人為立碑志其德。回籍後耽玩經旨,著有《增補易經圖考》《易經淺解》。

孫炎丙　增補易經圖考　佚

◎民國《平度縣續志》卷八《人物志》著錄。

孫揚美　周易微言　佚

◎乾隆《杭州府志》卷五十七《藝文》一:《周易微言》(國朝貢生餘杭孫揚美武惟撰)。

◎嘉慶《餘杭縣志》卷二十七《儒學傳/文藝傳》:所著有《四書證道編》《周易微言》《經濟編》。晚年兼精醫理,更撰《醫論》百篇。

◎孫揚美,字武惟。浙江餘杭人。與弟章美俱歲貢生。受知於邑令程汝繼。又輯有《名家詩選》。

孫養正　易經外傳　佚

◎許宗彥《鑑止水齋集》卷十一《易經外傳序》:余寓居於杭縣,歡士之遊杭者,魁儒俊哲,往往識之。程丈易田、汪君應鏞皆嘗奉手。今歲復交孫君養正,見所著《周易外傳》若干卷,君請為之序。因書其端曰:易道之至精者在于人生起居食息不可離之地,惟心之至精能與之合,非言所及也。聖人不獲已而著之以象、紀之以數以示人,則與其至精者已少間焉。極象之變返諸所自形,極數之賾反諸所自生,然後至精者可得而見矣。盈天地、亙古今皆象數,所為口耳之智、百年之力夫焉極之?不極則不能返,不返則繁亂而失其統,舛遷而不可通。乾天坤地、離南坎北,位之象也;太一九宮、遯甲八門、形家八宅,託焉六龍喻健、八索成人,遠近之象也;神輸射匱,望氣占相,託焉大衍之用四十有九、乾坤之策三百六十,蓍揲之數也;推步、鐘律、軌革、消息出焉,參天兩地,一陽二陰,奇偶之數也。乘方、割圓、六觚、九筭出焉,龜卜也、醫藥也,無當於易也。而雨霽蒙驛,克配以象,運氣主客,

推以數則亦易之所治也。為此學者，有見于象數之端倪而未有能極之者也，然亦自有淺深焉。淺者望文傅會，勦衍不可知之說，或作矣而不傳，或傳矣而不久；深者畢世勤苦，委曲鉤貫，務成其義，其作之也既難，其傳之也愈貴。然或繳繞其例，使人憑懣而不達；棘澀其詞，使人涊灘而不可讀，相與尊而畏之，而卒無所用。要其求之于氣數則是也，不返之于至精則非也。凡孫君所論次，自《乾鑿度》以至《洞璣》，儒者所傳自三式以至星卜術士所業，各明其立法之旨，以為皆易之支派，故統名之曰《外傳》云爾。

孫業 周易集粹 十二卷 佚

◎光緒重修《嘉善縣志》卷三十《藝文志》一：《周易集粹》（萬《志》。國朝孫業輯。十二卷。莊存與序）。

◎孫業，浙江嘉善（今嘉興）人。著有《周易集粹》十二卷。

孫詒讓 易緯札迻 一卷 存

光緒二十年（1895）刻札迻本

山東藏臺北成文出版社 1976 年無求備齋易經集成影印光緒二十年（1895）刻札迻本

◎孫詒讓（1848～1908），幼名效洙，又名德涵，字仲容，別號籀廎。浙江瑞安人。與俞樾、黃以周合稱清末三先生。同治六年舉人，五應會試不中。官刑部主事，旋歸不復出，專攻學術，精研古學垂四十年，融通舊說，校注古籍。著有《尚書駢枝》《周禮正義》《大戴禮記斠補》《周書斠補》《九旗古誼述四種》《周禮政要》《籀廎述林》《溫州經籍志》《漢石記目錄》《溫州古甓記》《漢晉經籍錄目》《古籀拾遺》《古籀餘論》《契文舉例》《商周彝器釋文》《名原》《永嘉瑞安石刻文字》《東甌金石志》《六曆甄微》《周易乾鑿度股術》《亭林先生集外詩》《十三經注疏校記》《籀廎遺著輯存》《籀廎遺文》《墨子閒詁》《劄迻》《荀子校勘記》《商子校本》等。

孫詒讓 周易乾鑿度股術 一卷 存

浙江大學藏稿本

孫翼祖 周易通 佚

◎光緒《鳳陽府志》卷十八下之下《人物傳》：有《周易通》數卷（《壽

州志》)。

◎光緒《鳳陽府志》卷十八上之中《文學》孫長和條：弟翼祖字蕉圃，著有《周易貫指》，亦名《周易通》（元和朱氏《傳經室詩存》、黟縣陳伯專《迎靄筆記》)。

◎孫翼祖，字蕉圃。工詩嗜飲，善演禽，兼精青鳥術。

孫應龍　周易麈談　無卷數　佚

◎朱彝尊《經義考》卷六十七：孫氏應龍《周易麈談》十二卷，存。鄭玥曰：餘杭人，字海門，順治丁亥進士，知隰州。

◎四庫提要：不著撰人名氏。朱彝尊《經義考》載孫應龍有《周易麈談》十二卷，疑此本是也。應龍字海門，餘杭人。順治丁亥進士，官隰州知州。其書多引先儒語錄排比成文，或標曰注或標曰解或標曰傳，每章之中三名疊見，竟莫得而詳其例也。

◎乾隆四十九年《杭州府志》卷五十七《藝文》一：《周易麈談》十二卷（國朝隰州知州餘杭孫應龍海門撰）。

◎周按：《浙江通志》、《皇朝通志》、《皇朝文獻通考》、嘉慶《餘杭縣志》皆祖《四庫提要》之說。

◎孫應龍，字海門。浙江餘杭人。順治丁亥進士，知隰州。著有《周易麈談》十二卷。

孫友信　周易集證　二卷　佚

◎萬自逸序〔註34〕：曩在關中，友鞏孫韜安、皥卿印侯昆季，得聞其尊人鏡吾先生賢。先生潛心理學，閉門卻埽，當道甌徵不起。晚注馬平泉《心書》行世。寢疾易簀時誦「夏峯平泉今何在，吾願攜笻從之遊」句淹然逝，蓋生平學行皈依先生者久且摯也。今韜安復以所著《周易集證》屬為序。考講易之書夥矣，《隋經籍志》六十餘家，《唐志》八十餘家，《宋志》二百餘家，雖存者十之二三，而人持一說，解者愈多，經義愈晦。今讀先生所為《集證》，三百八十四爻各繫以史事，於程理邵數外獨取例誠齋楊氏，約而易守、信而有徵，吉凶悔吝之義備。其在易，升之六四曰：「王用享於岐山，吉無咎」，《既濟》之九三曰：「高宗伐鬼方，三年克之，小人勿用」，以理形實用

〔註34〕錄自民國《鞏縣志》卷二十五《文徵》三。

斯道也。宋阮逸《易筌》，近人吳徽仲《周易本義爻徵》、錢侗《周易緯史》、孫爾宣《易象援古》，可以互相發明。竊嘗論之，注易忌穿鑿、忌支蔓，夏峯《讀易大旨》、平泉《易引》簡質透闢，要言不煩，今讀是書，可知其淵源有自矣。韜安昆季世其家學，刻苦自勵，所望緝熙光大傳後之慕三魏者，益重天民也。

◎民國《鞏縣志》卷十三《人物志》下：著有《周易集證》《馬氏心書注》《樸麗子注》《一得錄》《耐寒齋詩文存稿》若干卷。

◎民國《鞏縣志》卷十五《藝文志》：萬自逸序曰：鏡吾先生潛心理學，閉門卻埽，所著《周易集證》，三百八十四爻各繫以史事，於程理邵數外獨取例誠齋楊氏，約而易守、信而有徵，吉凶悔吝之義備，簡質透闢，要言不煩，與夏峯《讀易大旨》、平泉《易引》可以互相發明。

◎孫友信，字鏡吾，號嵩麓。名所居為耐寒，又自號耐寒道人。河南鞏縣（今鞏義）人。光緒八年（1882）舉人。私淑孫奇逢、馬時芳，篤守其學。歷主東周兩程書院。清季教育改革，作《新章八詠》以見志。鍵戶著書，不應外聘。

孫毓華 易經纂註 佚

◎民國《濟寧直隸州續志》卷十八《藝文志》：孫毓華《易經纂註》。

◎民國《濟寧直隸州續志》卷十二《人物志》：著有《易經纂註》《詩經纂註》《書經纂註》，而於易尤精。

◎孫毓華，字西屏，號蓬峯。山東濟寧人。附生。

孫毓祥 周易註解管見 佚

◎民國《濟陽縣志》卷十九《著述》：《周易註解管見》，孫毓祥著。

◎孫毓祥，山東濟陽人。

孫曰璜 周易詮義 佚

◎康熙《安慶府志》卷十九《文學傳》、道光《續修桐城縣志》卷十六《人物志·文苑》：著有《周易詮義》《四書詮義》等書。

◎張英《隔溪》（孫曰璜字受采，少司馬之孫。能讀書屬文，得疾，於場屋而歿。惜之。居椒園，與余莊隔溪）：隔溪山館碧嶙峋，中有騶驪本絕塵。痛惜夜珠輕彈卻，玉蘭花下讀書人。

◎孫曰璸，字受采。安徽桐城人。天資穎異，尤邃於宋儒之學。卒年二十四。

孫在洵 易經解義 佚

◎宣統《三續淄川縣志・凡例》：著有《易經解義》《春秋解義》《孟子年譜》，遭捻匪之亂，悉燬於火，無存稿。

◎孫在洵，字少泉。山東淄川人。廩生。潛心經術，尤沉濬於宋儒性理之學。

孫瓚 宗易說 一卷 佚

◎道光《徽州府志》卷十五《藝文志・婺源》：孫瓚《宗易說》一卷。

◎孫瓚，安徽婺源（今屬江西）人。著有《宗易說》一卷。

孫占鼇 周易參疑 十二卷 佚

◎或著錄十卷、五卷。

◎目錄：首編二卷、外編十卷、內編四卷。

◎孫占鼇，一名光化，字從龍。湖南永州零陵人。又著有《洪範九疇論》、《讀詩質疑》、《四書質疑》四卷、《太極解》、《西銘解》、《理數雜著》。

孫昭德 周易粹鈔 八卷 首一卷 存

國圖、北大、上海、山東、福建、齊齊哈爾藏嘉慶十一年（1806）孫昭德儒行坊刻本

◎或題作孫貽德。

◎光緒《重修安徽通志》卷三百三十五《藝文志》：《周易粹鈔》（孫昭德著）。

◎孫昭德，安徽廣德人。舉耆民。著有《周易粹鈔》八卷首一卷。

孫宗灝 周易本義 佚

◎嘉慶《廬州府志》卷三十二《文苑》、光緒《續修廬州府志》卷四十四《儒林傳》：所著有《周易本義》《四書本義》。

◎孫宗灝，字昭仰。安徽廬江人。博學篤志，經學尤邃密，多所闡發。為制藝，造思曠文止間。年四十，絕意仕進，閉戶著書。

孫宗彝 易宗 十二卷 首一卷 存

國圖、上海、南開、遼寧、山東、南京、天津、中科院、福建師大、齊齊哈爾藏康熙天心閣刻本

◎一名《易宗集注》。

◎或誤題徐宗彝著。

◎卷首一卷為中論三篇、三才之義論、理數論、曆數論、中解、幾解、大衍解、天地定位山澤通氣雷風相薄水火不相射解、正蓍策（附策數辨）、正蓍法、蓍法例、或問、解易姓氏、圖、圖說、曆數。

◎序〔註35〕：圖書垂象，聖人則之，爰以作易。因象而測其數，因數而測其理。象有象之宗也，數有數之宗也，理有理之宗也。河圖洛書，五皆居中，中五，象之宗也；五，數之宗也；中，理之宗也。天數五、地數五、天地之數五十有五；先天之數五也，大衍之數五十，極五而十；後天之數亦五也。先天之數在象先，後天之數在象後，而咸不越乎五，不過乎中也。先天八卦惟乾坤坎離四卦皆正畫，故分之為四方之象，不正不可以為象也。正，中也，後天八卦四正奇畫，四隅皆偶畫。奇則無偶，無偶故不偏，不偏之謂中，奇亦中也。中為土德，德主靜，於天地之始為太極，於人心之始為喜怒哀樂之未發，天下之大本也。中涵陰陽，靜乃生動，此中之所以為理宗也，是伏羲作易之宗旨也。堯舜得之，允執厥中，千古之道統由此出，千古之治統亦由此出也。孔子贊之，教人執禮，禮由中制，故曰觀其會通以行其典禮，是孔子傳易之宗旨也。萬世之治法以此禪，萬世之世運亦以此禪也。世運之害成於人心，人心之害成于嗜利，為惡不中，皆利之為，惟禮可以防之。六十四卦之內，凡陽之毘於陰、陰之趨於陽，無非利也。利屬陰，惟陽可以抑之。乾不言利，其利及物；坤言利，其利得主而貞，不可以不辨也。是以扶陽抑陰在於辨利，是又所以執中、所以執禮之宗旨也。予垂髫時受其旨于先大夫，謹而識之殆五十年，而始明其數，信數之合于象而契于理如此也，作《易宗》，志不忘也。康熙十九年庚申歲八月既望，高郵孫宗彝序。

◎王澤弘《天心閣集序》：庚午秋，其子弓安奉先生《天心閣集》來見余於京師邸中。余受而讀之，詩凡四卷，文凡十二卷、《三才易宗》凡二十卷、《禪喜外集》一卷，是皆先生之文章也。

〔註35〕又見於孫宗彝《愛日堂文集》卷五。

◎錢陸燦《吏部考功司郎中孫公墓誌銘》：公既少受鄉賢公之教，其於儒學身體力行。晚年學易，精研於圖書理數，無所不貫通。所著有《易宗》十二卷圖說一卷，《曆數》四卷。

◎四庫提要：是書成於康熙庚申，以象、數、理各有宗，因象而測其數，因數而測其理，而所宗者以中為主，故卷首冠以《中論》三篇。其說謂「河圖、洛書，五皆居中。中，五象之宗也。五，數之中也。中，理之宗也」，故名《易宗》。案易所言中皆指中畫。過與不及，因象示戒，則謂易為用中未始不可，然必執河圖、洛書之五位以為用中之本，則橫生枝節附會經義矣。注中於變爻、變卦及反對、互體之義獨詳，而卷首兼論歲運，其學蓋出於黃道周而參以他說小變之。中間詆斥先儒殊為已甚，又每節之下必注「宗彝曰」，云以擬象傳，尤無謂也。

◎摘錄卷首《易論》：易以道陰陽，極生兩儀，陰陽肇焉。陰陽分而成天地，天地合而生萬物，交錯而有人事，乘除而成世運，主持之者，賴有聖人。聖人法陽以治陰、抑陰以扶陽，其道不外乎五德之有常。踐行盡性，去私禁欲，使陰陽各得其中而萬物有、天地位矣。伏羲觀於河圖而畫八卦，有剛柔吉凶之辨。堯舜得之，以為中之所自出，凡卦有三爻，二居其中，數陰而宜柔；重之為六，五居其中，數陽而宜剛。柔剛各得其宜，是為合乎中德。二多譽、五多功者，得中故也。人心惟危，陰凝也；道心惟微，陽潛也。精而一之，允執其中，無不吉矣。禹因洛書衍為九疇，五曰建用皇極，中其極也。湯懋大德，建中于民，以義制事，以禮制心，克寬而仁，錫勇而智，以傳中統，不離四德。至於文王，乃於易發明之：元曰體仁，生生之理在天地之中。一畫之始，亨曰合禮，六十四卦剛柔錯綜乃有文事，禮為至文，由中制也。利曰和義，以利為利，利己則私，不中莫大焉，利在天下，不言所利；以義為利，是為美利。貞曰幹事，匪其知也，無以成事；知事之正，固以守之，是即信也。故曰忠信以進德，知至而知終，五德備矣。凡人之性皆有五常，聖人體之於上，以貴治賤，以賢治不肖，使天下之民皆協於中而世運以成。三代以下失其統矣，孔子憂之，憂御世者不知以中道治天下，而天下之民無所率由，無禮無義，必以私利汨亂其心也，於是退而著述六經，先之繫易。六經皆治世之書，無不歸尚乎禮。文王既沒，斯文在茲。《詩》首婚姻、《書》申惇敘、《春秋》嚴名分、《樂》諧祀饗，六經之文皆禮教也。中之為道，百姓日用而不知，惟禮足以明之。履中為禮，蹈和為樂，世代雖降，而禮樂猶存，斯文未喪，乾

坤不毀，非孔子之治而誰治哉？孔子傳易無非傳中，無非明禮，世運不至有亂而無治，人心或可由邪而反正，惟是之故，是以孔子為萬世師。康節立皇帝王霸四統，予乃更為皇帝王師，以經世運，而以易統始以禮統終焉。

◎摘錄卷首《理數論》首注：易論《中論》足以盡易，獨是易運之說或謂同於《易緯》，非理家所尚。竊謂易非止為著，聖人立教，使知盡人合天、盡性至命之學也。孔子曰知命曰受命、孟子曰俟命曰立命，何嘗不聽乎數？知數乃能知命，知命乃能至命，程朱明易理未明易數，故未克盡易之旨。易曰天數地數大衍之數，又曰君子所居而安者易之序也，序即數也。若序字改為象字，易理幾乎而墜矣，故論易不可以不論數，作《理數論》。

◎摘錄《理數論》末注：先生垂髫時受過庭之訓，謂羲畫、《周易》本以數為教，今人但習其辭而不究理數之繇，然本義昧矣。藏於胸中五十餘年未敢忘也。今茲番番黃髮，寢食以思，洞見其原，著《策辨》以正蓍法，先為此論以發明之。關閩尚不肯雷同，矧漢唐言易之諸子乎？雖曰創獲，實不刊也（姚匡莪）。

◎孫宗彝，字孝則，號虞橋。江蘇高郵人。後被誣下獄瘐死。又著有《愛日堂文集》八卷、《詩集》二卷、《外集》一卷。